JEUX DE DAMES CRUELLES

Serge Nazarieff

JEUX DE DAMES CRUELLES

Photographies 1850–1960

POUR CONSTANCE

Je tiens à remercier chaleureusement Messieurs Alexandre Dupouy et Gérard de Reinach-Cessac qui, en me donnant si gentiment accès à leurs superbes collections, m'ont permis de réaliser ce livre.

Mein herzlicher Dank gilt den Herren Alexandre Dupouy und Gérard de Reinach-Cessac, die mir großzügig Zugang zu ihren herrlichen Sammlungen gewährten und so das Entstehen dieses Buches ermöglichten.

I should like to express my particular gratitude to M. Alexandre Dupouy and M. Gérard de Reinach-Cessac, who most generously made their superb collections available to me. Without their help, this book would not have been possible.

Hohenzollernring 53, D-5000 Köln 1
Translation: Tasa Übersetzungsbüro,
Mönchengladbach
Printed in Spain
ISBN 3-8228-9353-6

SOMMAIRE INHALT CONTENTS

Tourments d'amour comme plaisirs d'amour

Une revue culturelle dans l'histoire

L'algolagnie (du grec algos: douleur, aussi bien infligée que subie, et lagneia: volupté), qu'en d'autres termes nous appelons communément aujourd'hui le sadomasochisme, est la composante de ces pulsions destructrices et autodestructrices qui coexistent en nous, du stade discret où elles meublent certains de nos phantasmes, à l'état pathologique où elles ne sont plus contrôlées. Les hommes, par le truchement de l'art, les ont exprimées de tout temps. Il suffit, pour nous en convaincre, d'évoquer la cruauté des bas-reliefs assyriens, les scènes de sodomie sur les vases érotiques grecs (la sodomie active étant une manifestation des pulsions sadiques comme la sodomie passive est une expression de pulsions masochistes), ou encore la belle peinture pompéienne de la «Casa dei Misteri» qui représente une scène de flagellation initiatique aux mystères dionysiaques.

La littérature, pour sa part, nous apprend que les nobles dames de l'Egypte pharaonique se distrayaient en piquant avec des aiguilles d'or les seins de leurs esclaves nubiennes lorsque celles-ci avaient commis une étourderie. Suétone relate non sans humour, les cas graves dans la famille de César: Tibère découvre une nouvelle forme de plaisir en étranglant son ministre Séjan, avec lequel il avait eu une relation amoureuse, et décide par la suite de devenir le bourreau de ses ennemis politiques; Caligula sombre dans les délires pervers d'une folie érotisée à l'extrême; Néron ou Domitien, dominés par leur cruauté, ne sont plus capables d'y mettre un frein et se marginalisent jusqu'à devenir des dangers pour l'état. Le Moyen-Age, ravagé par les guerres et les épidémies de peste, accorde peu de prix à la vie humaine et laisse donc s'épanouir le sadisme de ceux qui ont la puissance. Les supplices, souvent publiques, servent autant à distraire le peuple qu'à le maintenir dans la peur du suzerain. Gilles de Rais (1404–1440), psychopate dangereux, qui étripait ses jolis pages au moment de l'orgasme, n'a pas été inquiété pour ces crimes-là, mais pour avoir profané une église, ce qui indisposa le roi qui mit en demeure le duc de Bretagne de le livrer à la justice. Durant le procès, il aggrava son cas en prétendant qu'il avait eu des entretiens avec le diable, il se repentit et fut exécuté. En Espagne, la Grande Inquisition, par les bons soins de Tomas de Torquemada (1420–1498), terrorisait chacun en se rendant dans les foyers. Personne ne se sentait à l'abri d'une dénonciation qui entraînait les pires sévices sexuels pour châtier les lieux du plaisir visités par le démon. Les victimes, prêtes à avouer n'importe quoi pour mettre fin à leurs supplices, étaient ensuite purifiées définitivement par le feu.

Les secrètes passions courtoises

Brantôme nous apprend que Catherine de Médicis (1519–1589) qui avait pataugé dans le sang des huguenots, prenait un plaisir immense à fouetter les dames de sa cour: «J'ai oui parler d'une grande dame de par le monde, mais grandissime, qui, ne se contentant pas de sa lascivité naturelle, car elle était une grande putain, et mariée et veuve, fort belle, pour se provoquer davantage, faisait dépouiller ses dames et filles, je dis les plus belles, et se délectait fort de les voir; et puis elle les battait du plat de la main sur les fesses, de grandes claquades et plamassades assez rudes; et les filles qui avaient commis quelque délit, avec de bonnes verges; et alors son contentement était de les voir remuer et faire les mouvements et contorsions de leurs corps et fesses, lesquelles selon les coups qu'elles recevaient, en montraient de bien étranges et plaisants.»

Puisque nous parlons du sadisme féminin qui est le sujet de ce livre de photographies, il faut mentionner Erzcébet Bathory (1560–1614), nièce de Stefan Bathory, roi de Pologne et cousine de Sigismond Bathory, roi de Transylvanie, mariée à quinze ans à Ferensz Nadasdy dont elle eut quatre enfants. Passionnée par les tortures qu'elle faisait subir aux jeunes filles qu'elle prenait à son service, à Vienne, puis plus librement dans son château de Csejthe, la comtesse sanglante fit périr plus de six cents victimes féminines pour prendre des bains de sang qui, d'après ses croyances en sorcellerie, devaient lui permettre de garder une peau jeune. Elle fut emmurée dans son château pour crime de lèse-majesté, car, dans un moment d'affolement, elle avait tenté d'empoisonner l'empereur Matthias Corvin survenu chez elle à l'improviste à la suite des nombreuses plaintes de la noblesse viennoise qui avait perdu quelques-unes de ses plus jolies jeunes filles parties à Csejthe comme demoiselles de compagnie.

Les phantasmes et confessions innocents

De tels cas laissent loin en arrière les petites parties de flagellation en maisons closes du marquis de Sade qui, par ses descriptions littéraires délirantes, a laissé son nom à la perversion sexuelle active, comme Sacher-Masoch, avec son roman autobiographique *La Vénus à la fourrure,* a donné le sien à la forme passive de la même perversion.

Jean-Jacques Rousseau, dans ses *Confessions,* raconte sa recherche voluptueuse du châtiment corporel: «Comme Mlle Lambercier avait pour nous l'affection d'une mère, elle en avait aussi l'autorité, et elle la portait quelquefois jusqu'à nous infliger la punition des enfants si nous l'avions méritée. Assez longtemps elle s'en tint à la menace, et cette menace d'un châtiment tout nouveau pour moi me semblait très effrayante; mais après l'exécution je la trouvais moins terrible à l'épreuve qu'elle ne l'avait été; et ce qu'il y a de plus bizarre est que ce châtiment m'affectionna davantage encore à celle qui me l'avait imposé... J'avais trouvé dans la douleur, dans la honte même, un mélange de sensualité, qui m'avait laissé plus de désir que de crainte de l'éprouver derechef par la même main. Il est vrai que, comme il se mêlait sans doute à cela quelque instinct précoce du sexe, le même châtiment reçu de son frère ne m'eût point du tout paru plaisant.»

Les formes cachées du sadomasochisme

L'algolagnie se manifeste déjà chez l'enfant, sous sa forme active quand celui-ci arrache les ailes d'un papillon, tourmente le camarade de classe plus faible que lui, ou joue au médicin en utilisant, pour plus de réalisme, une aiguille afin de faire de vraies piqûres à celui qui joue le malade. Il s'exprime sous sa forme passive, quand il tient tête à son maître d'école ou à des parents, qui croient au bien fondé de la fessée punitive, car il trouve là l'occasion d'encourir une punition.

Au niveau conscient, celui qui croit affirmer sa force en l'exerçant sur quelqu'un qu'il sent dépendant de lui, rejoint la démarche de sa victime, qui s'affirme à son tour, en lui permettant d'exercer son pouvoir. En schématisant, on peut affirmer que dans les jeux amoureux sadomasochistes les limites de la personne active sont établies par celle qui est passive; cette dernière domine d'autant mieux la situation, semble-t-il, que son imagination lui permet aussi de se mettre à la place de l'autre pour stimuler son excitation, car l'algolagnie, comme Janus, a toujours un visage double. Celui qui se confine dans sa sexualité consciente à un rôle passif exerce son sadisme dans la société, de même que le père fouettard trouve tôt ou tard l'occassion de se faire punir par cette même société. Et dans les cas d'algolagnie équilibrée sexuellement, la personne recherche un partenaire comme lui, ce qui lui permet de jouer les deux rôles. Pour illustrer le propos, les procureurs et les juges sont les meilleurs clients des clubs spécialisés où ils peuvent se faire humilier et fustiger, le sadique dépasse les limites permises par les lois et se fait arrêter. Quant au comportement sexuel du marquis de Sade, il montre une algolagnie équilibrée, se faisant fouetter avec le même entrain qu'il mettait à fustiger de jolies fesses.

Le sadomasochisme féminin dans la photographie

Jeux de Dames Cruelles s'occupe du sadomasochisme entre femmes, tel qu'il apparaît dans l'histoire déja longue de la photographie. Mais ces images, faites, ne l'oublions pas, par des photographes masculins, ont été réalisées d'abord pour les hommes. Il n'est pas étonnant que le thème ait été illustré dès le début de la photographie, puisqu'il fait partie, sous ses formes atténuées, d'une pulsion qui, comme l'a montré Georges Bataille, est au cœur de notre vie. Depuis la publication, par Daguerre, de sa découverte, il a fallu attendre une dizaine d'années de progrès dans cet art tout nouveau, pour permettre aux opérateurs photographes de restituer sans problème des êtres vivants. Les premières images sadomasochistes sont d'une rareté extrême et le daguerréotype illustrant une fessée, qui a certainement été fait, reste à redécouvrir. La rigueur des mœurs explique la rareté de telles images qui, vendues sous le manteau, trouvaient difficilement un marché. D'autre part, beaucoup ont certainement été détruites, par gêne ou par négligence.

Ce livre s'ouvre sur un étonnant daguerréotype stéréoscopique réalisé par Auguste Belloc entre 1850 et 1882 pour illustrer la clystéromanie. Celle-ci, en tant que perversion érotique, fait partie du domaine sadomasochiste. La reproduction N°3 est la première en date des images de fustigation connues. Due à François Jacques Moulin en 1853, elle met en scène une fillette pour s'abriter derrière la scène de genre, plus facilement tolérée par la morale. Dès les années 1860–1865, on trouve plus d'images pornographiques parmi lesquelles se glissent quelques scènes de jeux érotiques cuisants. Sans doute inspiré par *La Religieuse* de Diderot, le photographe de ces images nous montre même deux fausses religieuses dont l'une administre le martinet à l'autre pour lui faire expier ses péchés (Reproduction N°4).

La Belle Epoque nous a laissé davantage de documents sur le sujet que les cinquante ans de photographie qui l'ont précédée. Mais les images, là encore, sont presque exclusivement françaises. Paris avait, pour les pères fouettards, des maisons closes spécialisées qui ont fait faire à l'intention de leur aimable clientèle des photographies sur lesquels on voit la matrone de l'établissement fesser telle fille engagée pour sa soumission masochiste. Au dos de ces «cartes de visite», on trouve souvent le nom de la prostituée: Clémentine, Rose ou Véronique. A en croire un chroniqueur de l'époque, le goût pour la fessée était aussi répandu dans cette bourgeoisie perverse de ce tournant du siècle que parmi la noblesse du 18eme et 19eme siècle: c'était le temps des «petites bonnes» avec lesquelles les maîtres croyaient pouvoir tout se permettre. Les images illustrent d'ailleurs assez généralement ces délassements bourgeois: des matrones souvent sans grâce, toujours habillées (décence oblige) et parfois même en chapeau, fouettent d'émoustillantes rondeurs adolescentes.

Les Années Folles voient l'explosion des phantasmes sadomasochistes en littérature (collections «Les Orties Blanches» ou «Prima» pour lesquels des écrivains connus, comme Pierre Mac Orlan, écrivent sous des pseudonymes), en illustration (Fanny, Hérouart – qui signe Herric –, Mateste, Marilac, Mossé), et naturellement en photographie qui se popularise dans le format de cartes postales, faciles à envoyer sous enveloppe à un ami, et de vues stéréo propres à satisfaire le voyeurisme. Les images de ce temps nous montrent que les photographes, gagnés par les demandes d'un public plus nombreux, n'ont plus de retenue et sombrent souvent dans des excès qui nous semblent aujourd'hui peu crédibles. Pour cela même, elles nous amusent au lieu de nous toucher. Si la production française continue à être exportée avec succès, des photographes produisent aussi, en Allemagne et en Autriche, des images de flagellations, encouragés surtout par des éditeurs de Berlin et de Leipzig qui présentent le «vice anglais» comme un sujet d'études psychologiques de comportements aberrants. A Paris, vers 1935, le photographe Yva Richard, en se spécialisant dans les accessoires de cuir et de caoutchouc, ouvrira la voie à la photographie américaine de l'après-guerre.

1945 marque un tournant dans ce genre d'images. Celles-ci, refusées par l'Europe qui sort des horreurs de la guerre, s'épanouissent aux Etats-Unis, où Irving Klaw, suite à une demande de sa clientèle, réalise dès 1947 des photos de «bondage» et de scènes sadomasochistes étroitement liées à la bande dessinée américaine du genre. La pin-up Betty Page est son modèle favori. Il travaille jusqu'en 1963, date de sa mort, et finit par connaître les prisons mac-carthistes. Il fera école dans son pays, alors qu'en Europe, il faudra attendre Sieff et Newton pour retrouver, avec la sophistication de la photo de mode, le thème de la femme-objet soumise à des phantasmes de domination.

Serge Nazarieff

Liebespein als Liebeslust

Ein kulturhistorischer Rückblick

Die Algolagnie (vom griechischen „algos“: Schmerz, sowohl zugefügt als auch erlitten, und „lagneia“: Wollust), die wir heute gemeinhin als Sadomasochismus bezeichnen, ist eine Mischung zerstörerischer und selbstzerstörerischer Impulse, die nebeneinander in uns bestehen – vom zurückhaltenden Stadium, in dem sie einige unserer Phantasiebilder besetzen, bis hin zum pathologischen Zustand, in dem sie außer Kontrolle geraten. Die Menschen haben diese Impulse immer wieder durch die Kunst ausgedrückt. Um dies zu belegen, reicht es aus, die Grausamkeit auf assyrischen Reliefs zu erwähnen, die Sodomieszenen auf den erotischen Vasen der Griechen (die aktive Sodomie ist Ausdruck der sadistischen Impulse, während die passive Sodomie Ausdruck masochistischer Impulse ist) oder aber auch die schöne pompejische Malerei der „Casa dei Misteri“, die eine Geißelungsszene als Einleitung zu den dionysischen Mysterien darstellt.

Aus der Literatur erfahren wir, daß die edlen Damen des pharaonischen Ägypten sich die Zeit vertrieben, indem sie die Brüste ihrer nubischen Sklavinnen, die eine Unbesonnenheit begangen hatten, mit goldenen Nadeln traktierten. Sueton berichtet nicht ohne Humor über schwerwiegende Fälle in der Familie Cäsars: Tiberius entdeckt eine neue Form der Lust, als er seinen Minister Sejan erwürgt, mit dem er ein Liebesverhältnis hatte, und beschließt daraufhin, zum Henker seiner politischen Feinde zu werden; Caligula versinkt im perversen Taumel eines bis zum Äußersten erotisierten Wahnsinns; Nero oder Domitian, von ihrer Grausamkeit beherrscht, sind nicht mehr in der Lage, diese zu bremsen, und geraten durch sie so weit an den Rand der Gesellschaft, daß sie zu einer Gefahr für den Staat werden. Das von Kriegen und Pestepidemien heimgesuchte Mittelalter legt keinen großen Wert auf Menschenleben und läßt es zu, daß sich der Sadismus der Herrschenden ausbreitet. Die meist öffentlichen Folterungen dienen gleichermaßen zur Zerstreuung des Volkes und dazu, die Furcht vor dem Lehnsherrn aufrechtzuerhalten. Gilles de Rais (1404–1440), ein gefährlicher Psychopath, der seinen schönen Pagen im Augenblick des Orgasmus den Bauch aufschlitzte, wurde nicht wegen dieser Verbrechen angeklagt, sondern weil er eine Kirche geschändet hatte, was dem König mißfiel. Er forderte den Herzog der Bretagne auf, Gilles de Rais der Justiz zu übergeben. Während des Prozesses verschlimmerte er seinen Fall dadurch, daß er behauptete, Beziehungen zum Teufel unterhalten zu haben. Er bereute und wurde hingerichtet. In Spanien terrorisierte, auf die eifrigen Bemühungen von Tomas de Torquemada (1420–1498) hin, die Große Inquisition jeden, indem sie in sein Heim eindrang. Niemand konnte sich vor einer Denunziation sicher fühlen, die die schlimmsten sexuellen Folterungen zur Bestrafung der vom Dämon besuchten Stätten der Freude nach sich zog. Die Opfer, die bereit waren, alles zu gestehen, um ihren Qualen ein Ende zu machen, wurden dann schließlich durch das Feuer gereinigt.

Höfische Geheimleidenschaften

Von Brantôme erfahren wir, daß Katharina von Medici (1519–1589), die im Blut der Hugenotten gewatet war, ungeheure Freude daran fand, die Damen ihres Hofes zu peitschen: „Ich habe von einer hohen Dame der Welt gehört; einer sehr hohen sogar, die sich nicht mit ihrer natürlichen Wollust zufriedengab, denn sie war eine große Hure, sowohl verheiratet als auch verwitwet, eine sehr schöne Frau, die, um sich noch mehr zu reizen, ihre Damen und Dienerinnen entblößen ließ, und zwar die schönsten, und sich an diesem Anblick ergötzte; und dann schlug sie sie mit der flachen Hand auf die Hinterbacken, mit schallenden und starken Schlägen; und die Dienerinnen, die ein Vergehen begangen hatten, mit starken Ruten; und dann war es ihre Befriedigung, sie zappeln und Bewegungen und Zuckungen ihrer Körper und Hinterteile, machen zu sehen, die je nach den empfangenen Schlägen seltsam und belustigend ausfielen."

Da wir vom weiblichen Sadismus reden, der Gegenstand dieses Buches ist, müssen wir Erzcébet Bathory (1560–1614) erwähnen, eine Nichte von Stefan Bathory, König von Polen, und Kusine von Sigismund Bathory, König von Transsylvanien, die im Alter von fünfzehn Jahren mit Ferensz Nadasdy verheiratet wurde, von dem sie vier Kinder bekam. Leidenschaftlich den Qualen hingegeben, die sie jungen Mädchen bereitete, die sie in ihre Dienste nahm, zunächst in Wien, später dann noch zügelloser in ihrem Schloß in Csejthe, brachte die blutige Herzogin mehr als sechshundert weibliche Opfer um, um in ihrem Blut zu baden. Diese Bäder sollten ihr, ihrem Hexenglauben nach, eine jugendliche Haut bewahren. Sie wurde wegen Majestätsbeleidigung in ihrem Schloß eingemauert, weil sie in einem Augenblick der Unachtsamkeit versucht hatte, Kaiser Matthias Corvin zu vergiften. Dieser war unangemeldet bei ihr erschienen, um den zahlreichen Klagen des Wiener Adels nachzugehen, der einige seiner schönsten Mädchen verloren hatte, die als Gesellschaftsdamen nach Csejthe gegangen waren.

Harmlose Phantasien und Bekenntnisse

Hinter solchen Fällen bleiben Marquis de Sades Geißelungsspielchen hinter verschlossenen Türen weit zurück. Dieser gab, durch seine phantasievollen literarischen Beschreibungen, der aktiven sexuellen Perversion seinen Namen, so wie

Sacher-Masoch mit seinem autobiographischen Roman *Die Venus im Pelz* der passiven Form der gleichen Perversion seinen Namen gab.

In seinen *Bekenntnissen* erzählt Jean-Jacques Rousseau von seiner wollüstigen Suche nach der Prügelstrafe: „Da Fräulein Lambercier zu uns die Zuneigung einer Mutter besaß, besaß sie auch deren Autorität, und diese reichte so weit, daß sie uns manchmal die Bestrafung der Kinder auferlegte, wenn wir diese verdient hatten. Lange Zeit blieb sie bei der Androhung, und diese Androhung einer für mich ganz neuen Bestrafung erschien mir fürchterlich; nach der Ausführung jedoch fand ich sie weniger schlimm, als sie tatsächlich gewesen war; und, was das Seltsamste ist, diese Bestrafung ließ mich diejenige, die sie mir verabreicht hatte, noch mehr liebgewinnen... Ich hatte im Schmerz, in der Scham selbst, eine Mischung von Sinnenlust gefunden, die mir mehr den Wunsch als die Befürchtung eingab, sie erneut von der gleichen Hand zu erfahren. Es ist jedoch wahr, daß, da hierzu noch ein wenig frühreifer Geschlechtsinstinkt kam, die gleiche Bestrafung von der Hand ihres Bruders mir nicht so angenehm erschienen wäre."

Verborgene Formen des Sadomasochismus

Die Algolagnie offenbart sich bereits beim Kind, in ihrer aktiven Form, wenn dieses die Flügel eines Schmetterlings ausreißt, den schwächeren Klassenkameraden plagt oder Doktorspiele betreibt und dabei, um realistischer zu sein, eine Nadel benutzt, um demjenigen, der den Kranken spielt, wirkliche Spritzen zu setzen. Sie drückt sich in ihrer passiven Form aus, wenn das Kind dem Lehrer trotzt oder den Eltern, die sich für eine körperliche Züchtigung berechtigt halten, weil es da die Gelegenheit findet, eine Bestrafung zu erfahren.

In seinem inneren Bewußtsein kommt derjenige, der glaubt, seine Kraft zu bestätigen, indem er sie auf jemanden anwendet, den er als schwächer als sich selbst ansieht, den Bemühungen seines Opfers entgegen, das sich seinerseits bestätigt, indem es jenem ermöglicht, seine Macht auszuüben. Allgemein läßt sich feststellen, daß in den sadomasochistischen Liebesspielen die Grenzen der aktiven Person durch die passive Person festgelegt werden; diese, so scheint es, beherrscht die Situation in dem Maße, als ihre Vorstellungskraft es ihr ermöglicht, die Stelle der anderen einzunehmen, um ihre Erregung zu stimulieren. Denn die Algolagnie besitzt, wie Janus, immer ein doppeltes Gesicht. Derjenige, der sich in seiner bewußten Sexualität auf eine passive Rolle beschränkt, übt seinen Sadismus in der Gesellschaft aus, so wie Knecht Ruprecht früher oder später die Gelegenheit findet, sich durch dieselbe Gesellschaft bestrafen zu lassen. In den Fällen der sexuell ausgewogenen Algolagnie sucht die betreffende Person einen Partner ihresgleichen, was es ihr ermöglicht, beide Rollen zu spielen. Zur Erläuterung dieses Sachverhalts: Staatsanwälte und Richter sind die besten Kunden jener intimen Klubs, in denen sie sich demütigen und auspeitschen lassen können; der Sadist überschreitet die von den Gesetzen erlaubten Grenzen und wird verhaftet. Was das sexuelle Verhalten des Marquis de Sade anbetrifft, so zeigt er eine ausgewogene Algolagnie, da er sich mit der gleichen Begeisterung auspeitschen läßt, mit der er selbst schöne Hinterteile bearbeitet.

Der weibliche Sadomasochismus in der Photographie

„Jeux de dames cruelles" befaßt sich mit dem Sadomasochismus unter Frauen, wie er in der bereits langen Geschichte der Photographie erscheint. Aber diese Bilder, die, vergessen wir es nicht, von männlichen Photographen gemacht wurden, waren an erster Stelle für Männer gedacht. Es ist nicht erstaunlich, daß das Thema von Beginn der Photographie an illustriert wurde, weil es, in gemilderter Form, Teil einer Leidenschaft ist, die, wie Georges Bataille aufgezeigt hat, im Mittelpunkt unseres Lebens steht. Nachdem Daguerre seine Entdeckung veröffentlichte, bedurfte es zunächst eines Jahrzehnts des Fortschritts in dieser völlig neuen Kunst, bis die Photographen problemlos Menschendarstellungen realisieren konnten. Die ersten sadomasochistischen Bilder sind von äußerster Seltenheit; und das Schläge aufs Hinterteil darstellende Daguerreotyp, das sicherlich gemacht wurde, muß erst noch wiederentdeckt werden. Die Strenge der Sitten erklärt die Seltenheit solcher Bilder, die sich, unter der Hand verkauft, schwer absetzen ließen. Andererseits wurden sicherlich viele dieser Photos zerstört, teils aus Scham, teils aus Nachlässigkeit.

Dieses Buch beginnt mit einem erstaunlichen stereoskopischen Daguerreotyp, das Auguste Belloc zwischen 1850 und 1852 zur Darstellung der Klistieromanie erstellte. Diese gehört als erotische Perversion zum sadomasochistischen Bereich. Abbildung Nr. 3 ist das älteste unter den bekannten Auspeitschungsbildern. Es wurde von François Jacques Moulin im Jahre 1853 erstellt und zeigt – um sich hinter einer Szene aus dem täglichen Leben zu verstecken, die von der Moral leichter toleriert wird – ein kleines Mädchen, das der elterlichen Strenge ausgesetzt ist. Ab den Jahren 1860–1865 findet man mehr und mehr pornographische Bilder, unter die sich einige Szenen heißer erotischer Spiele mischen. Zweifelsohne durch „Die Nonne" von Diderot inspiriert, zeigt uns der Photograph dieser Bilder sogar zwei falsche Nonnen, von denen eine der anderen die Klopfpeitsche gibt, um sie ihre Sünden büßen zu lassen (Bild Nr. 4).

Die Belle Epoque hat uns mehr Dokumente zu diesem Thema hinterlassen als die fünfzig Jahre Photographie davor. Aber auch zu dieser Zeit sind die Bilder fast ausschließlich französischen Ursprungs. Paris besaß für diejenigen, die sich als Knecht Ruprecht betätigen wollten, eine Reihe spezialisierter Häuser, die für ihre liebenswürdige Kundschaft Photographien herstellen ließen. Auf diesen sieht man, wie die Matrone des Hauses einem Mädchen, das zum Zweck seiner masochistischen Unterwerfung eingestellt worden war, Schläge aufs Hinterteil verabreicht. Auf der Rückseite dieser „Visitenkarten“ findet man oft den Namen der Prostituierten: Clémentine, Rose oder Véronique. Wenn man einem Chronisten dieser Zeit glaubt, so war die Vorliebe für Schläge aufs Hinterteil in der perversen Bürgerschaft zur Zeit dieses Jahrhundertwechsels genauso verbreitet wie im Adel des achtzehnten und neunzehnten Jahrhunderts: Es war die Zeit der „kleinen Hausmädchen“ mit denen die Herrschaften glaubten, sich alles erlauben zu können. Die Bilder illustrieren übrigens auf ziemlich gewöhnliche Weise diese bürgerlichen Zerstreuungen: Matronen, oft ohne Grazie, immer angezogen (denn Anstand verpflichtet) und manchmal sogar mit Hut, peitschen die erregenden Rundungen junger Frauen.

Die zwanziger Jahre erfahren eine Explosion der sadomasochistischen Phantasiebilder: in der Literatur (Sammlungen *Les Orties Blanches* oder *Prima,* für die bekannte Schriftsteller, wie Pierre Mac Orlan, unter Pseudonymen schreiben), in der Illustration (Fanny, Hérouart – der mit Herric zeichnet –, Mateste, Marilac, Mossé) und natürlich in der Photographie, wo sie im Format der Postkarten, die sich leicht in einem Umschlag an einen Freund schicken ließen, und als stereoskopische Bilder, die den Voyeurismus befriedigten, populär wurden. Die Bilder dieser Zeit zeigen uns, daß die Photographen, von den Forderungen eines größeren Publikums bezwungen, keinerlei Zurückhaltung mehr kannten und sich oft Ausschweifungen hingaben, die uns heutzutage wenig glaubhaft erscheinen. Genau aus diesem Grunde amüsieren sie uns eher, als daß sie uns nahegehen. Wenngleich die französische Produktion auch weiterhin erfolgreich exportiert wurde, so stellten jetzt auch Photographen in Deutschland und in Österreich solche Auspeitschungsphotos her, vor allem ermutigt durch Herausgeber in Berlin und Leipzig, die das „englische Laster“ als ein Thema psychologischer Studien abartigen Verhaltens darstellten. Um 1935 ebnet der Photograph Yva Richard in Paris der amerikanischen Nachkriegsphotographie den Weg, indem er sich auf Leder- und Gummizubehör spezialisiert.

1945 stellt eine Wende im Bereich dieser Bilder dar. Von einem Europa , das gerade die Schrecken des Krieges hinter sich hatte, abgelehnt, verbreiten sie sich nun in den Vereinigten Staaten, wo Irving Klaw infolge der Nachfrage seiner Kundschaft ab 1947 „Bondage“-Photographien und andere sadomasochistische Szenen machte, die sehr eng mit einschlägigen Comic-Strips gleichen Themas verbunden waren. Das Pin-up-Girl Betty Page war sein bevorzugtes Modell. Er arbeitete bis zu seinem Todesjahr 1963 und lernte zum Schluß noch die Gefängnisse Mac Carthys kennen. In seinem Land wurde er schulbildend, während man in Europa auf einen Sieff und Newton warten mußte, um mit den Raffinessen der Modephotographie das Thema der Frau als Objekt wiederzufinden, das den Phantasien der Domination zugrunde liegt.

Serge Nazarieff

Lust for pain: sex and cruelty

A historical view

Algolagnia (from the Greek "algos": pain, inflicted and suffered, and "lagneia": lust), commonly known as sado-masochism, is the combination of destructive and self-destructive impulses. They coexist in us from a controlled level, where they appear in some of our fantasies, up to the pathological level, in which they are beyond control. These impulses have been expressed in art throughout history. We need only mention the cruelty of the Assyrian reliefs, the sodomy scenes on Greek erotic vases (active sodomy expresses the sadistic impulses, whilst passive sodomy expresses the masochistic impulses), or even the beautiful Pompeian painting "Casa dei Misteri" which depicts a flagellation scene as initiation to the Dionysian mysteries.

Literature tells us that the noble ladies of pharaonic Egypt entertained themselves by sticking golden needles into the breasts of their Nubian slaves if they had committed acts of carelessness. Not without humour, Suetonius reports serious cases in Caesar's family: Tiberius discovers a new form of delight when strangling his minister Sejanus with whom he had a love affair, and promptly decides to become the executioner of his political enemies; Caligula sinks into the perverted delirium of utmost erotic madness; Nero or Domitian, mastered by their cruelty, are no longer capable of restraining it, and their excesses become so great that they are a danger to the state. The Middle Ages, ravaged by wars and plagues, granted only little value to human life and allowed the sadism of the ruling class to spread. Tortures, often in public, were used to amuse the people as well as to maintain their fear of the liege lords. Gilles de Rais (1404–1440), a dangerous psychopath, who used to slit open the bellies of his pages at the point of orgasm, was prosecuted not for these crimes but because he had desecrated a church. This displeased the king, who ordered the Duke of Brittany to surrender de Rais to justice. During the trial, he worsened his case by claiming that he had had dealings with the devil. He repented and was executed. In Spain, the Great Inquisition, through the careful efforts of Tomas de Torquemada (1420–1498), terrorized everybody, even in the privacy of their homes. Nobody felt safe. Denunciation entailed the worst sexual tortures to punish the places of pleasure that had been visited by the Devil. The victims, prepared to confess anything to put an end to their torments, were then finally purified by fire.

Secret passions at court

We learn from Brantôme that Catherine de Médici (1519–1589), who had waded in the blood of the Huguenots, took extreme pleasure in whipping the ladies of her court: "I have heard of a high lady of the world, in fact a very high one, who was not content with her natural lust, as she was a great whore. She was married and widowed, a very beautiful woman. To arouse herself even more, she had the most beautiful of her ladies and servants stripped, and took delight in this sight; and then she spanked them on the backside with the palm of her hand, loudly and roughly, and hit servants who had committed a misdemeanour with big sticks; and it gave her satisfaction to see them writhing and making movements and contortions of their bodies and bottoms, which, depending on the strokes they received, were strange and pleasing."

As we are speaking of female sadism, which is the subject of this book, we must mention Erzcébet Bathory (1560–1614), a niece of Stefan Bathory, King of Poland, and cousin of Sigismund Bathory, King of Transylvania. At the age of fifteen she was married to Ferensz Nadasdy, whom she bore four children. Impassioned by the tortures that she inflicted on the young girls she took into her service (in Vienna and later at her castle in Csejthe) the bloody Duchess murdered more than six hundred women so that she could bathe in their blood.The witchcraft she believed in promised that these baths would preserve the youthfulness of her skin. She was walled up alive in her castle for *lèsemajesté,* because, in a moment of panic, she tried to poison the Emperor Matthias Corvin who arrived unannounced. He had come to investigate numerous complaints from the Viennese aristocracy, who had lost some of their most beautiful girls when they went to Csejthe to become lady companions.

Harmless fantasies and confessions

The Marquis de Sade's flagellation games behind closed doors are nothing in comparison with these cases. Through his imaginative literary descriptions, his name was given to active sexual perversion, just as Sacher-Masoch's name was given to the passive form of the same perversion as a result of his autobiographical novel *Venus in Fur.*

In his *Confessions,* Jean-Jacques Rousseau tells of his sensual quest for physical chastisement: "As Miss Lambercier had the affection of a mother towards us, she had also the authority of one, and this went so far that she sometimes punished us like children when we had deserved it. For a long time, she merely threatened, and this punishment, that was totally new for me, seemed terrible; however, after it was carried out, I did not find it as bad as it actually was; and the most curious thing about it was that this punishment made me grow even more fond of the person who had administered it… In pain, in shame itself, I had found a mixture of sensuality that made me wish, more than fear, to experience it again from the same hand. It is true that, as probably a little premature sexual instinct came into this, I would not have found the same punishment from her brother's hand so pleasant."

Hidden forms of sado-masochism

Algolagnia is already present in children; in its active form when they pull off a butterfly's wings, when they torment a weaker school companion, or when playing doctors and nurses they use, for more reality, needles to give real injections. It manifests itself in its passive form when children are obstinate to their teachers or to parents who believe in the justification of corporal punishment, because this gives the children the opportunity to experience punishment.

A person who thinks he can confirm his power by exercising it on someone he feels to be weaker is in fact complying with his victim's efforts to assert himself by permitting the first to exercise his power. In general, it can be said that in sado-masochistic love games, the limits of the active partner are determined by the passive one. This passive person, so it seems, controls the situation better, because his imagination allows him to take the place of the other too and stimulate his excitement. Like Janus, algolagnia always has a double face. The person who, in his sexual practice, confines himself to a passive role, practices his sadism in society; just as the whipper sooner or later finds the opportunity to have himself punished by that same society. And in the case of sexually balanced algolagnia, the person looks for a partner like himself, which allows him to play both roles. By way of illustration: public prosecutors and judges are the best clients of sex clubs where they can be humiliated and whipped; the sadist exceeds the limits allowed by law and is arrested. The Marquis de Sade's sexual behaviour demonstrated a balanced algolagnia in that he would whip and be whipped with equal zest.

Women and sado-masochism in photography

"Jeux de dames cruelles" deals with sado-masochism among women, as it appears in the long history of photography. But we must not forget that these pictures, taken by male photographers, were initially intended for men. It is not surprising that this subject has been illustrated right from the very beginnings of photography, because it is, in a moderate form, part of an impulse which, as Georges Bataille has shown, is at the very heart of our life. After Daguerre had made his discovery known, it took a decade of this completely new art before photographers could portray living beings without problems. The first sado-masochistic pictures are extremely rare; there must be a daguerreotype that shows spanking, but it is yet to be rediscovered. Moral severity explains the rarity of such pictures. They had to be sold under the counter and still were difficult to sell. On the other hand, many of them were surely destroyed, partly out of shame, partly through negligence.

This book opens with an astonishing stereoscopic daguerreotype Auguste Belloc made between 1850 and 1852 to illustrate clysteromania. This erotic perversion is of a sado-masochistic kind. Illustration No. 3 is the oldest among the known whipping pictures. It was made by François Jacques Moulin in 1853 and shows a little girl. The intention was to hide behind an everyday scene that was more easily tolerated by moral standards. From 1860–1865 onwards, more and more pornographic pictures can be found, among which are some scenes of hot erotic games. Undoubtedly inspired by Diderot's *The Nun*, the photographer of these pictures even shows us two women dressed as nuns, one of them using a cat-o'-nine-tails on the other to make her repent her sins (Illustration No.4).

The Belle Epoque left us more documents on the subject than the preceding fifty years of photography. But even at this time, the pictures are almost exclusively French in origin. For those who wanted to act as whippers, there were a number of Parisian brothels which would take photographs for their amiable clientele. These photographs show the madame of the house spanking a girl employed for her masochistic submissiveness. On the back of these visiting-cards the name of the prostitute often appears: Clémentine, Rose or Véronique. If we are to believe one of the chroniclers of this time, the taste for spanking was as widespread in the perverse bourgeoisie around the change of this century, as it was in the aristocracy of the eighteenth and nineteenth centuries: it was the time of the "little housemaids" with whom the masters thought they could do as they wished. These pictures illustrate bourgeois amusements: Madames, often graceless, always clothed for the sake of decency and sometimes even with a hat, whip exciting adolescent bottoms.

The Roaring Twenties saw the explosion of sado-masochistic fantasies in literature (the *Orties Blanches* or *Prima* series, for which known authors like Pierre Mac Orlan wrote under pseudonyms), in illustrative art (Fanny, Hérouart – who signs his name Herric –, Mateste, Marilac, Mossé), and of course in photography which became popular in postcard form. Postcards can easily be sent in an envelope to a friend. Stereoscopic views were also available to satisfy the voyeur. The pictures of this period show us that the photographers, won over by the demands of a larger audience, no longer knew any restraint and often indulged in excesses that seem hardly credible nowadays. That is why they seem more amusing to us than touching. Even though French work continued to be succesfully exported, photographers in Germany and Austria also produced flagellation pictures, encouraged above all by Berlin and Leipzig editors who presented the “English vice” as a subject of psychological studies in aberrant behaviour. In Paris, around 1935, the photographer Yva Richard, by specializing in leather and rubber accessories, opened the way to American post-war photography.

1945 marks a turning-point in this kind of pictures. These pictures, rejected by a Europe that had just experienced the horrors of war, spread throughout the United States, where, from 1947 onwards, Irving Klaw, responding to his clientele’s demand, produced photographs of bondage and sado-masochistic scenes closely tied to the American comic strip that dealt with this matter. The pin-up Betty Page was his favourite model. He worked till his death in 1963, and finally saw Mac Carthy’s prisons from the inside. He found a following in his own country whilst Europe had to wait until Sieff and Newton to recover, with the sophistication of fashion photography, the theme of the woman-object subjected to fantasies of domination.

Serge Nazarieff

Le Second Empire

REPR. 1:
A. Belloc, vers 1850

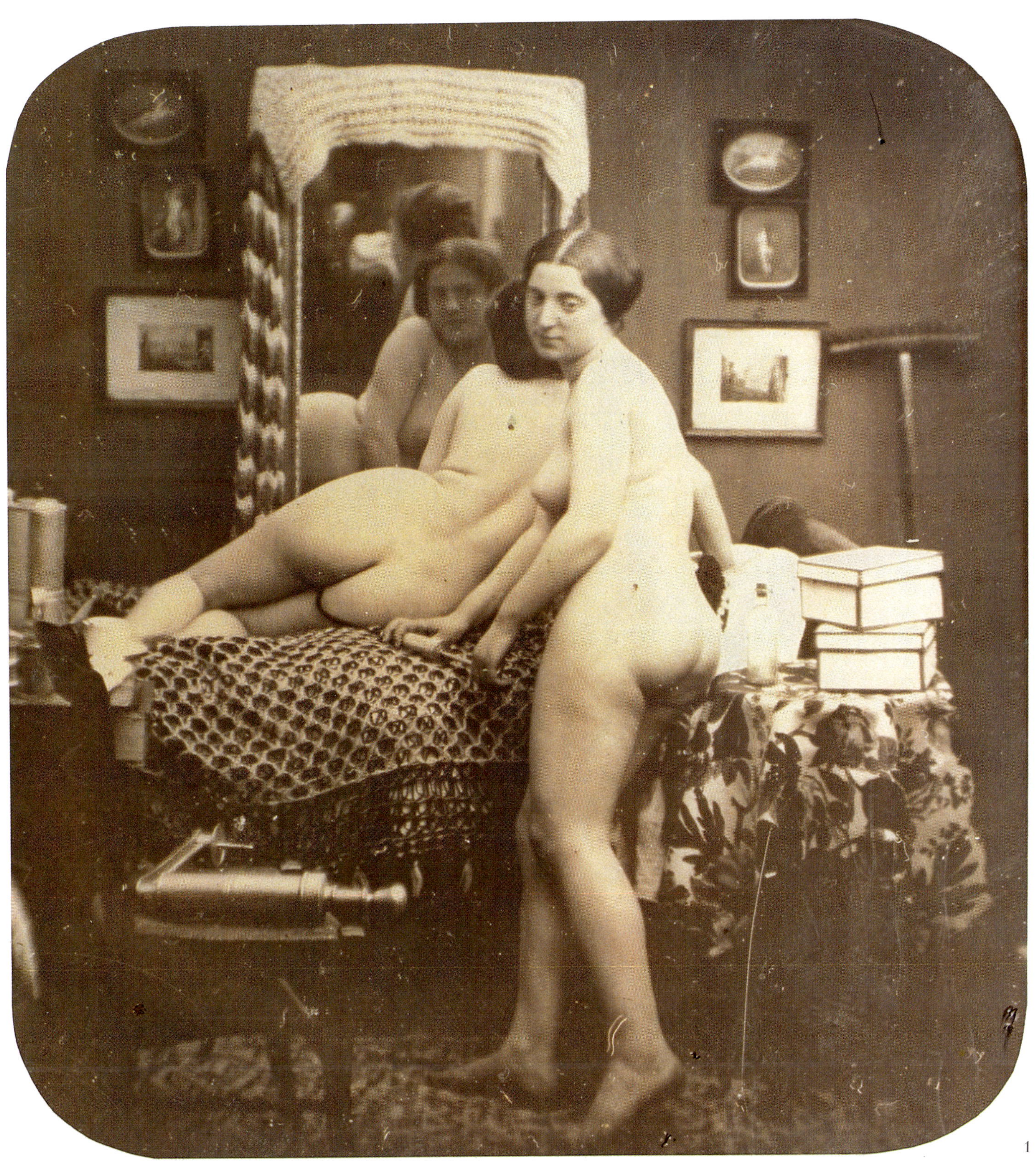

1

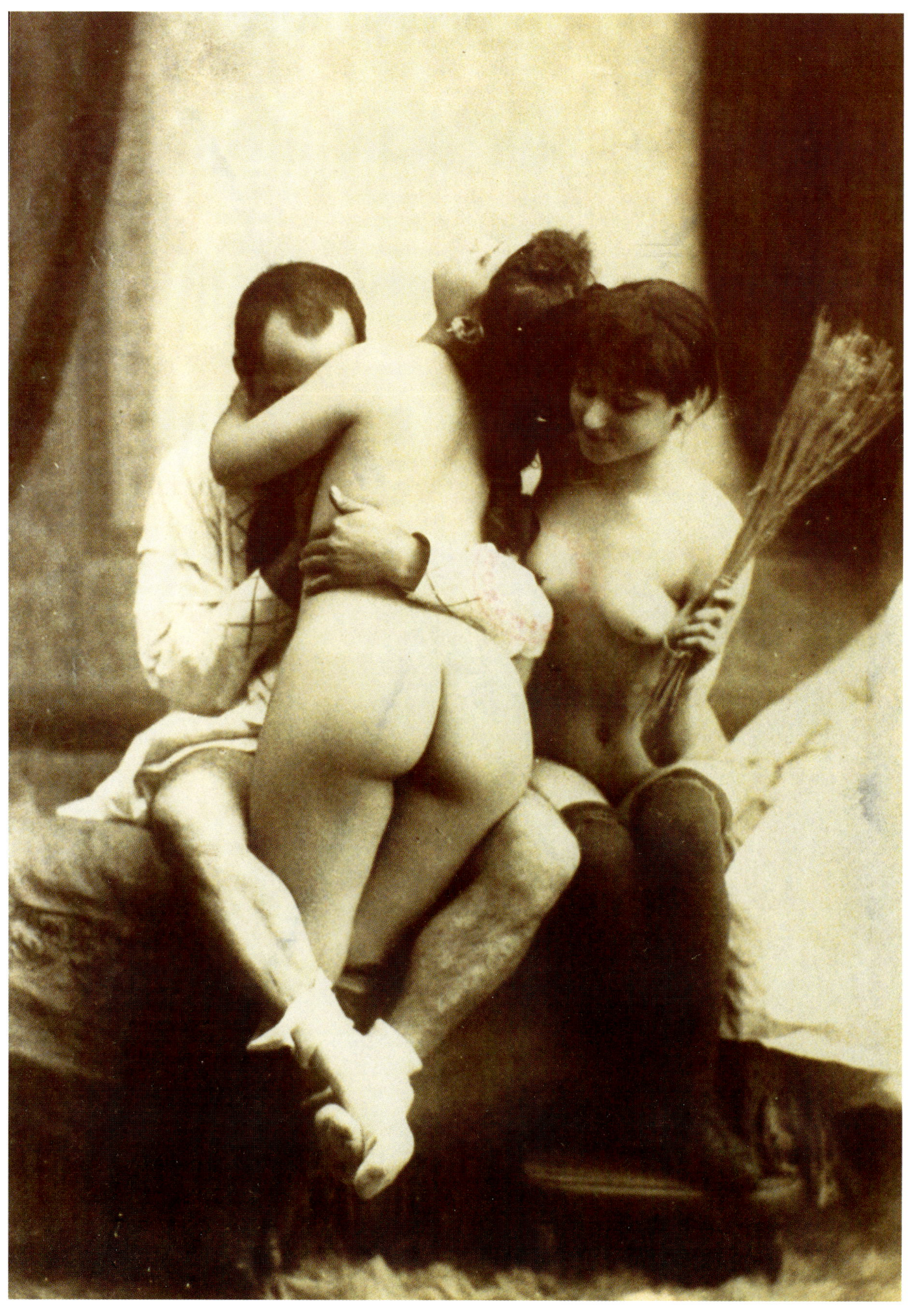

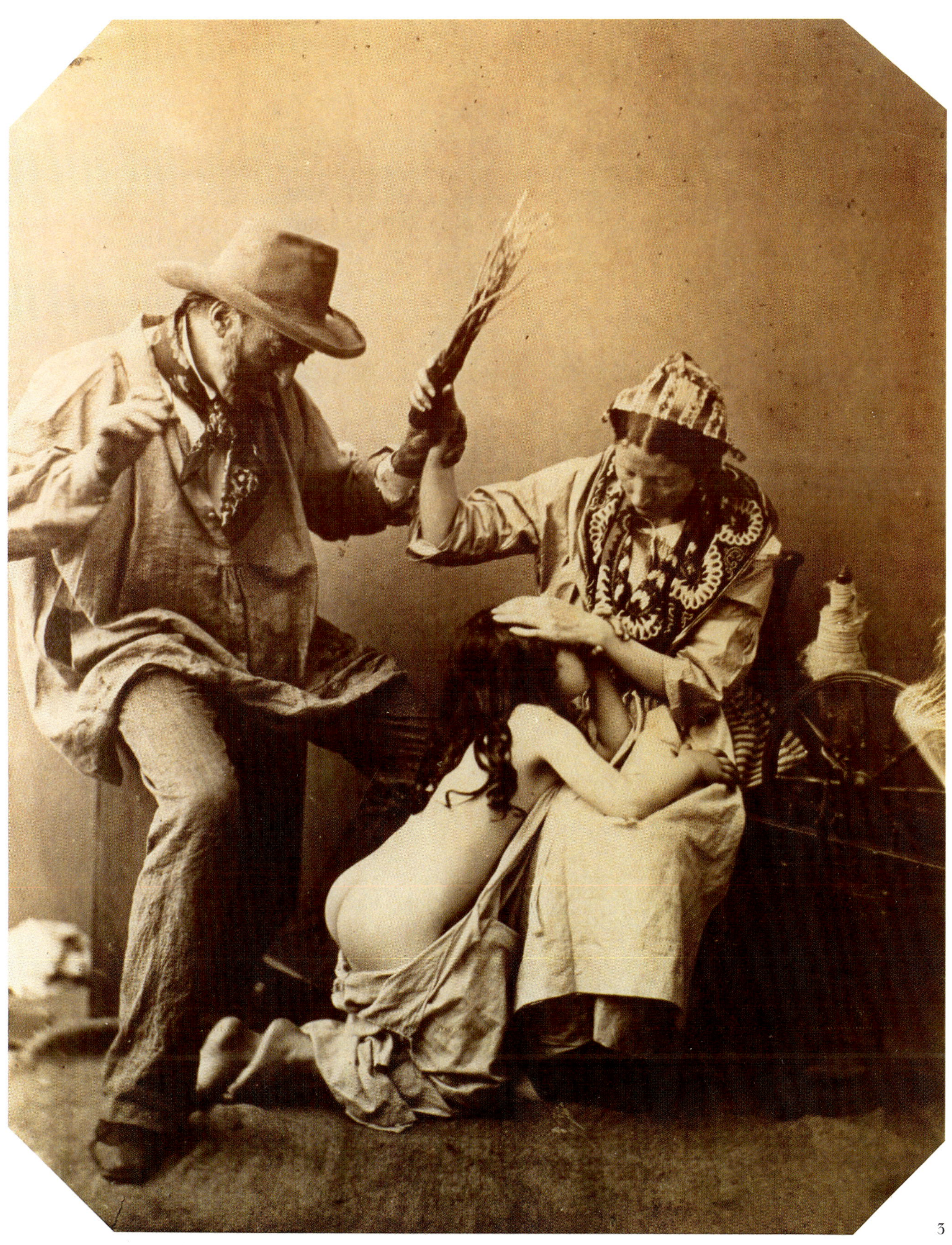

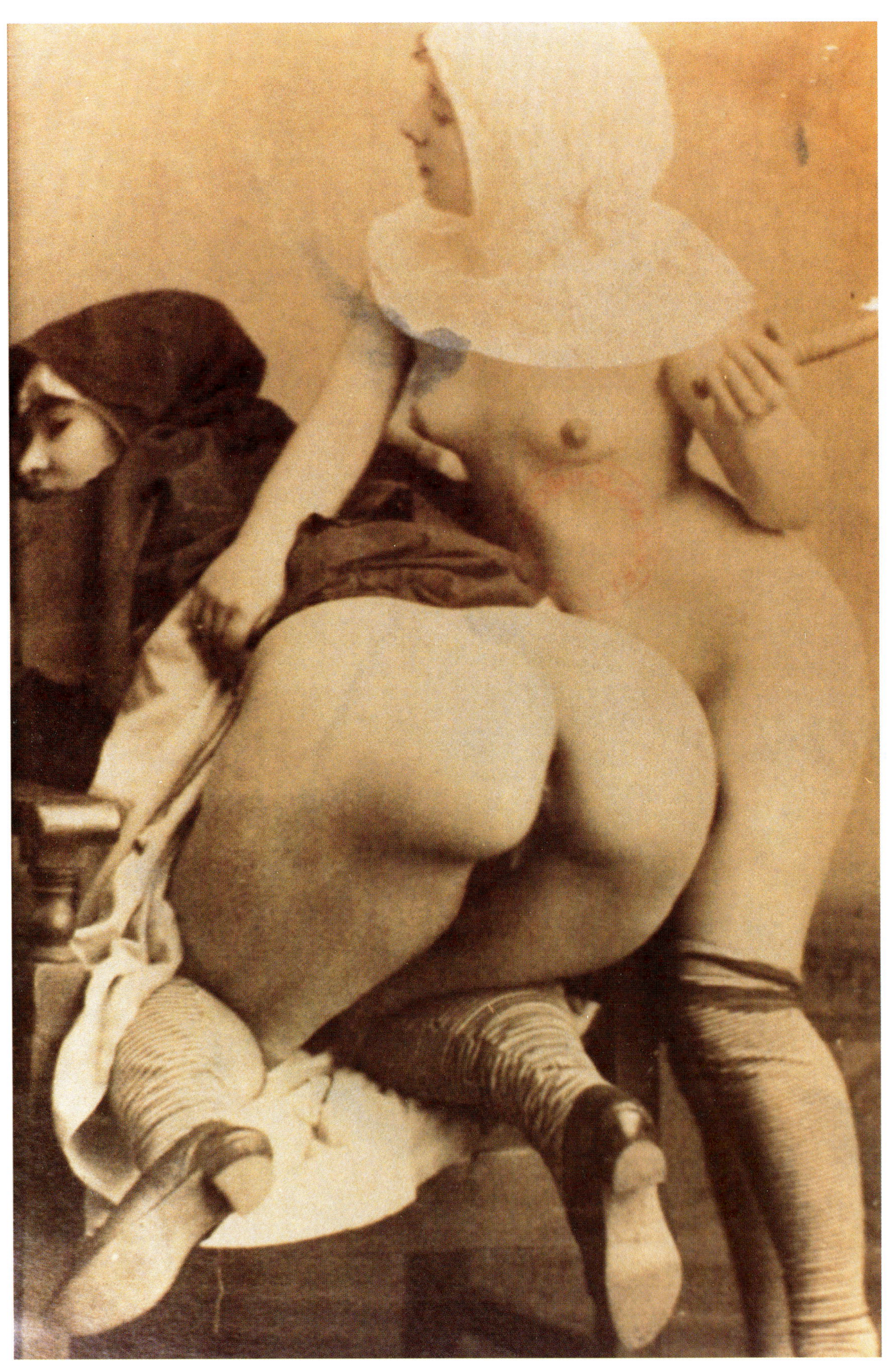

4

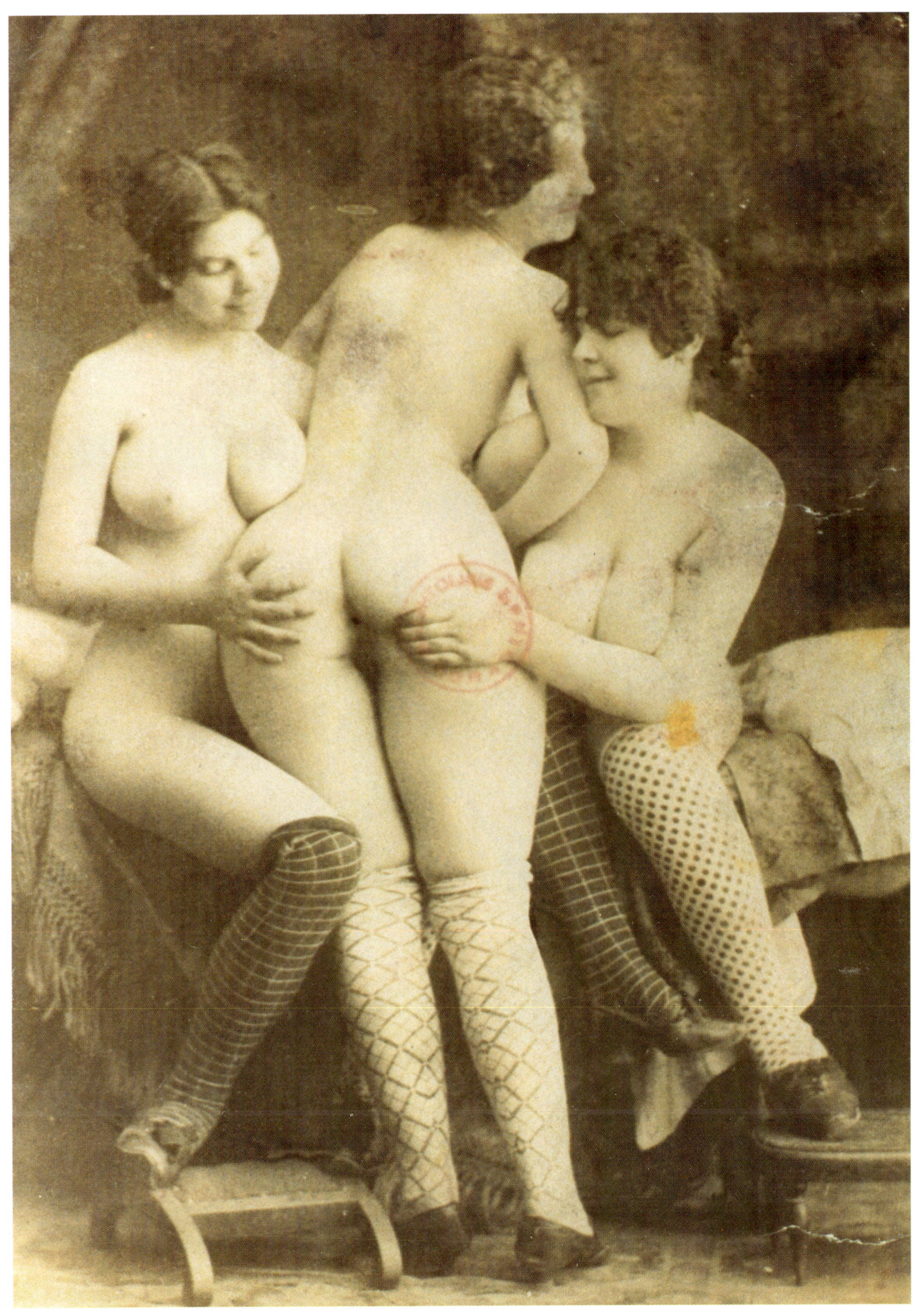

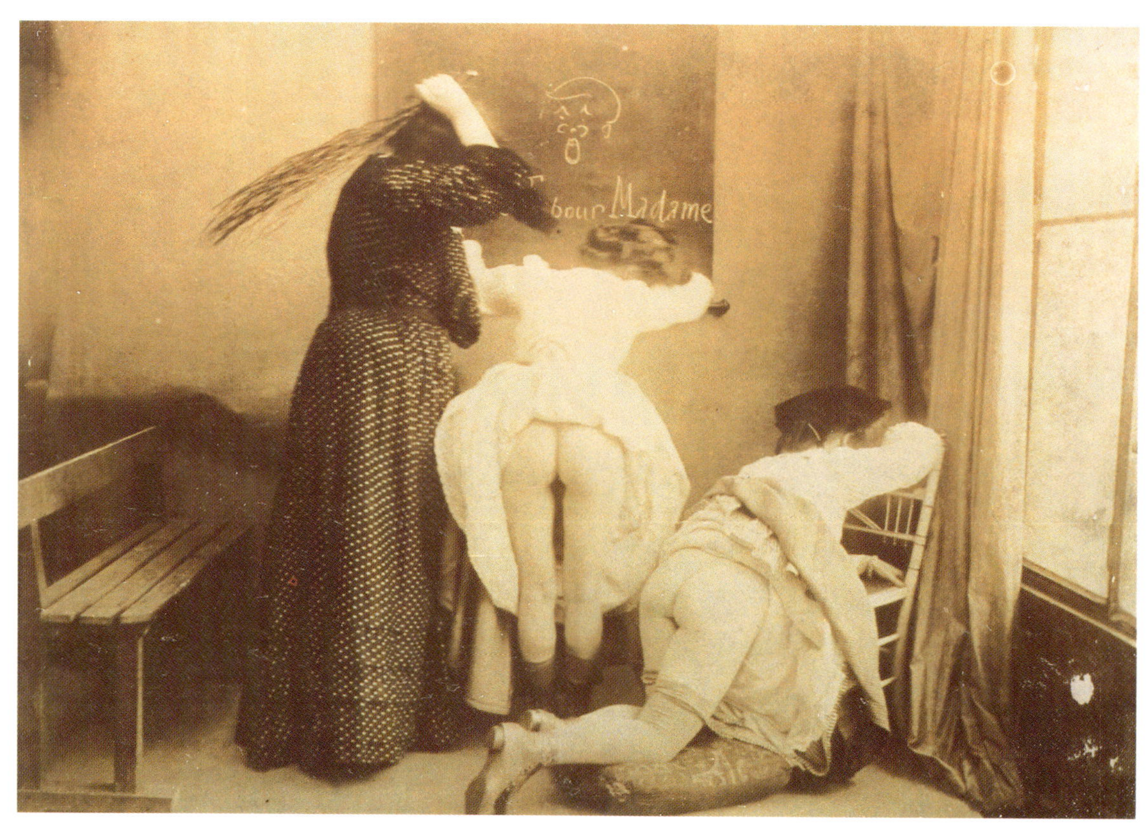

6

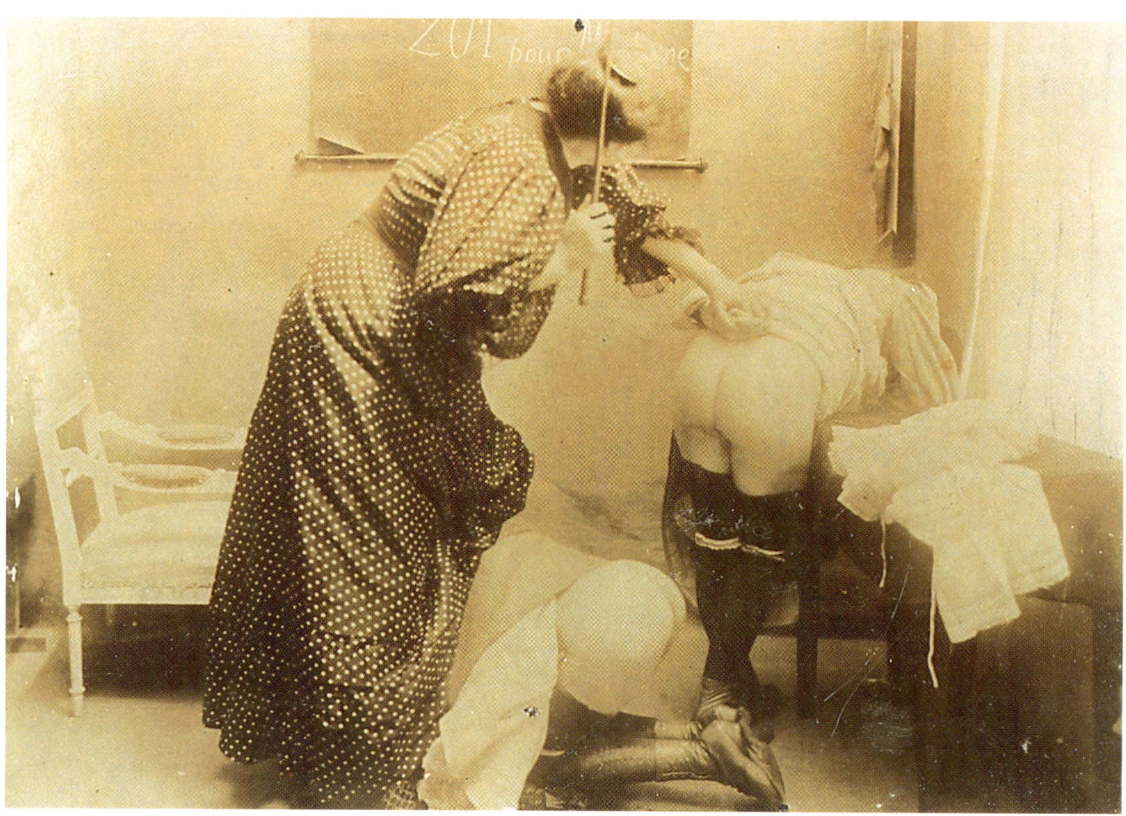

7

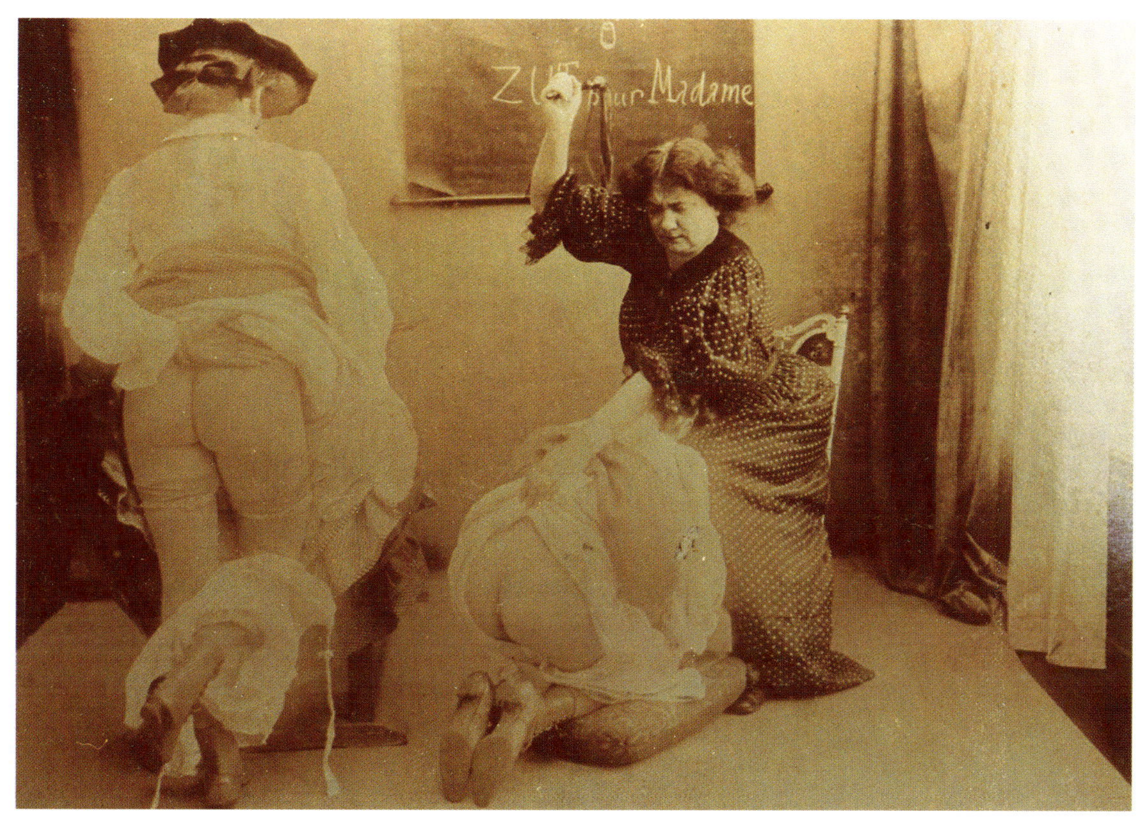

8

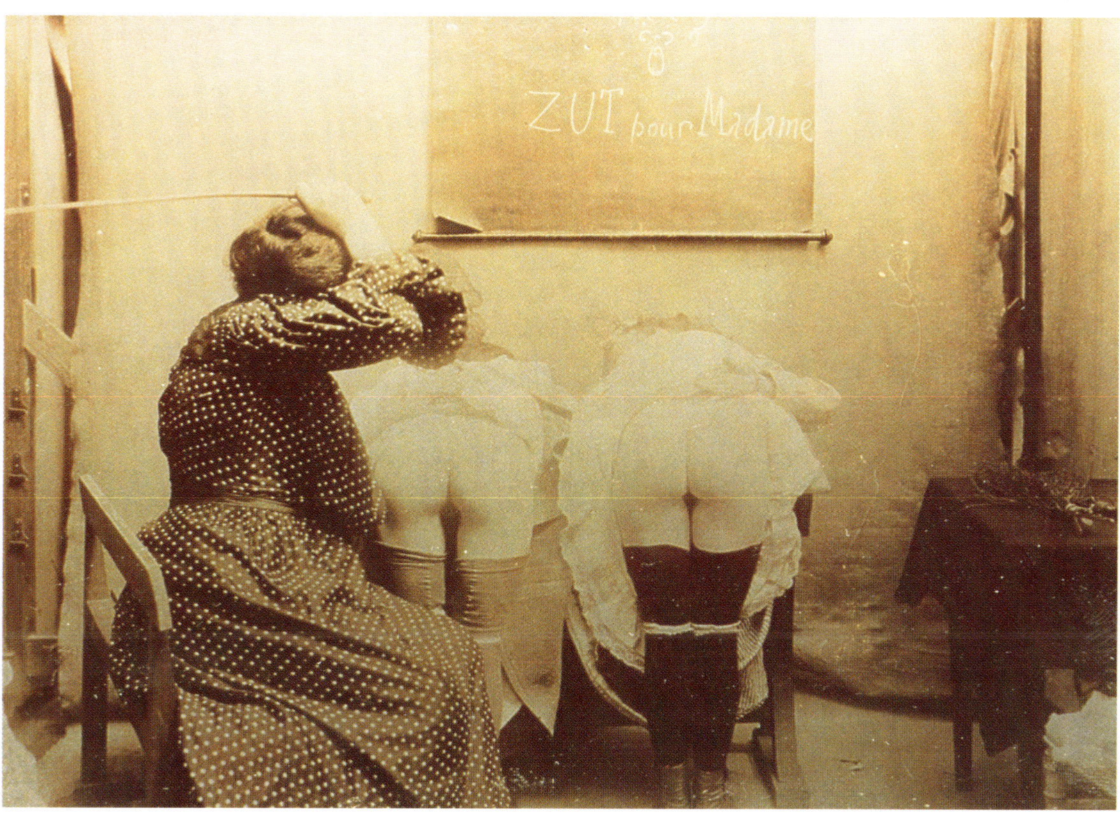

9

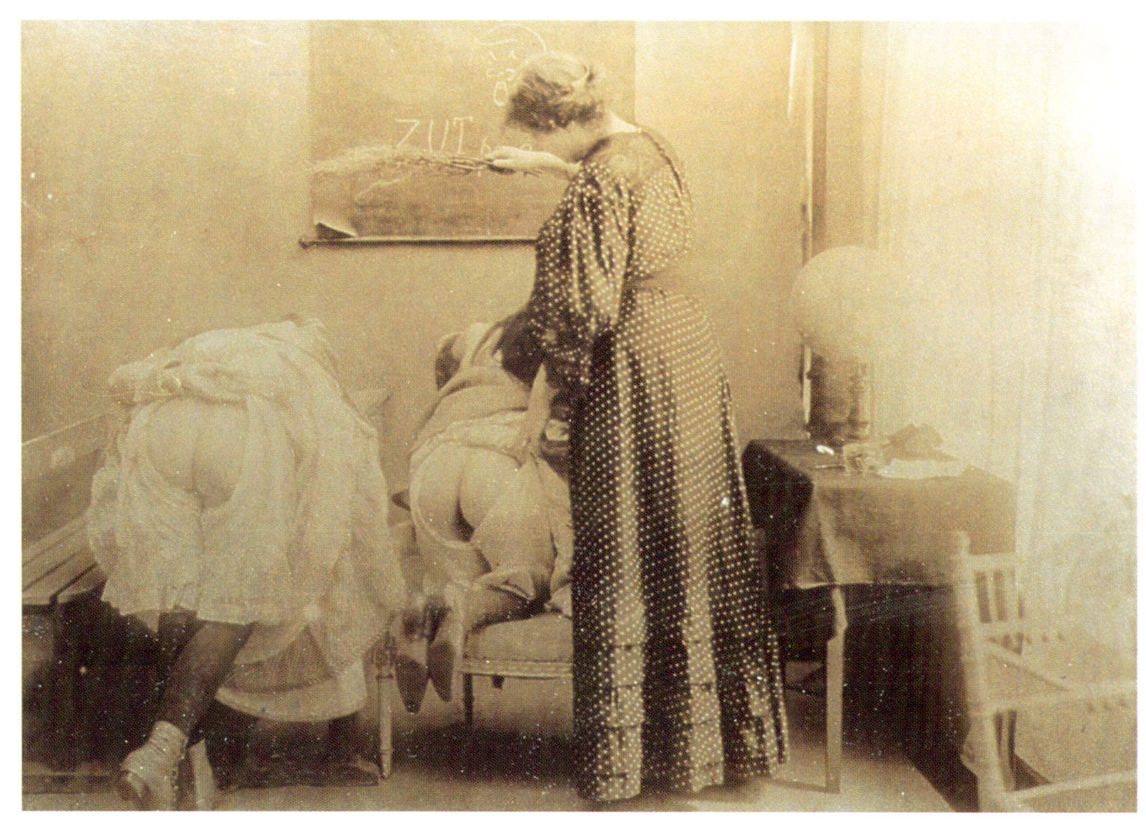

10

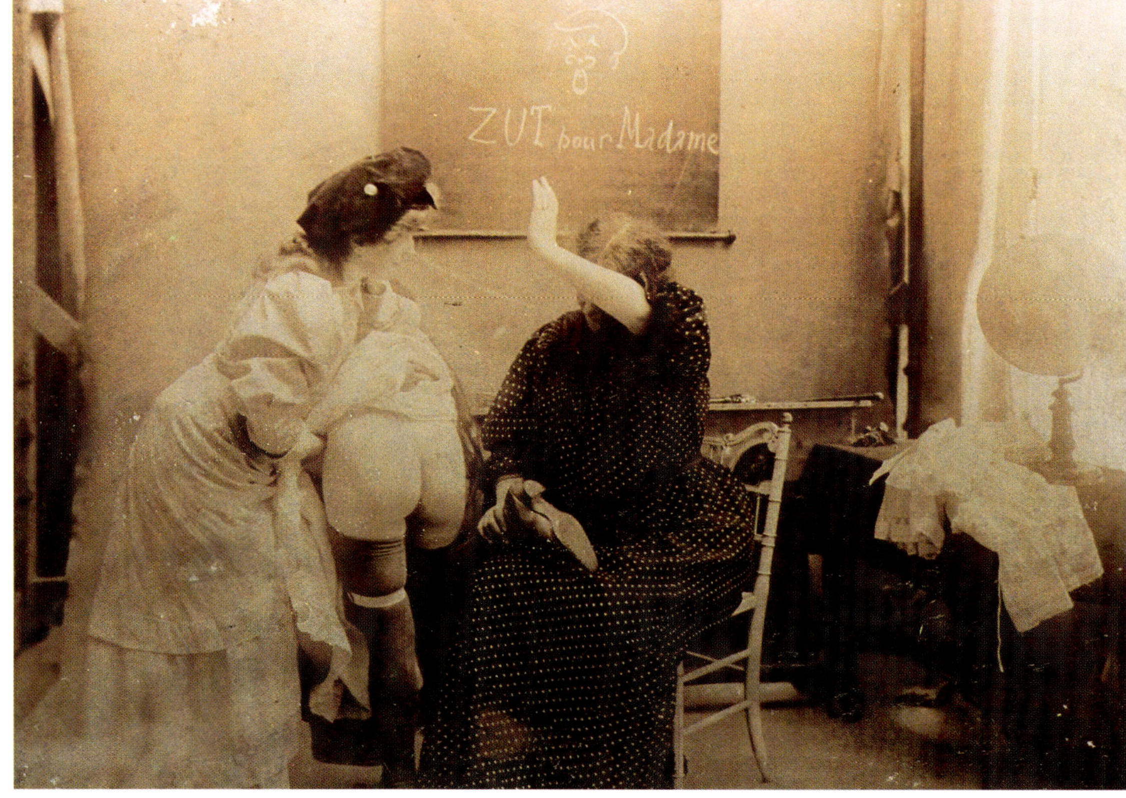

11

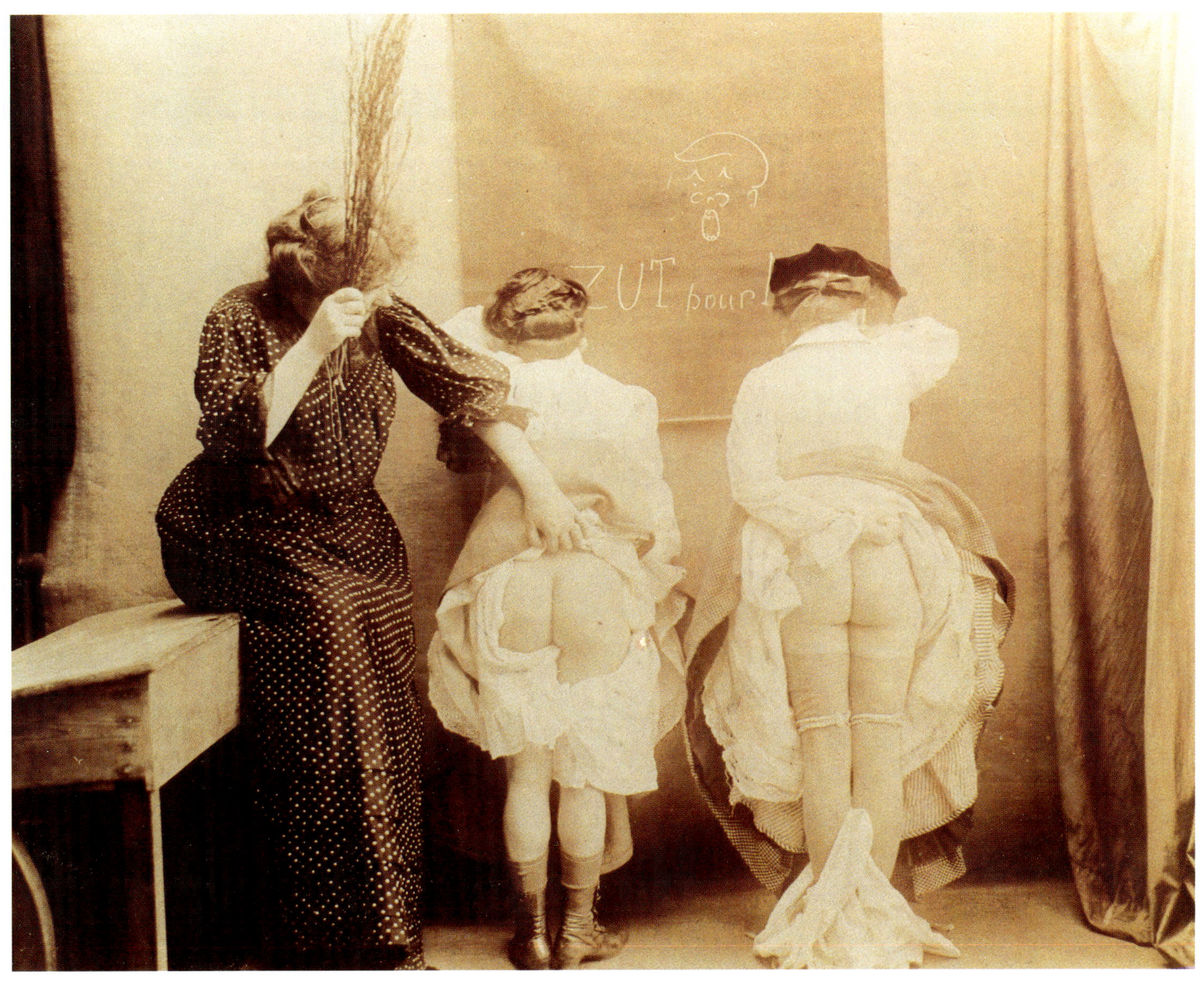

12

REPR. 2:
Anonyme, vers 1867

REPR. 4, 5:
Anonyme, vers 1867

REPR. 3:
F. J. Moulin, 1853

REPR. 6–12:
Anonyme, vers 1870

REPR. 13:
S. Recknagel, vers 1900

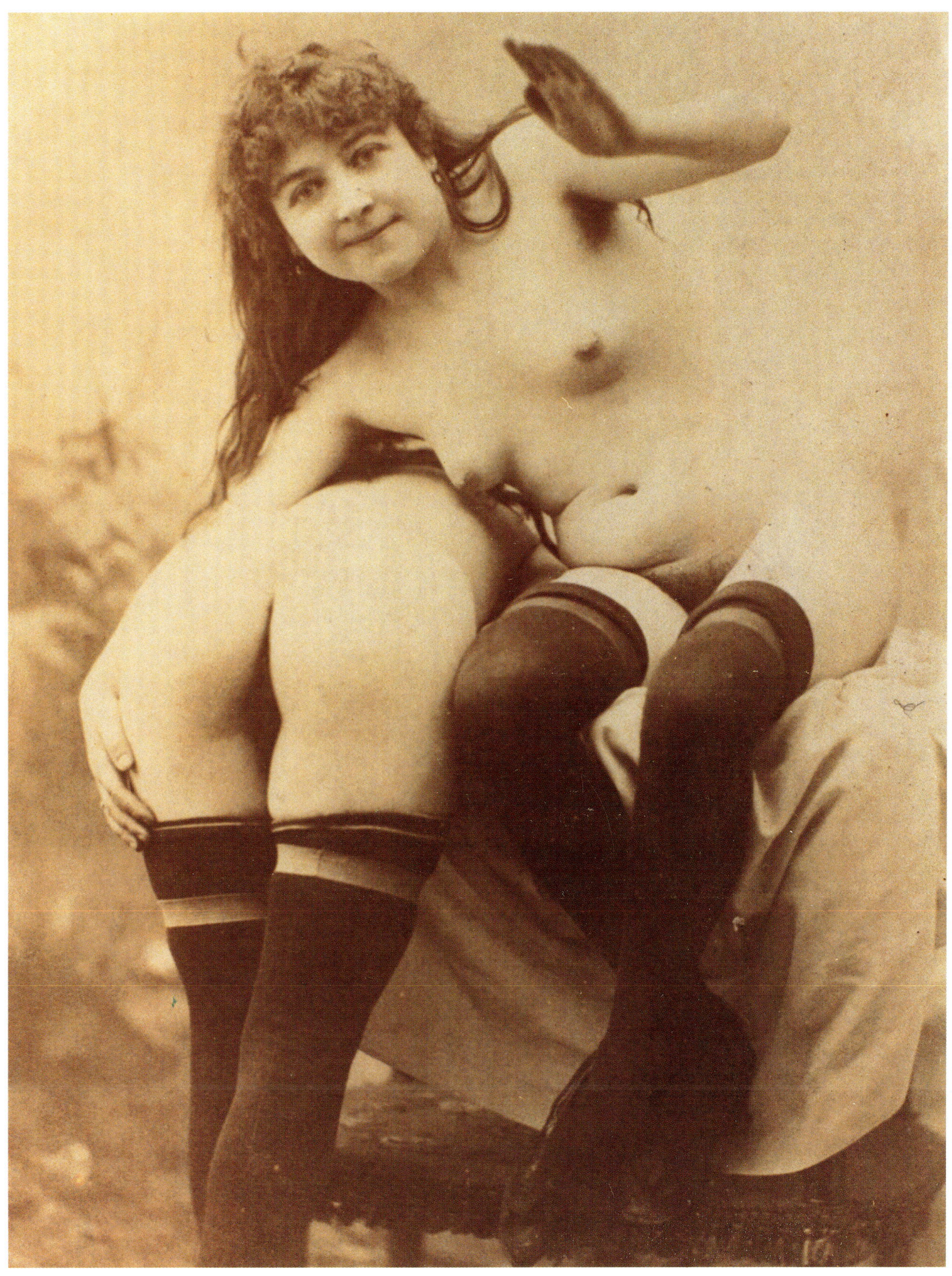

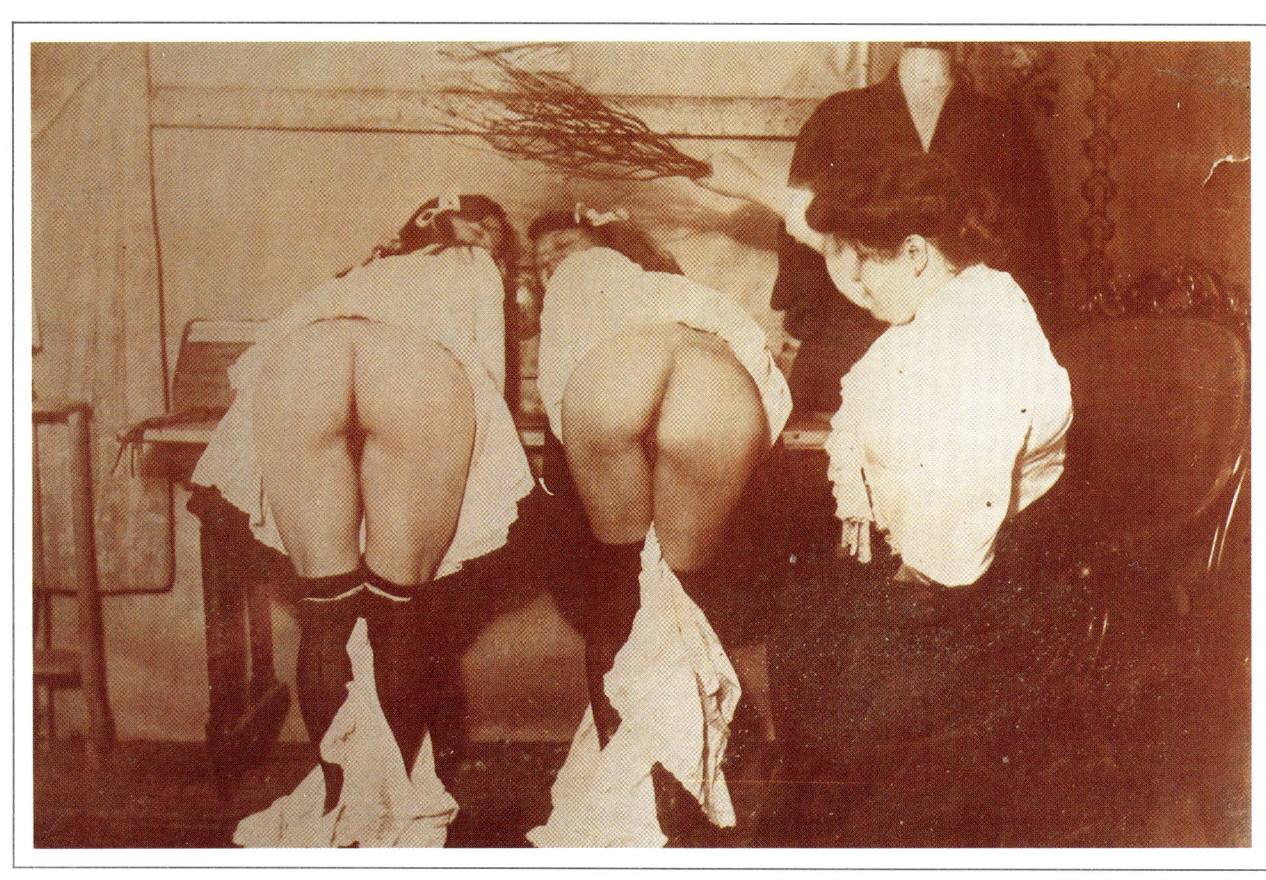

14

REPR. 14:
Anonyme, vers 1900

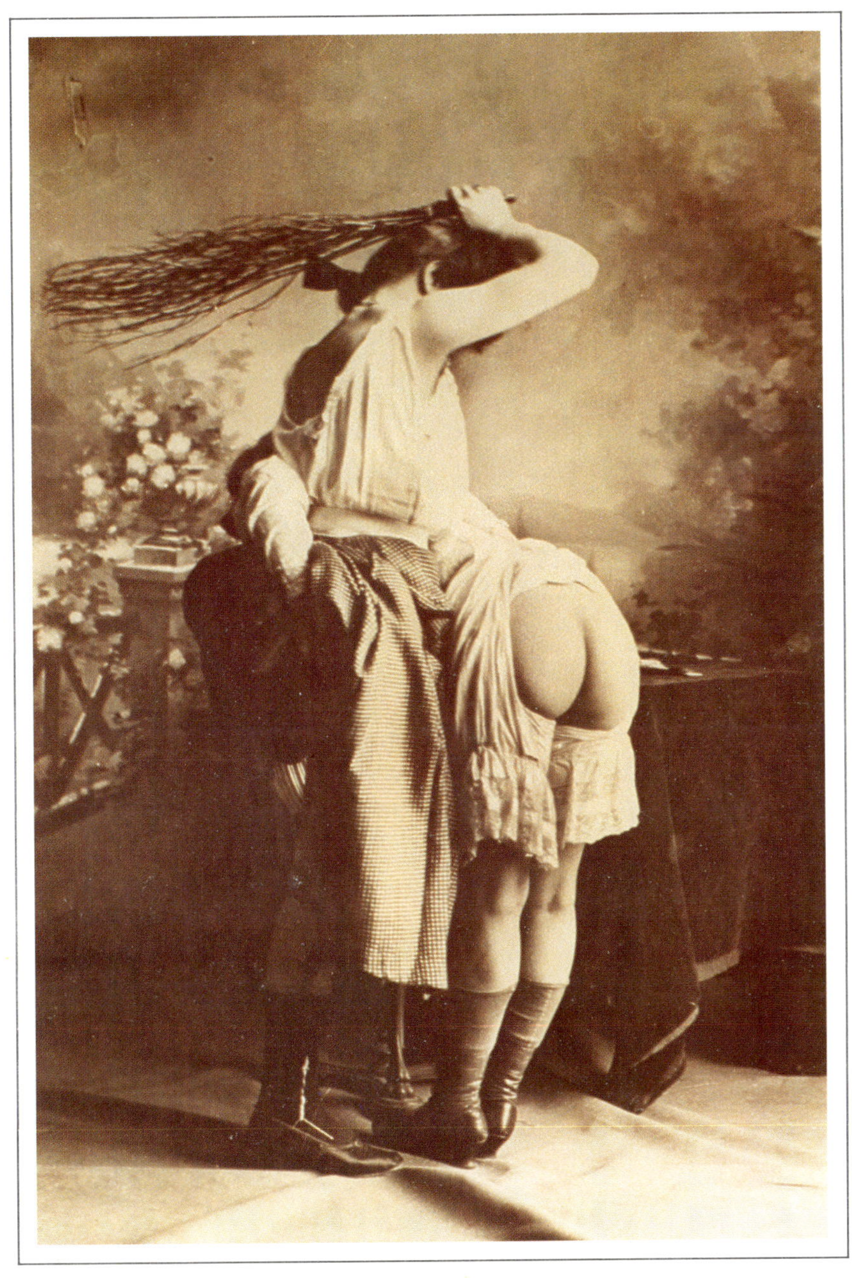

15

REPR. 15:
E. Agélou, vers 1905

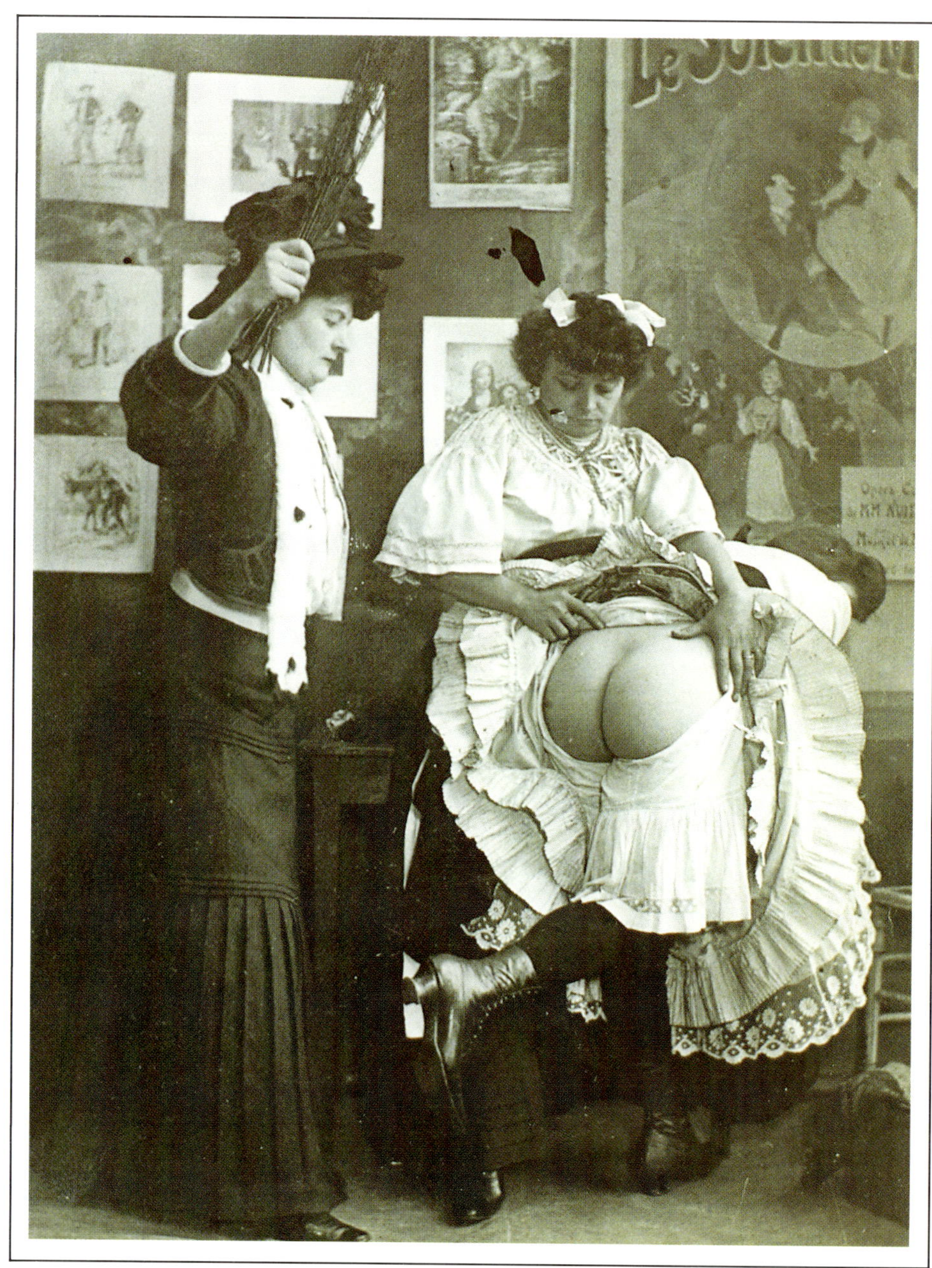

16

REPR. 16, 17:
Anonyme, vers 1900

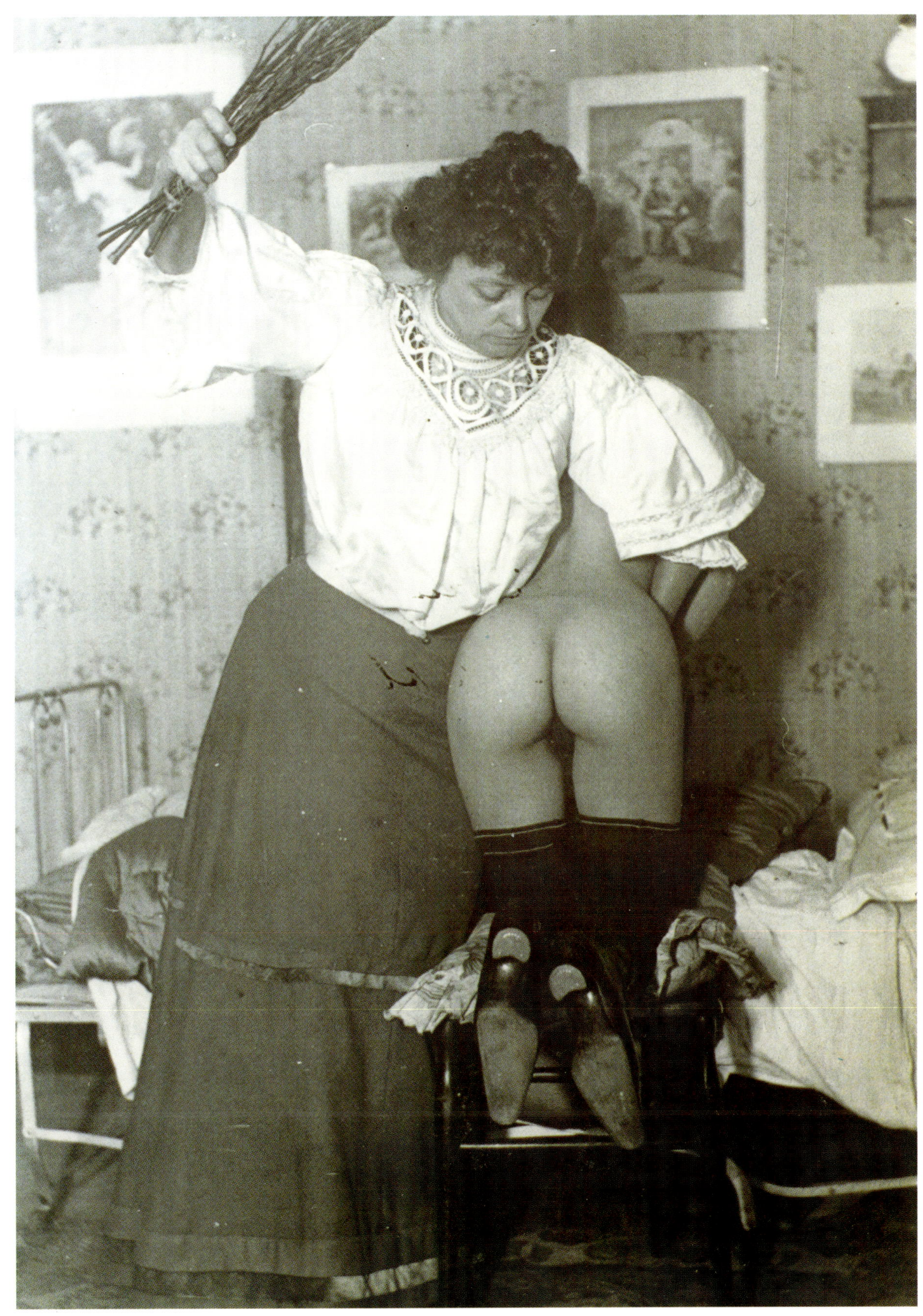

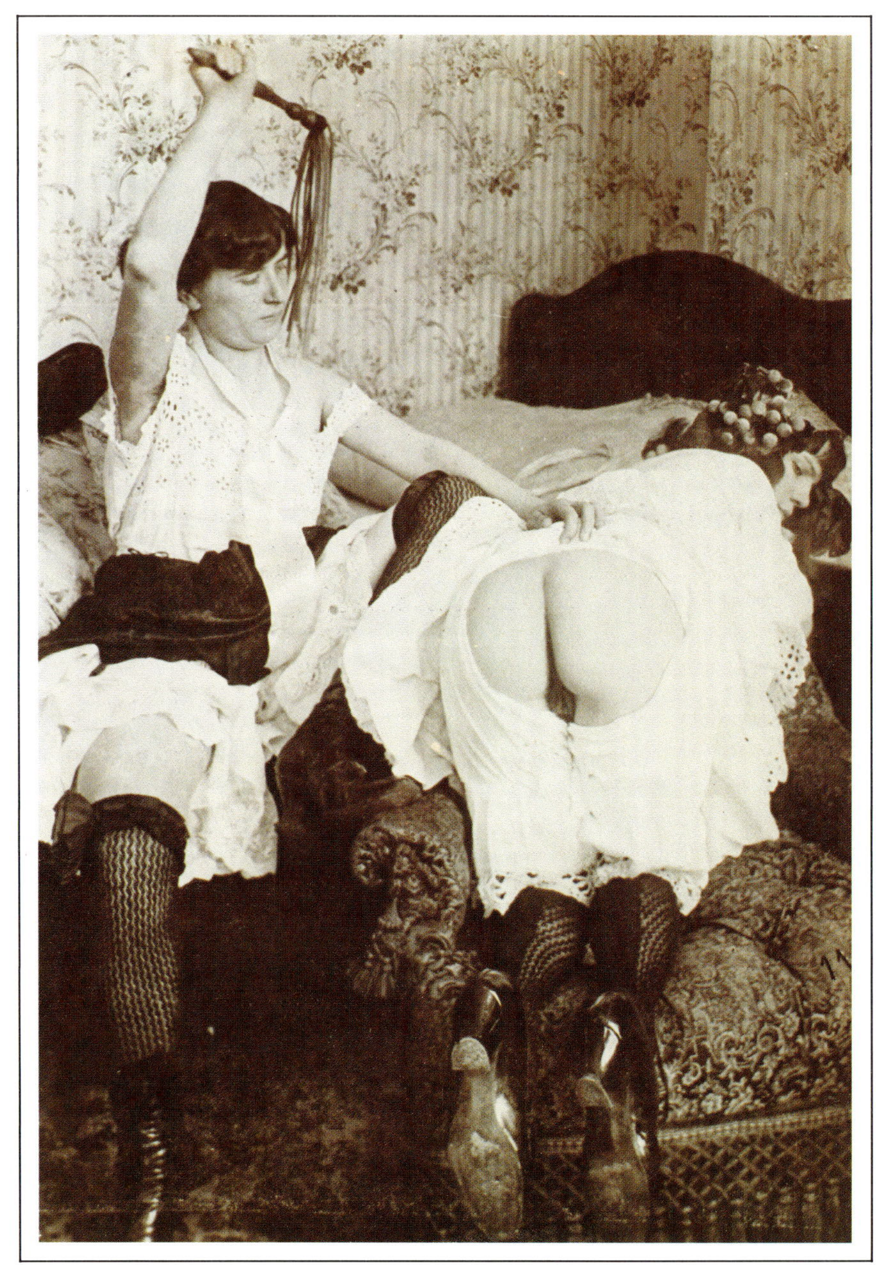
18

REPR. 18, 19:
E. Agélou, vers 1905

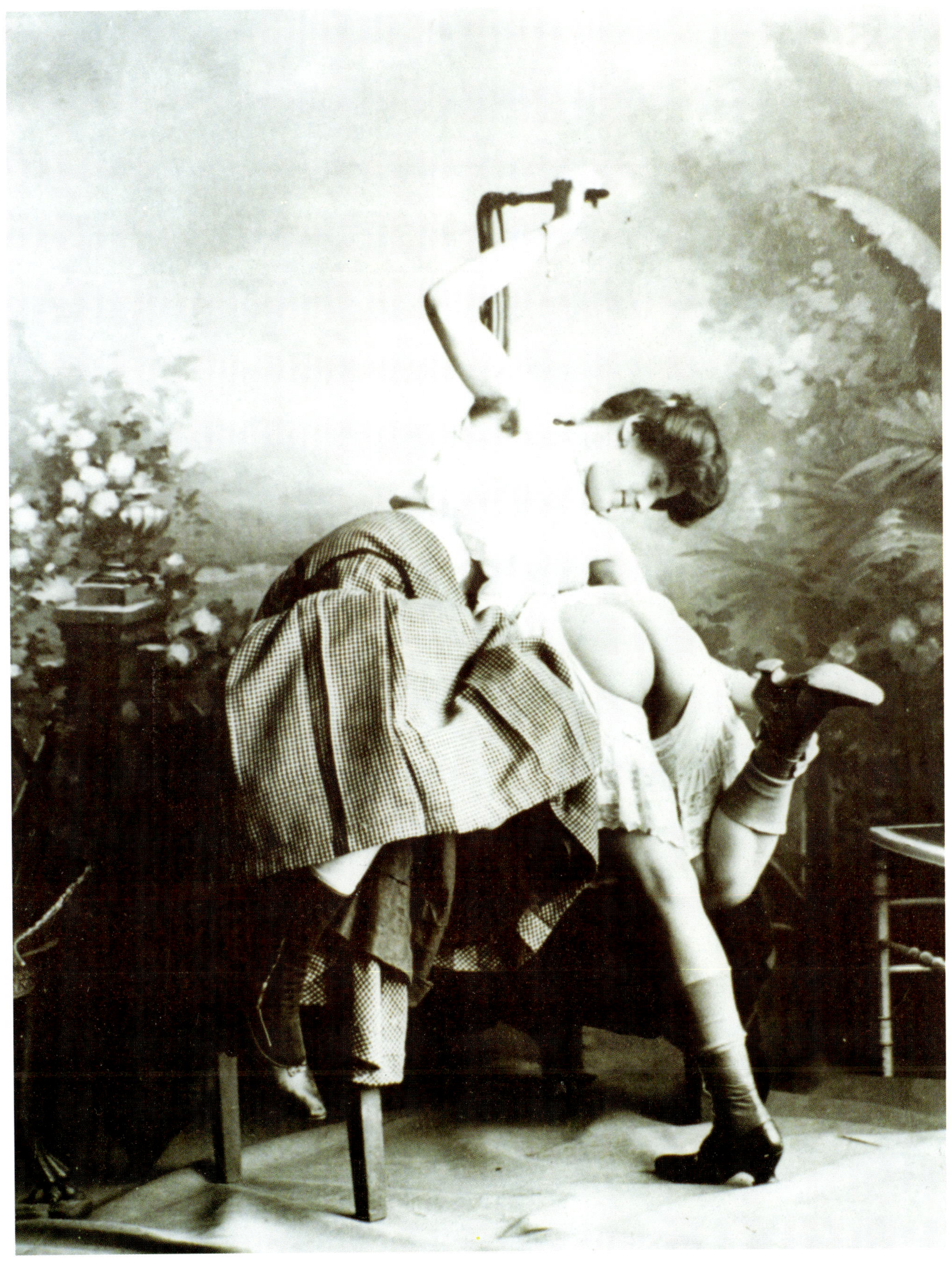

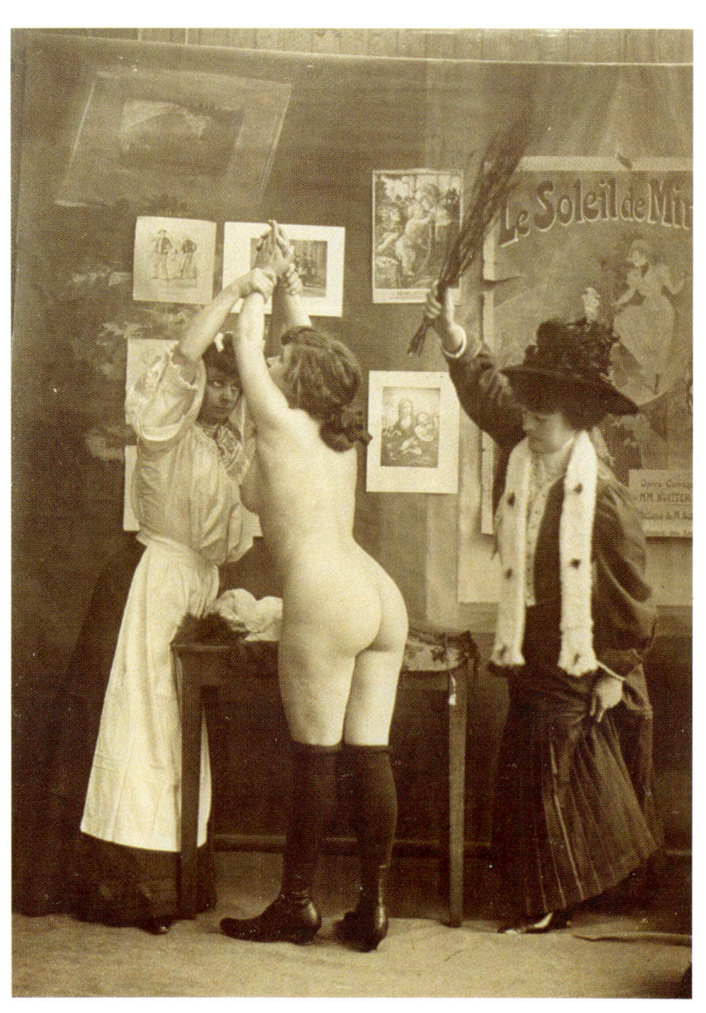

20

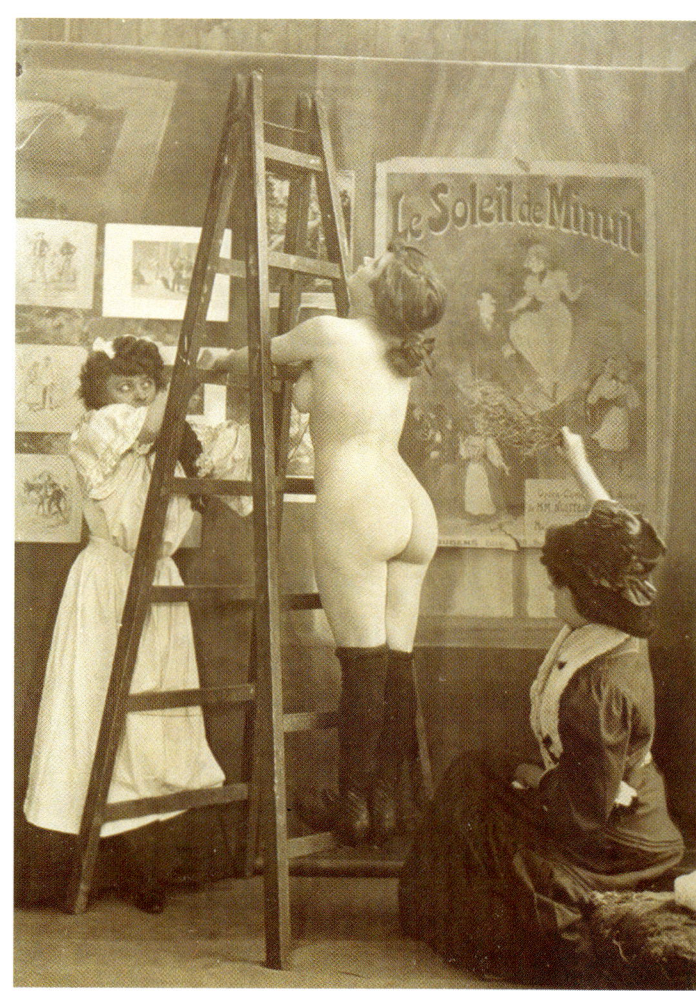

21

REPR. 20–24:
Anonyme, vers 1905

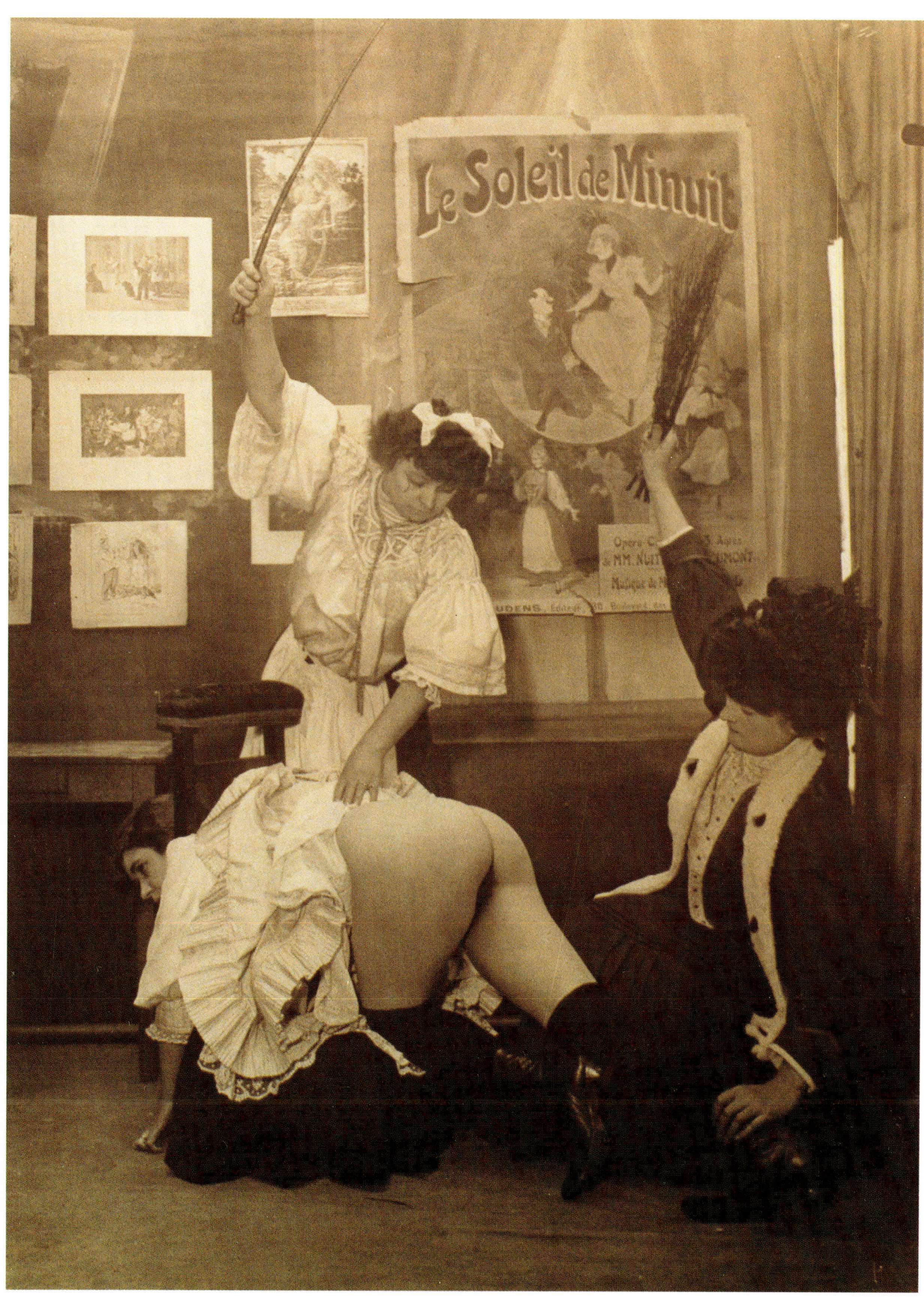
Le Soleil de Minuit

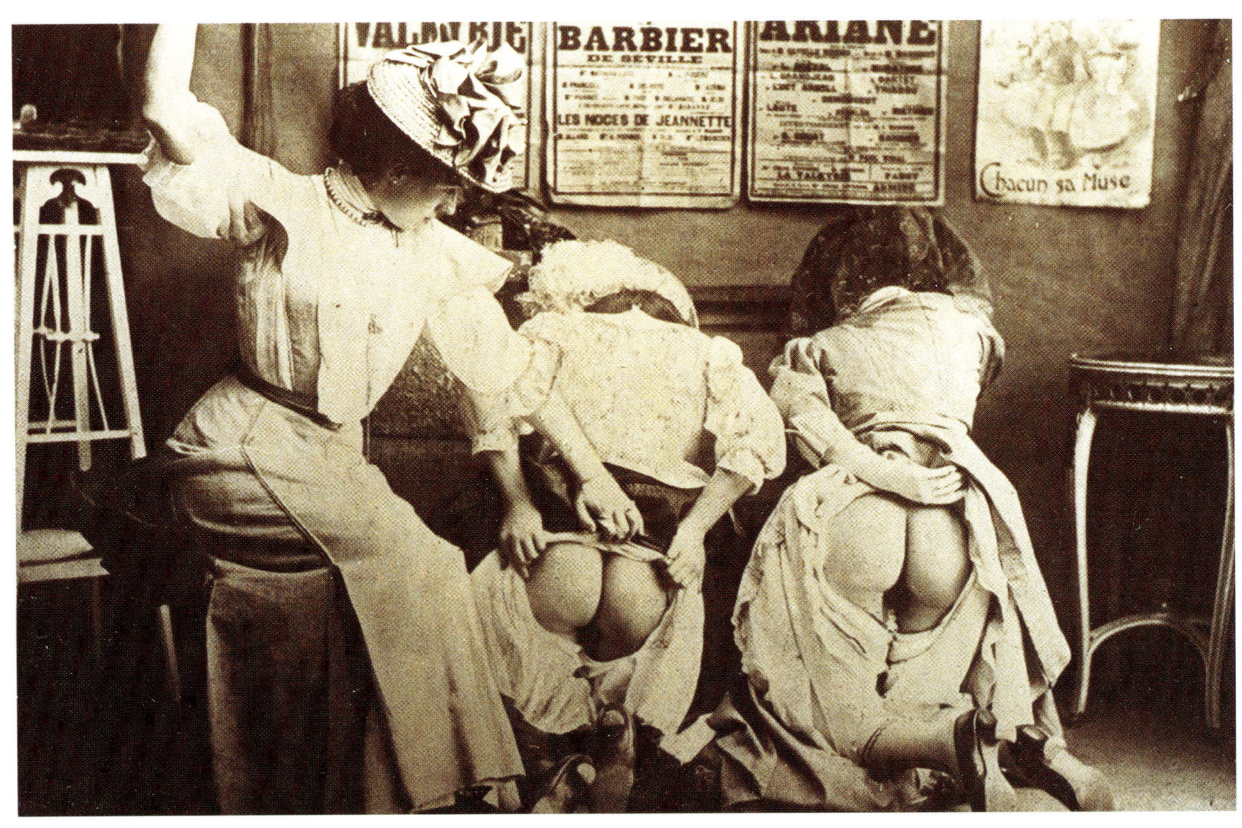
BARBIER
DE SEVILLE
LES NOCES DE JEANNETTE
ARIANE
Chacun sa Muse

23

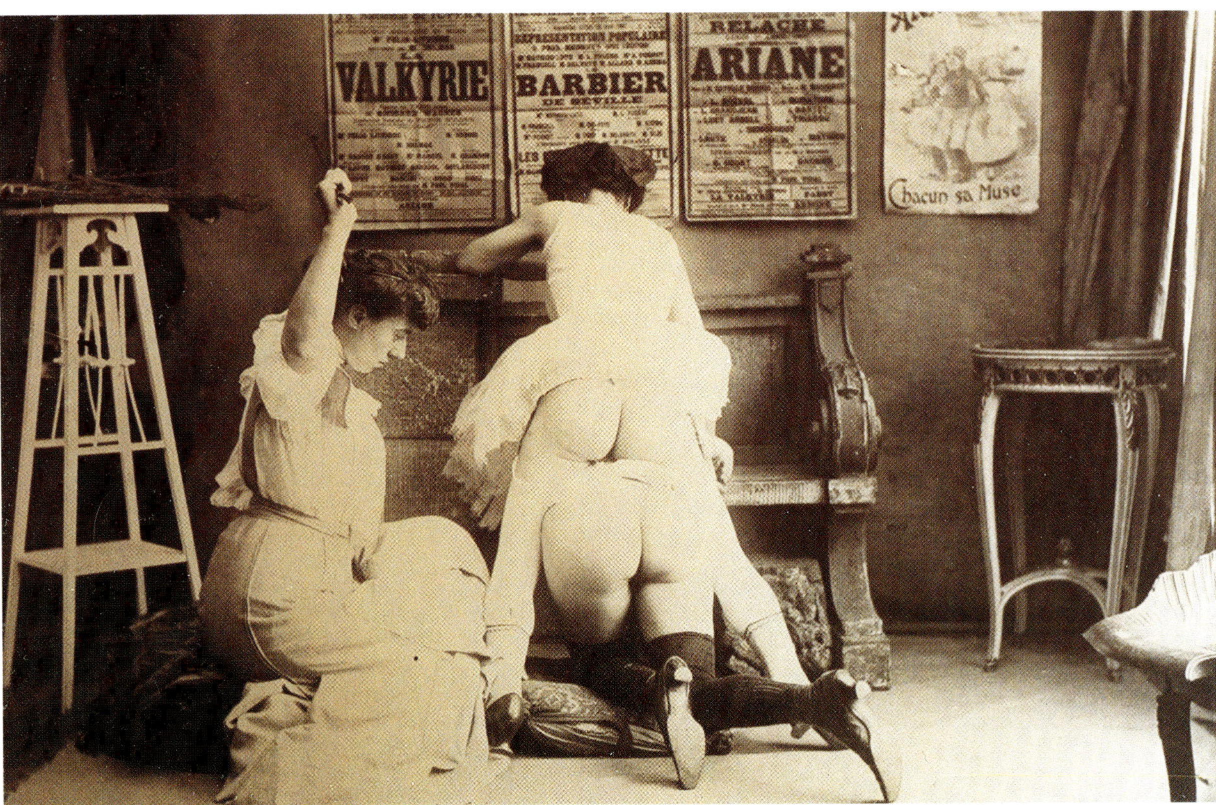
VALKYRIE
REPRESENTATION POPULAIRE
BARBIER
DE SEVILLE
RELACHE
ARIANE
Chacun sa Muse

24

Cartes de Visite de Maisons Spécialisées

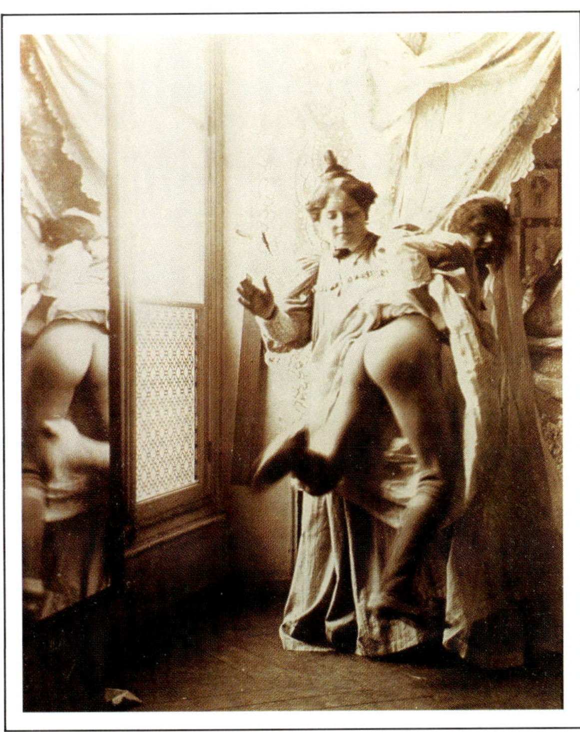

25

REPR. 25–37:
Anonyme, vers 1900

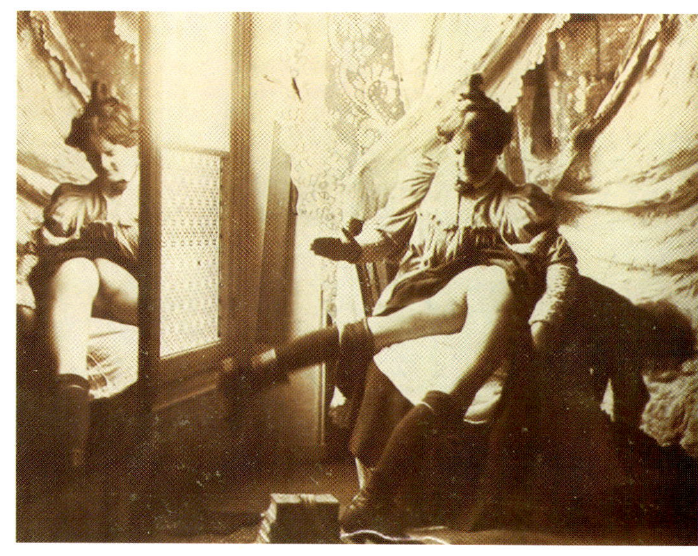
26

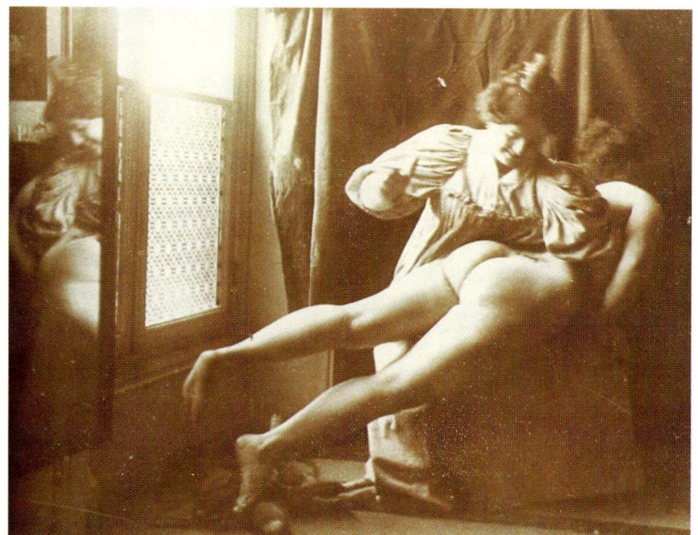
27

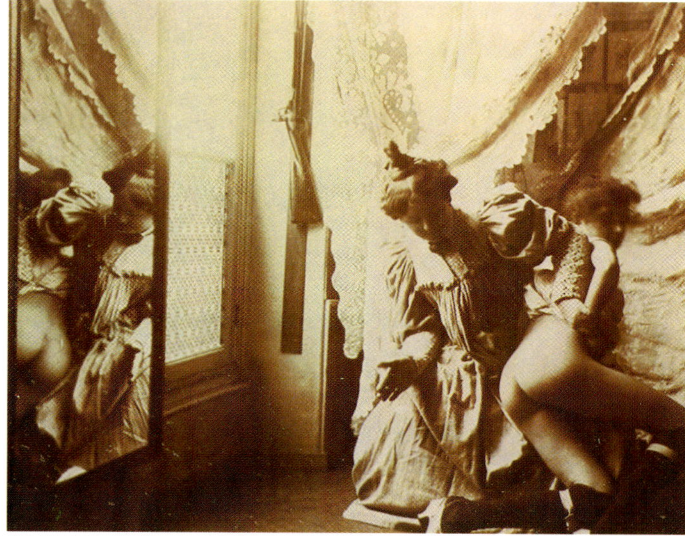
28

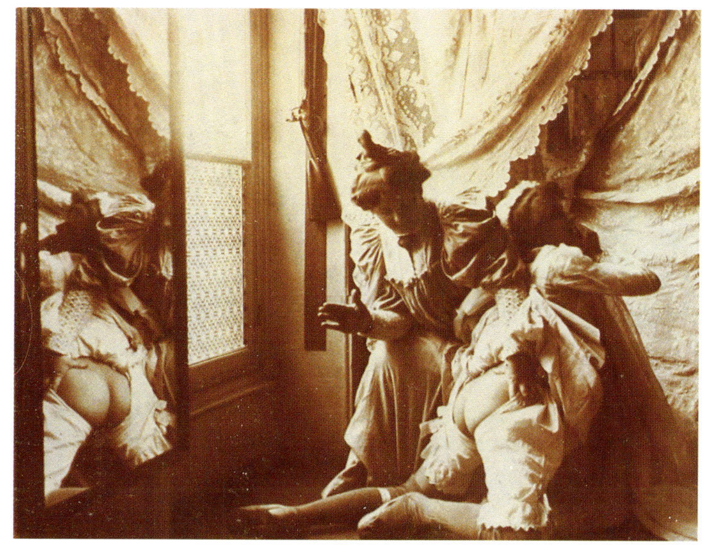

29

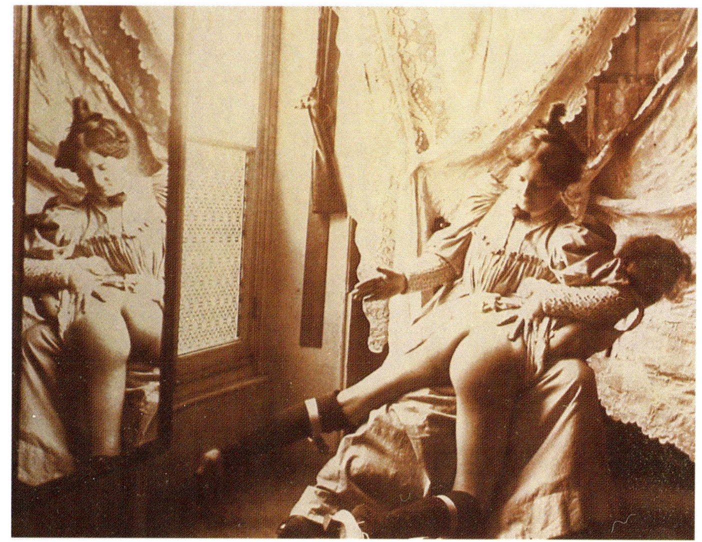

30

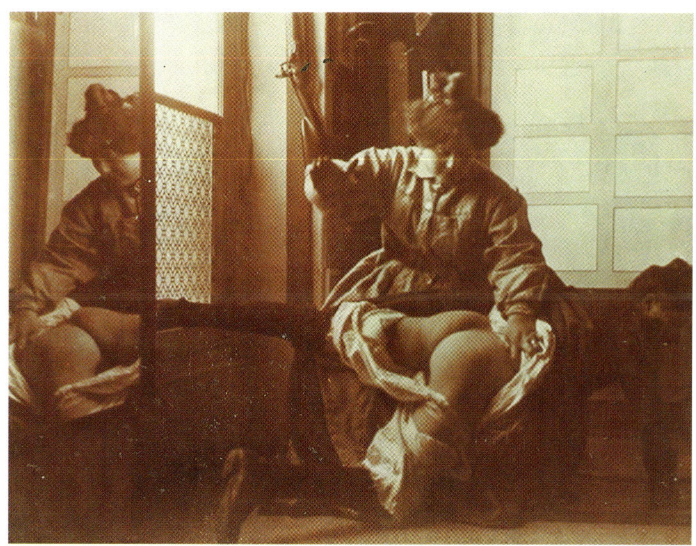

31

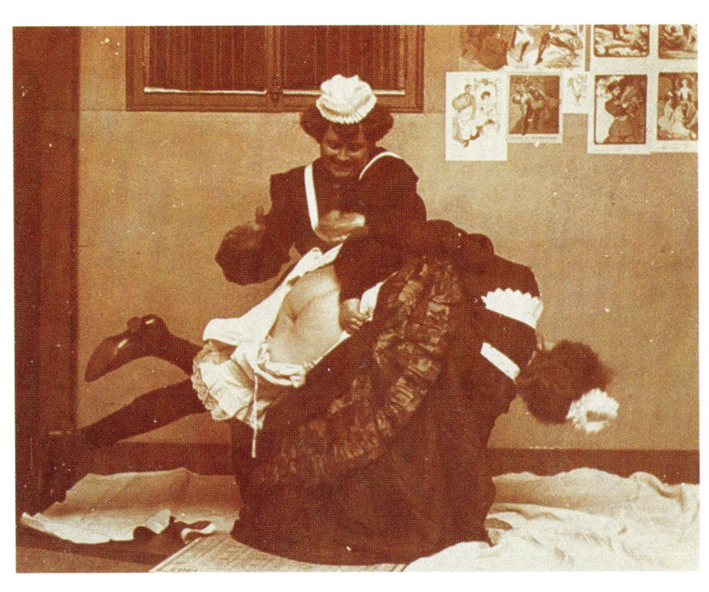
32

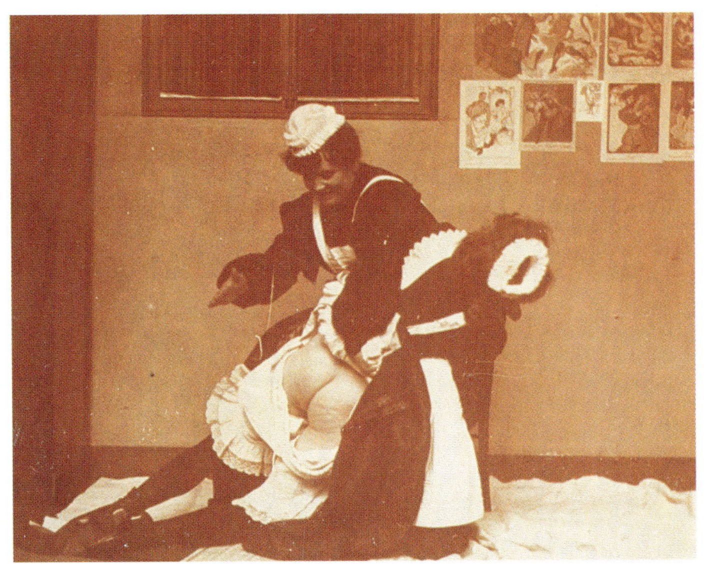
33

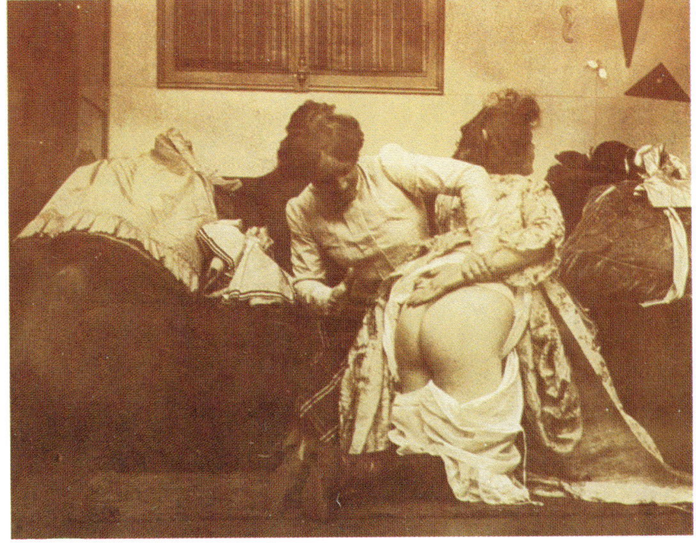
34

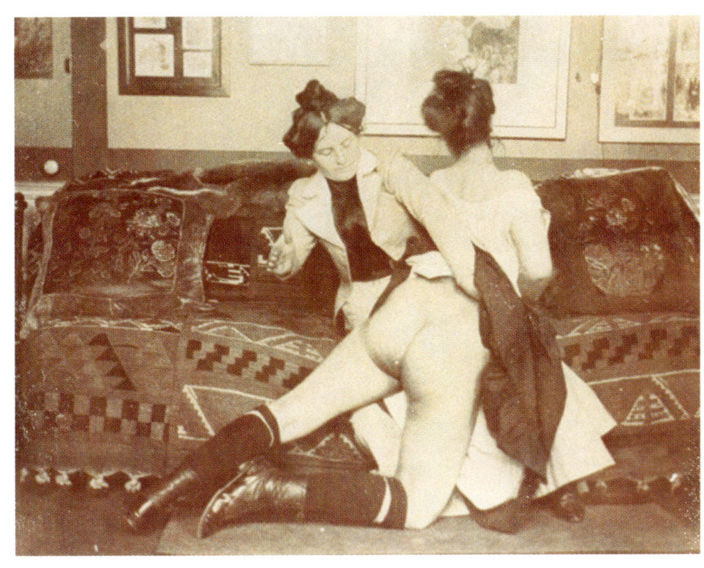
35

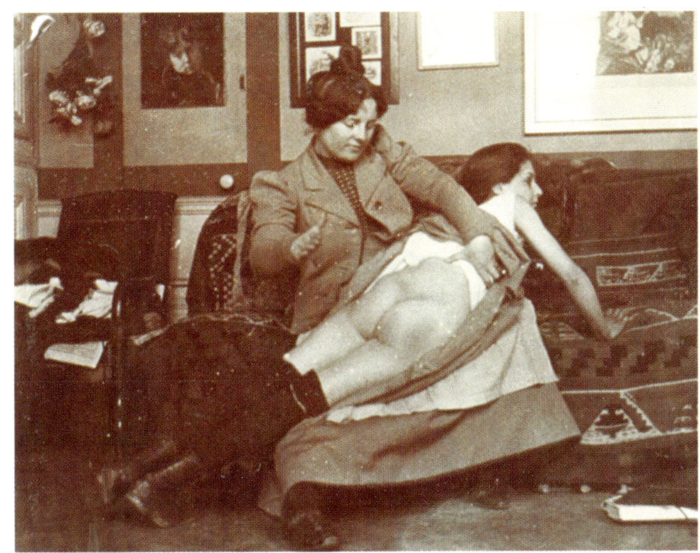
36

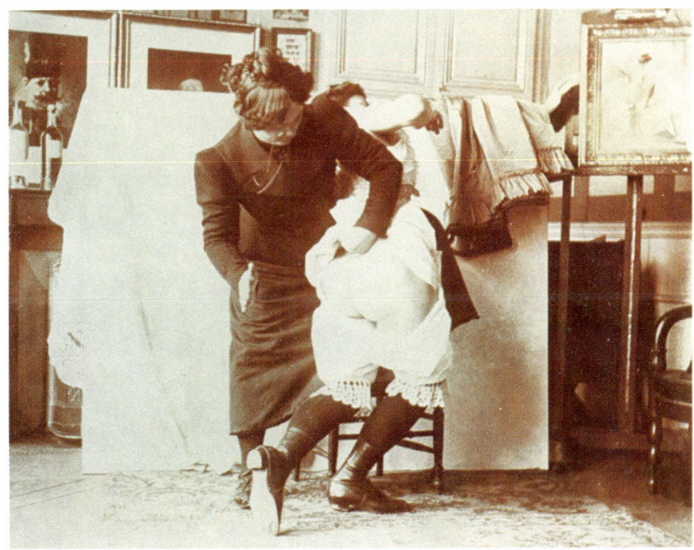
37

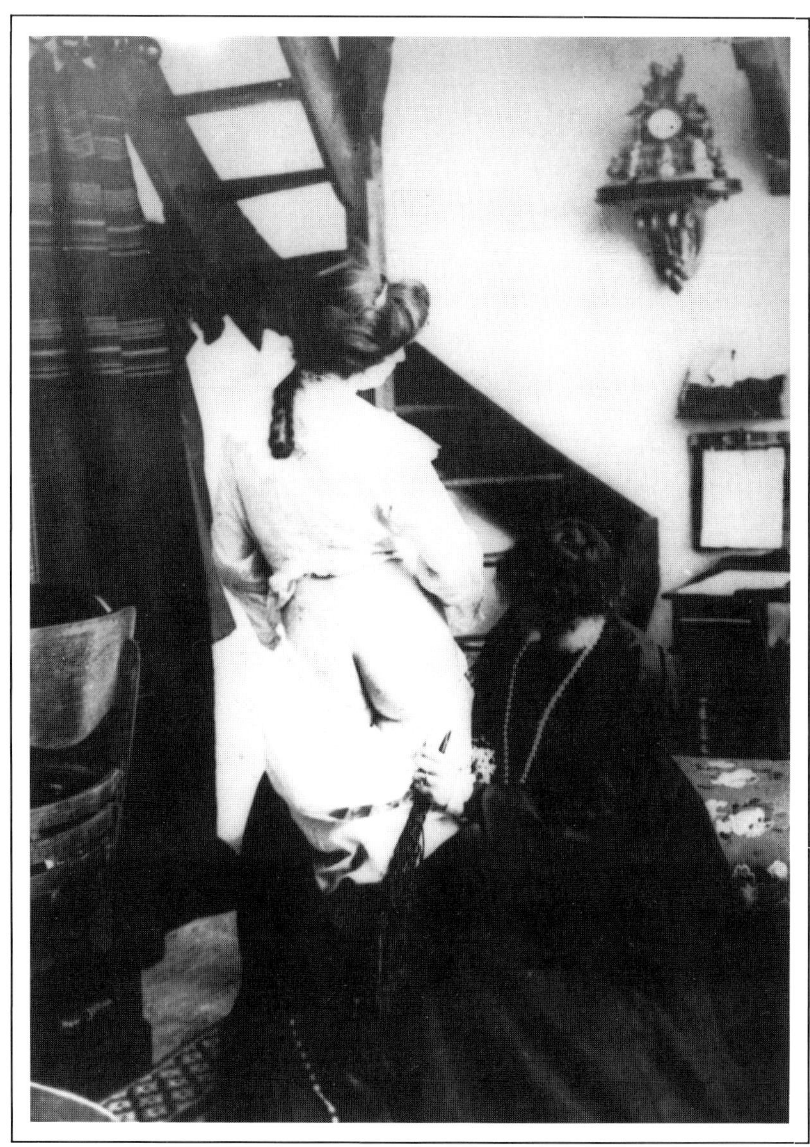

38

REPR. 38:
Anonyme, vers 1900

REPR. 39:
Anonyme, vers 1910

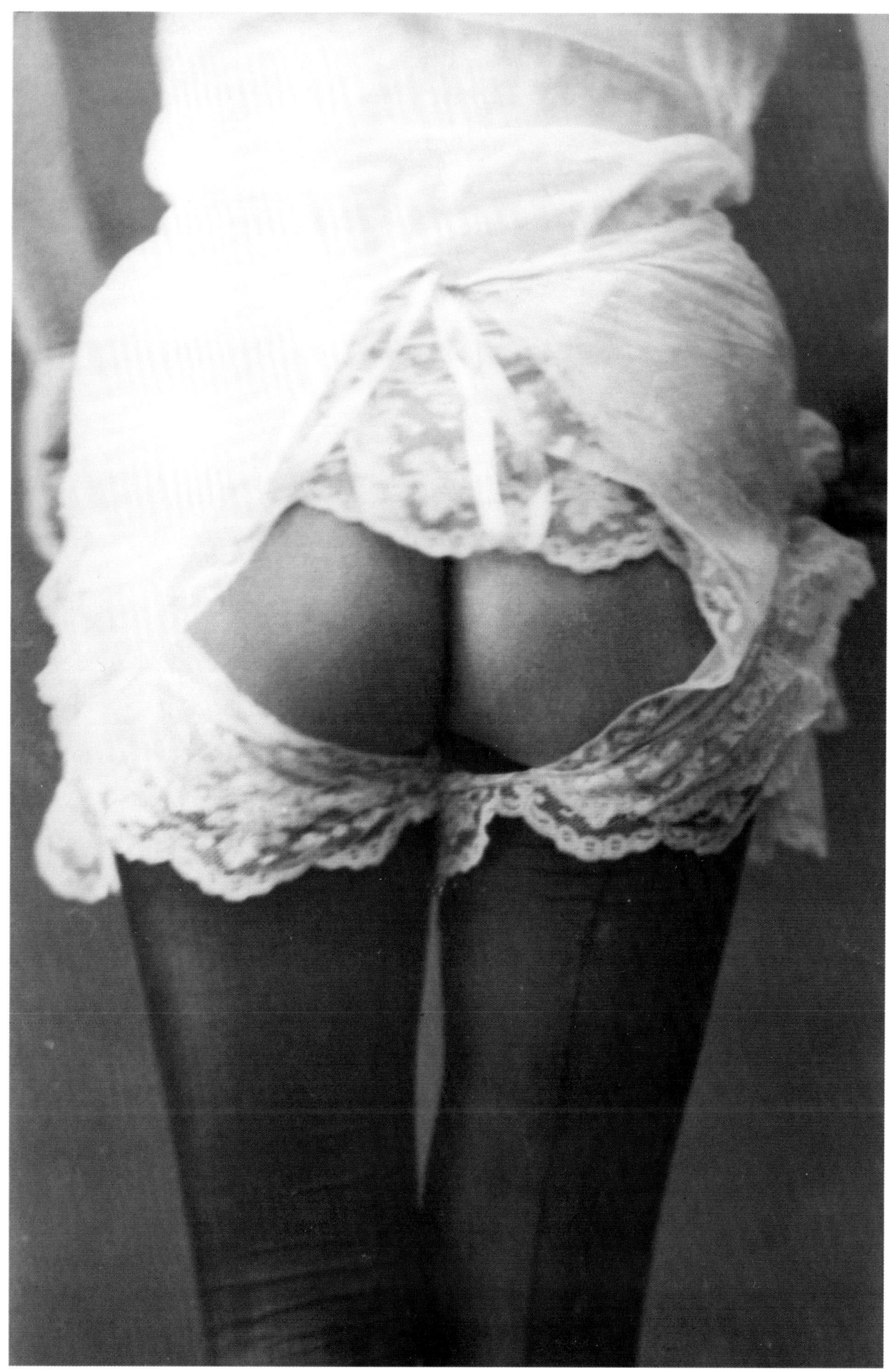

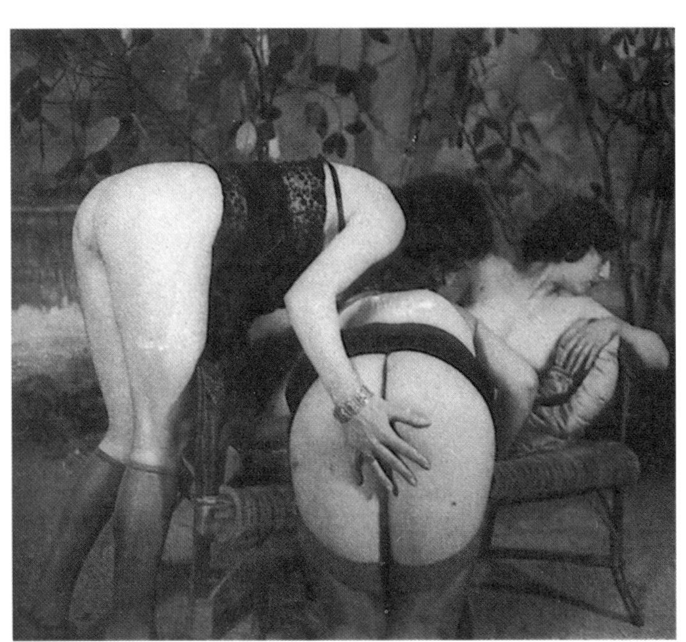

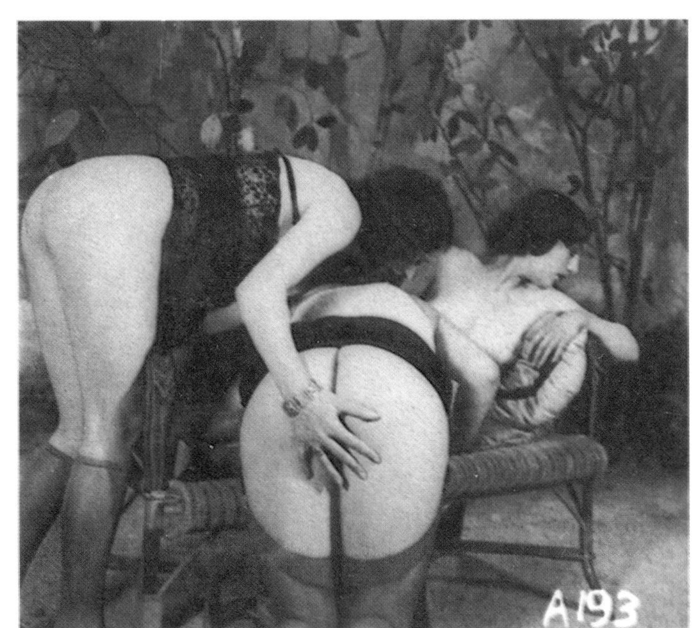

40

REPR. 40:
Anonyme, vers 1900

REPR. 41:
E. Agélou, vers 1900

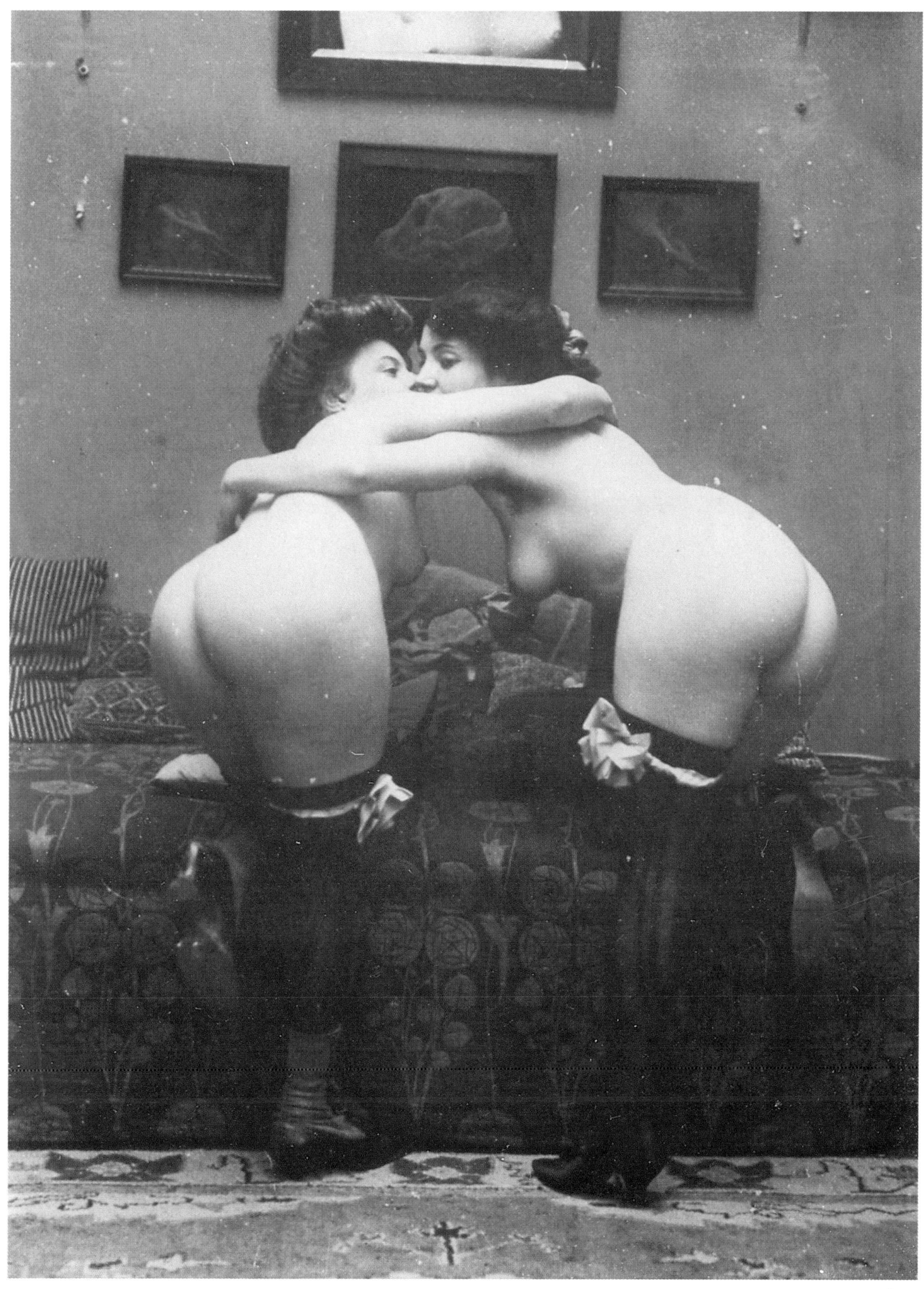

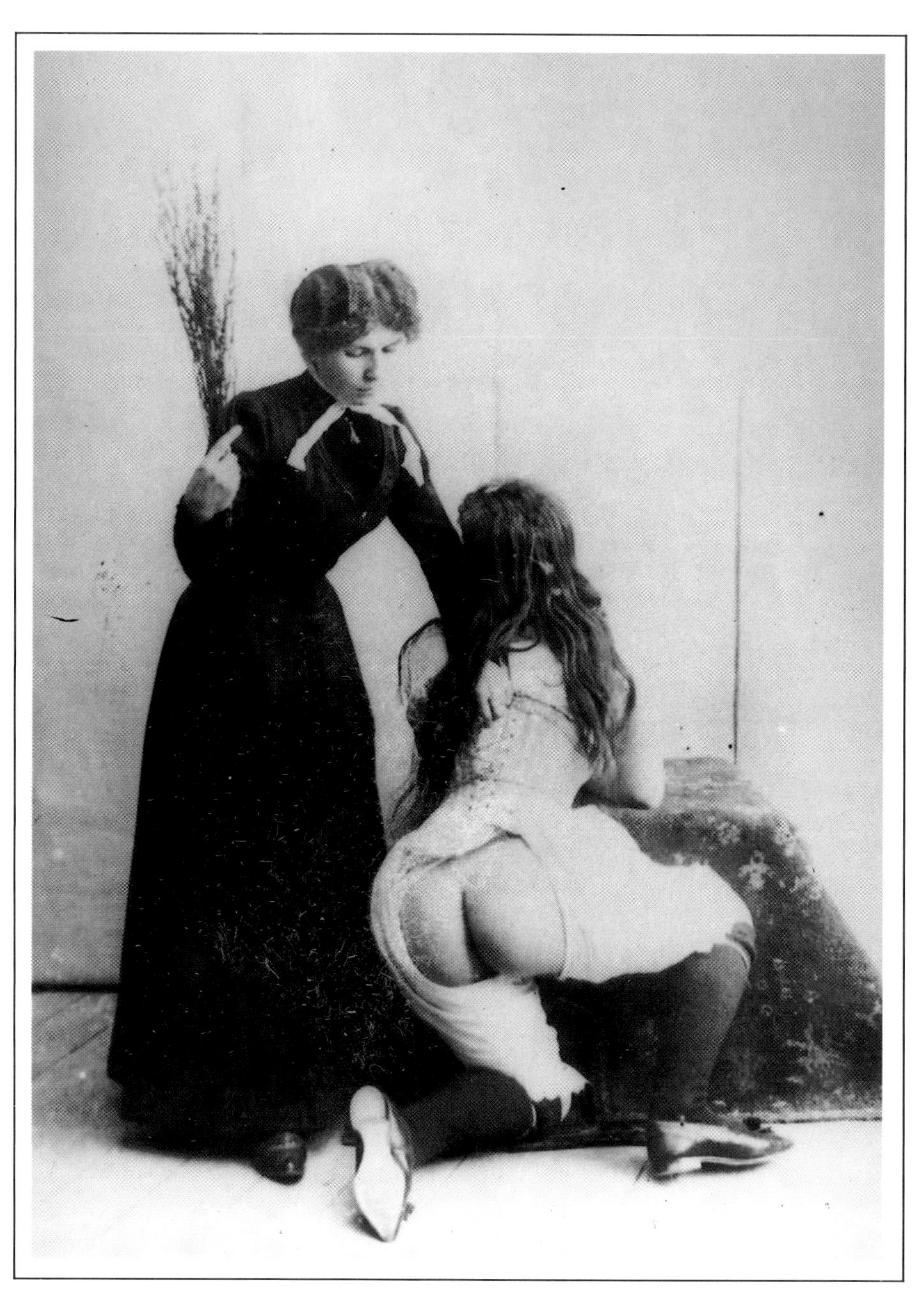

42

REPR. 42:
Anonyme, vers 1920

REPR. 43:
Anonyme, vers 1900

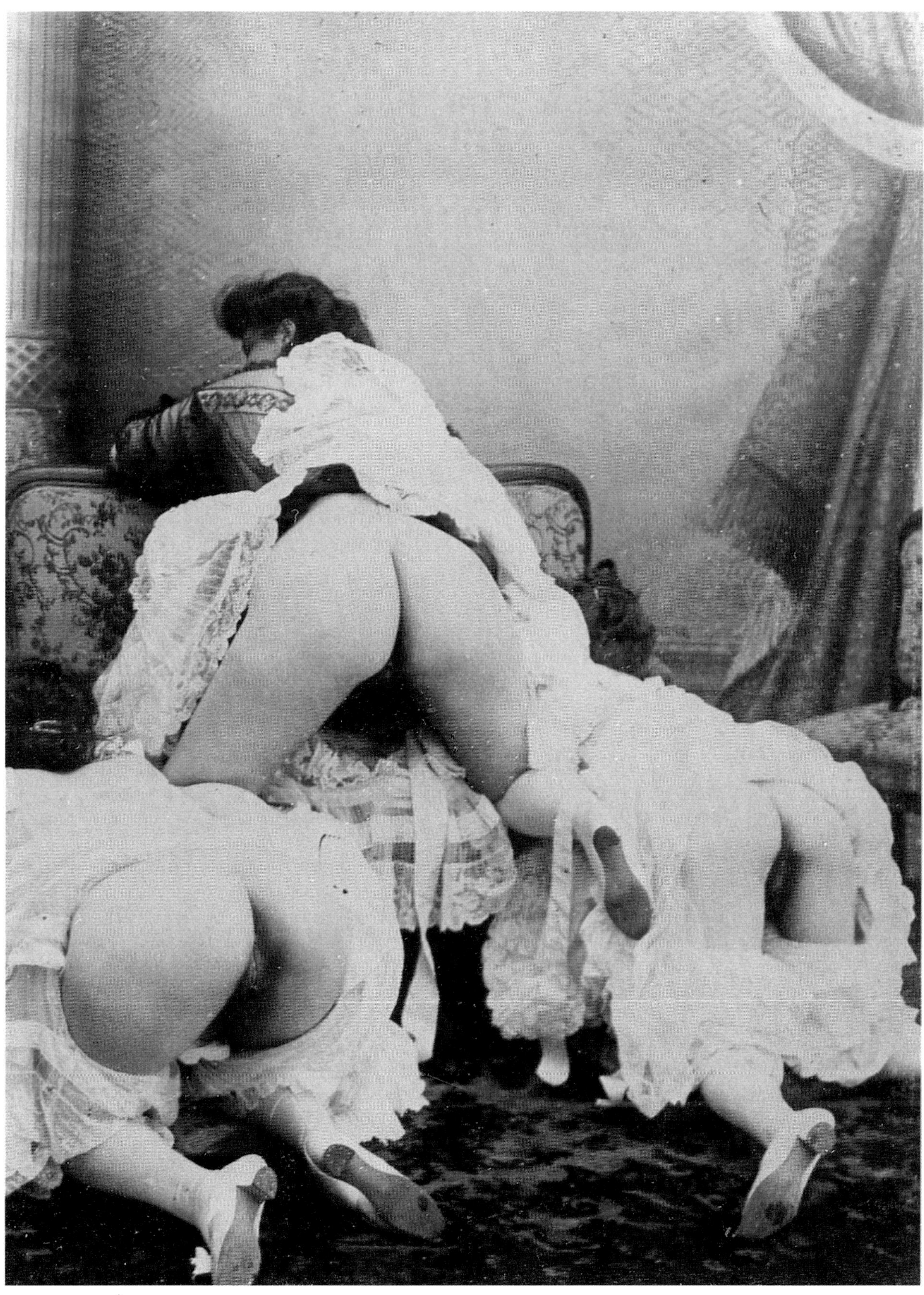

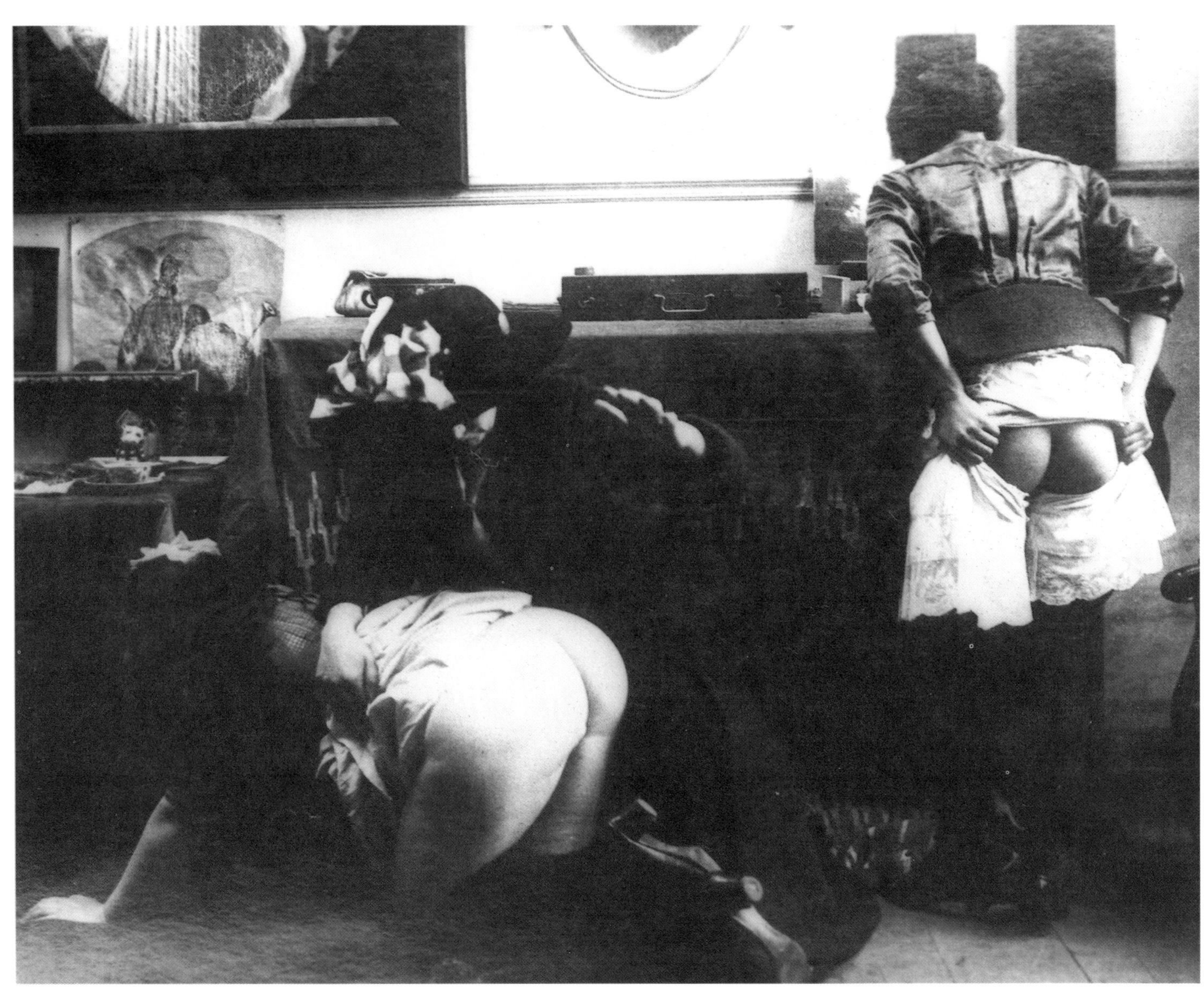

44

REPR. 44, 45:
Anonyme, vers 1900

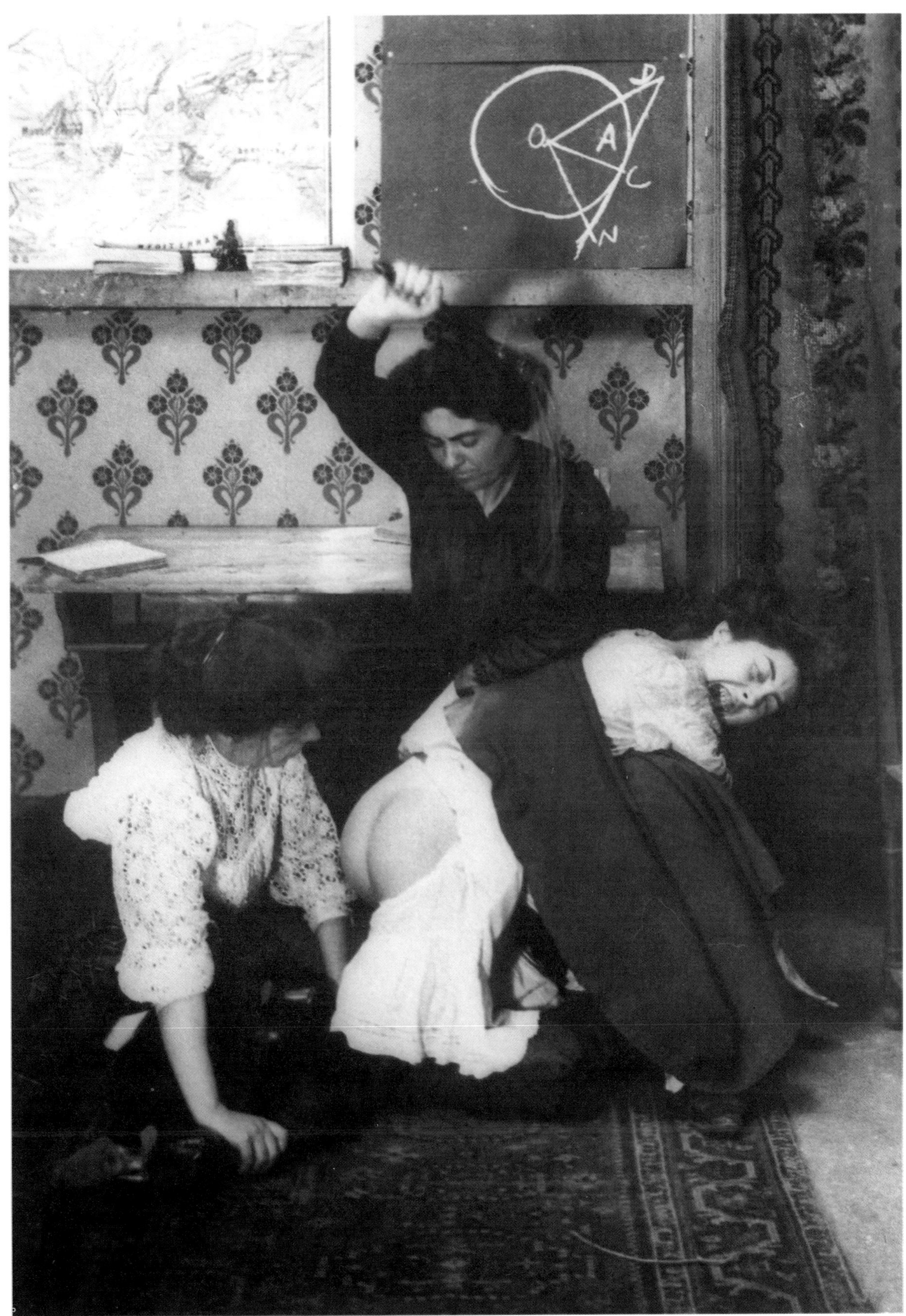
D
O
A
C
N

REPR. 46
Anonyme, vers 1925

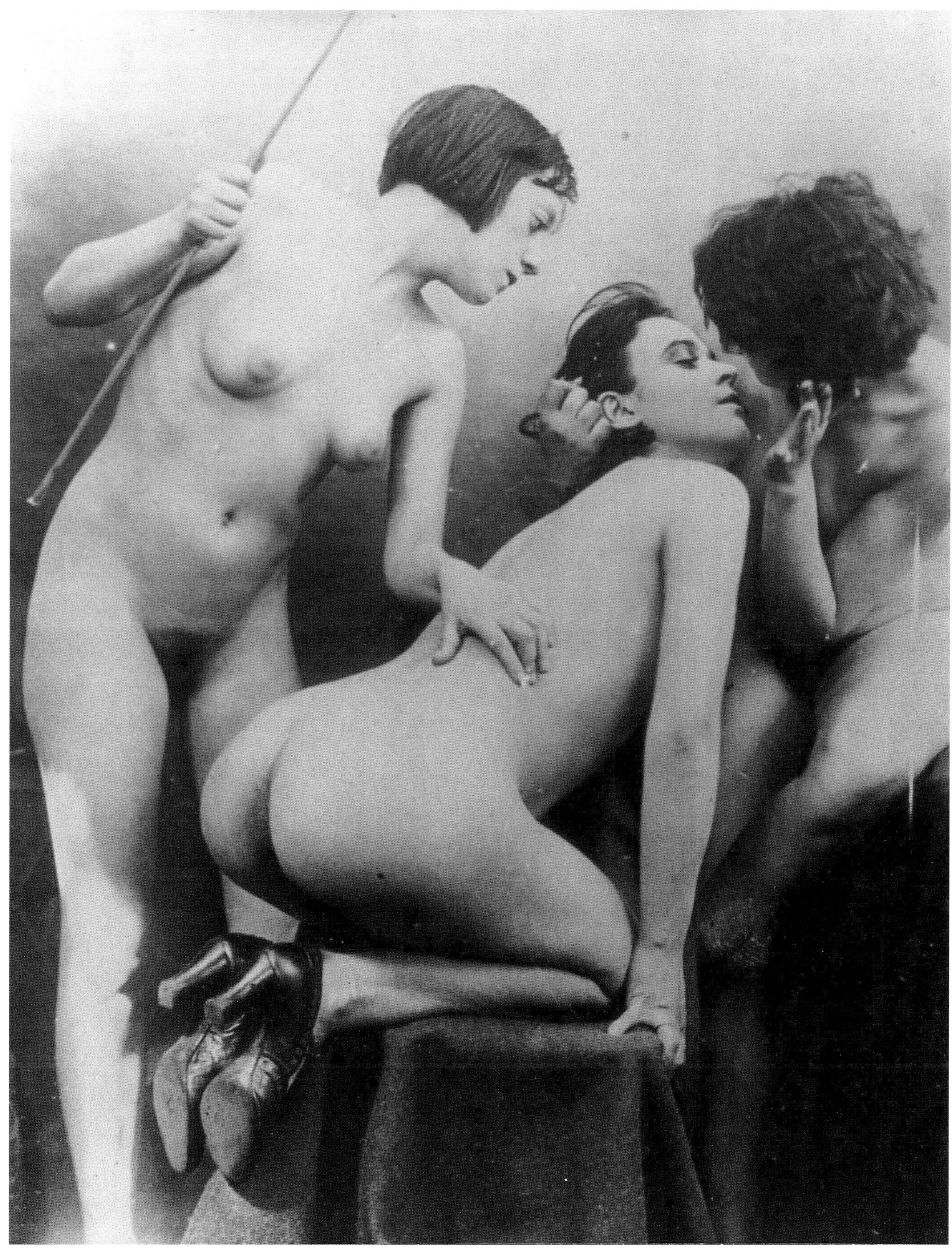

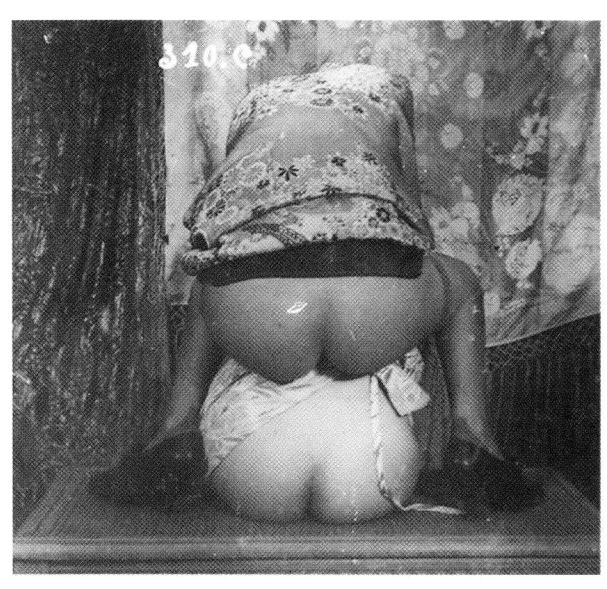

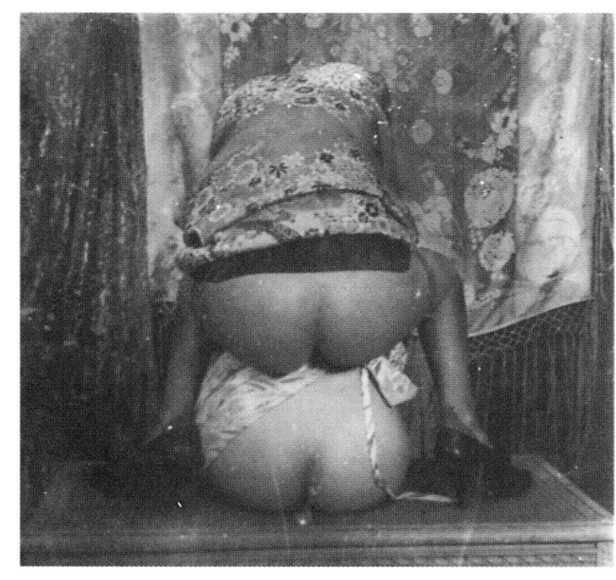

47

REPR. 47:
Anonyme, vers 1935

REPR. 48:
Anonyme, vers 1930

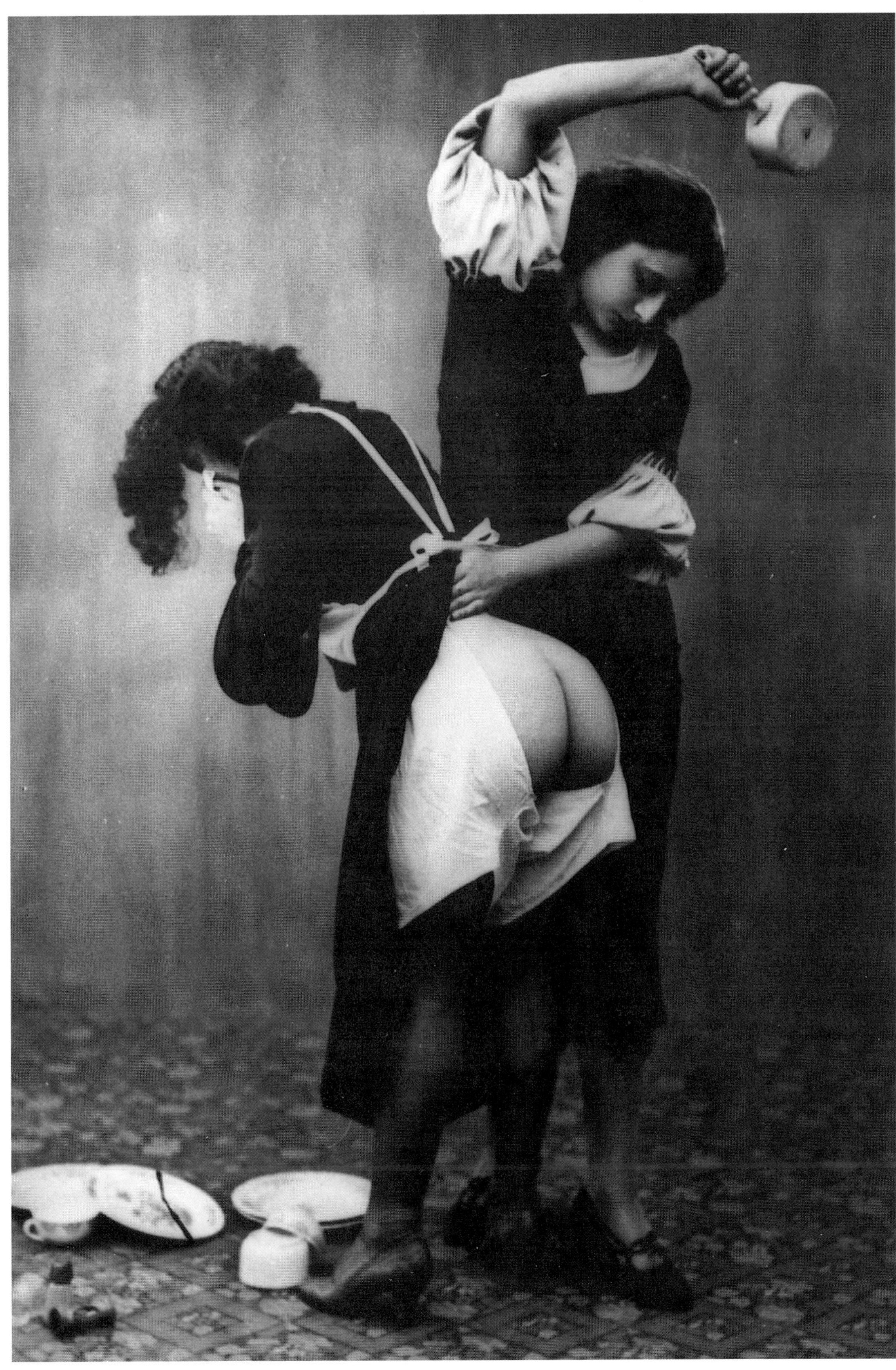

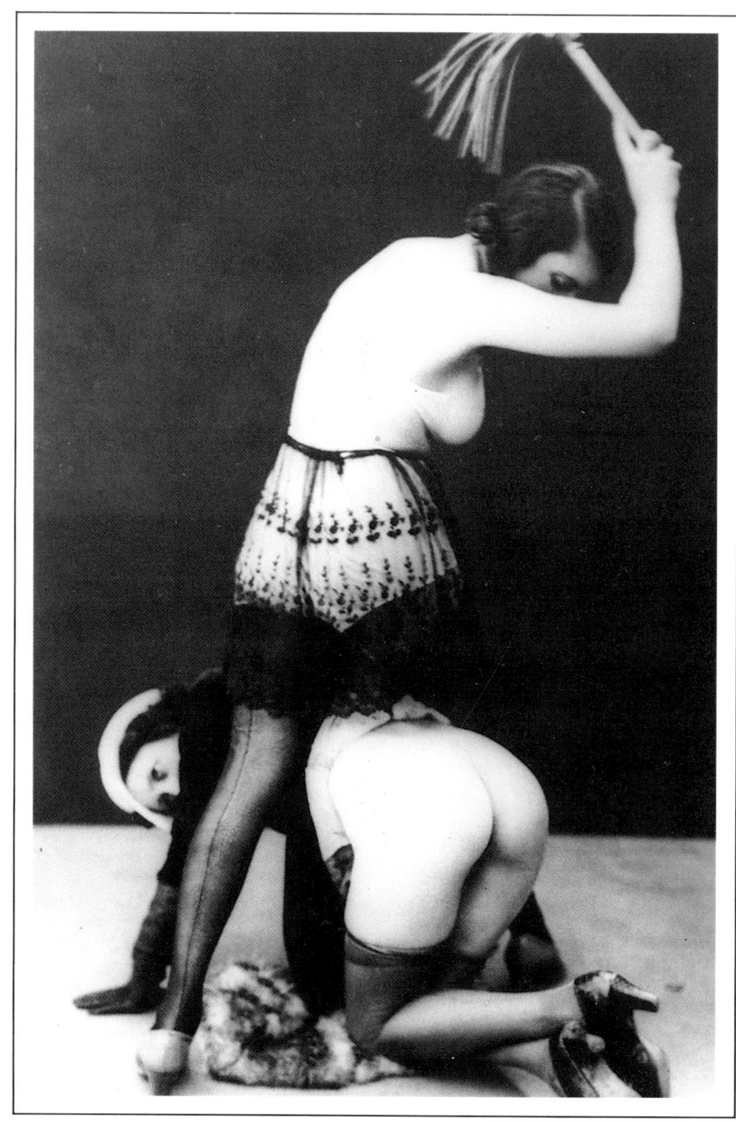

49

REPR. 49, 50:
Anonyme, vers 1930

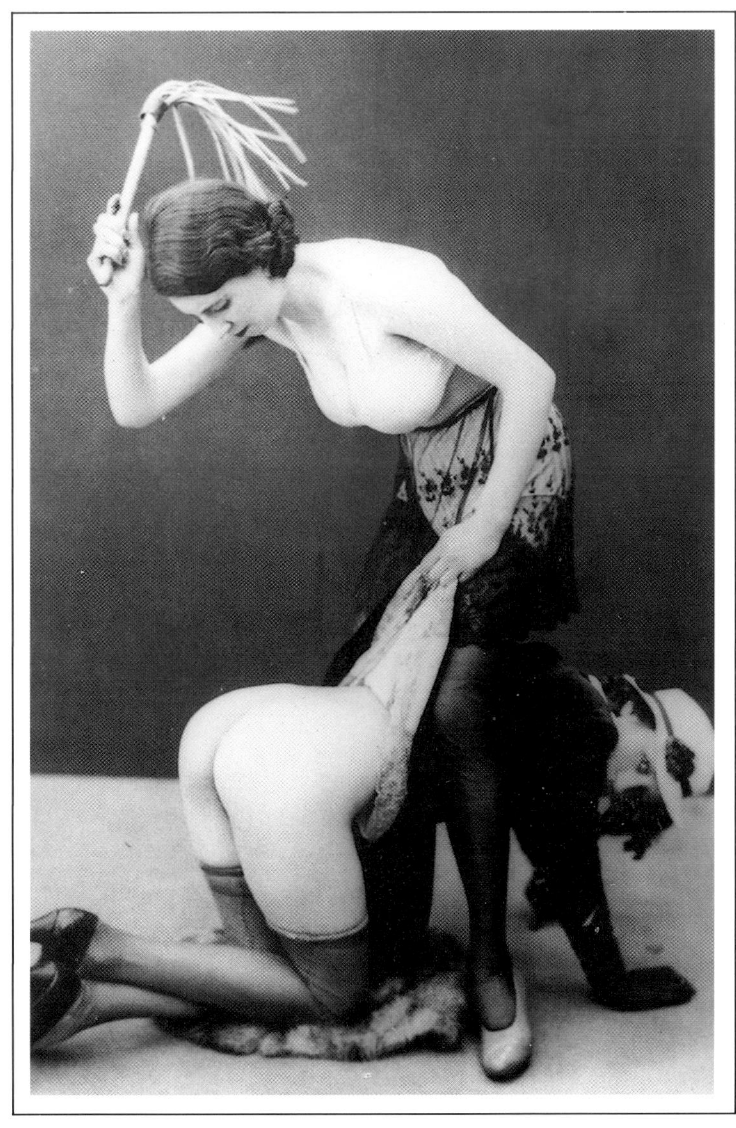

50

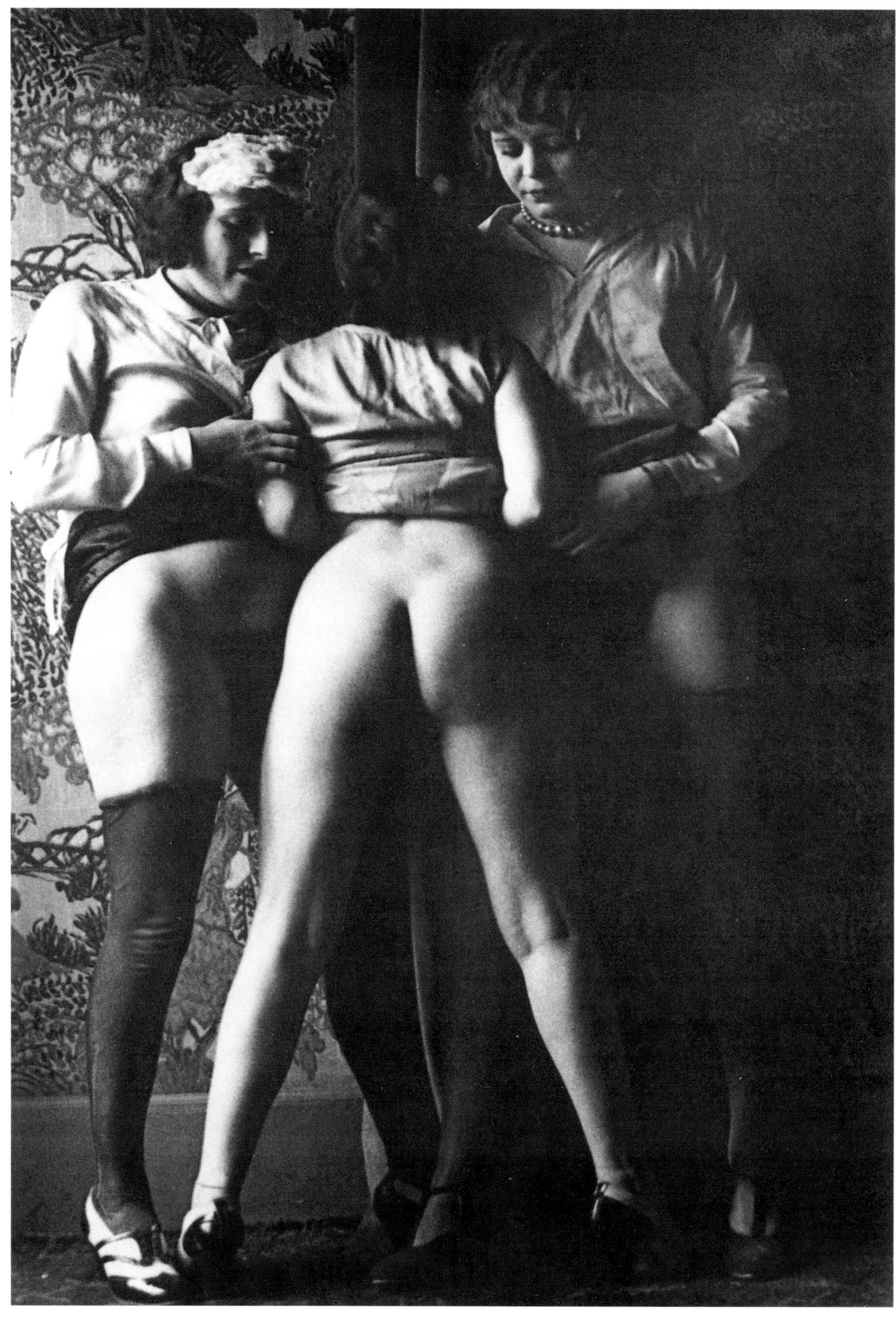

Les Bienfaits d'un Clystère

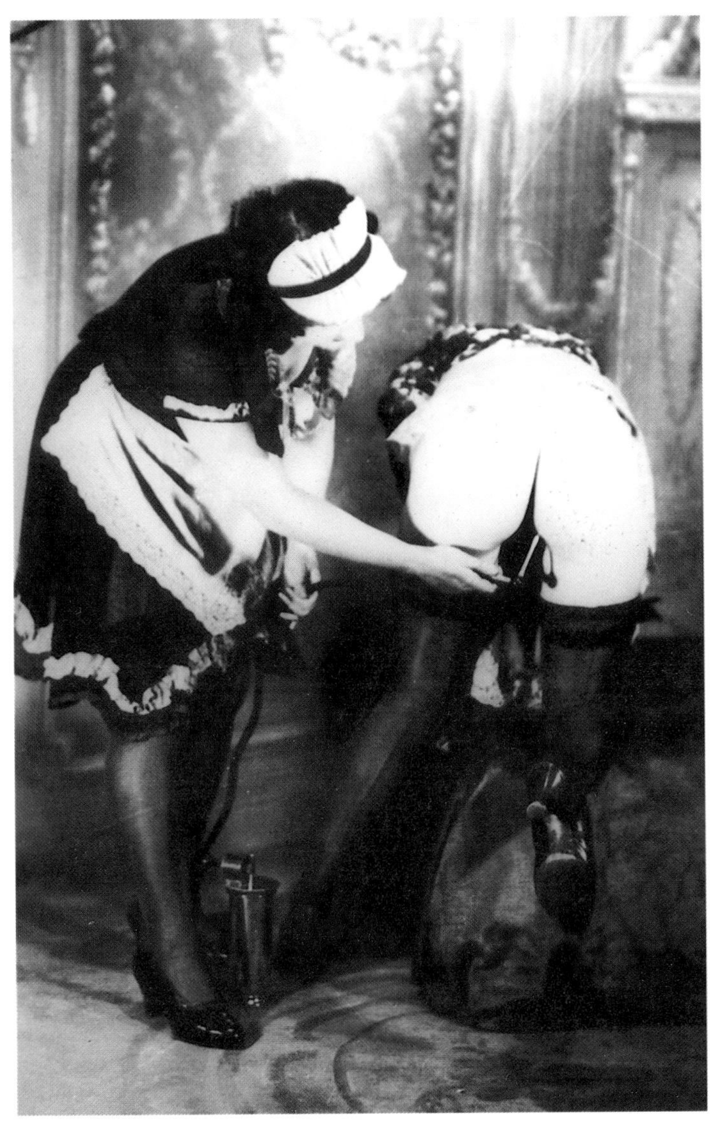

52

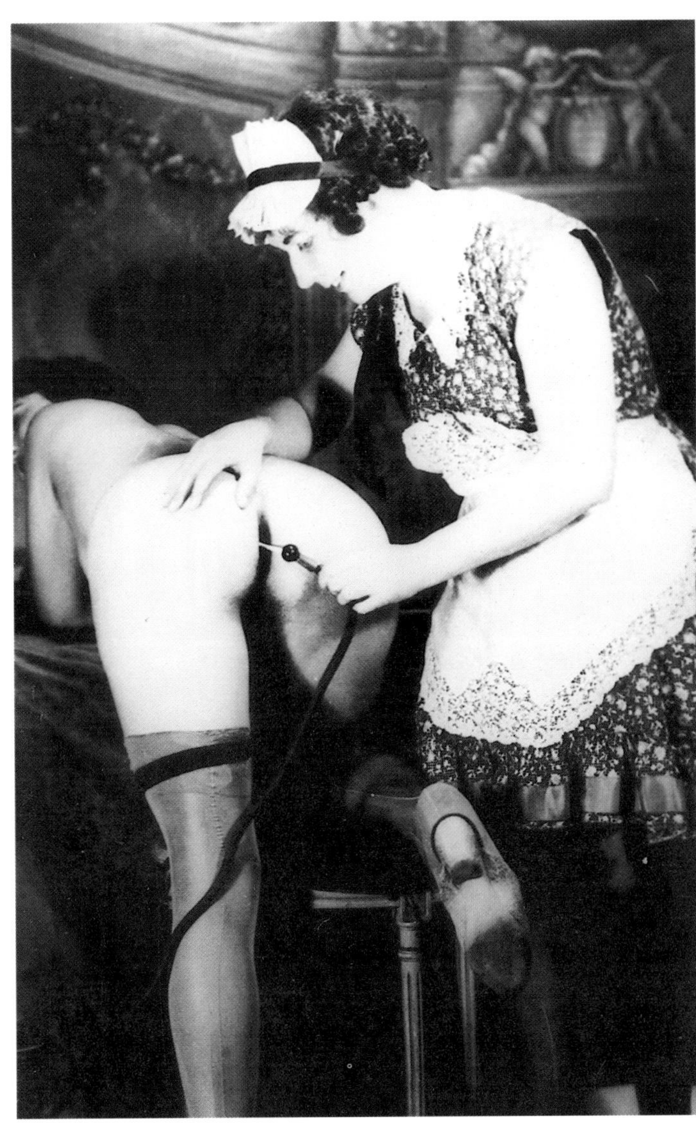

53

REPR. 51:
Anonyme, vers 1925

REPR. 52, 53:
Grundworth, vers 1927

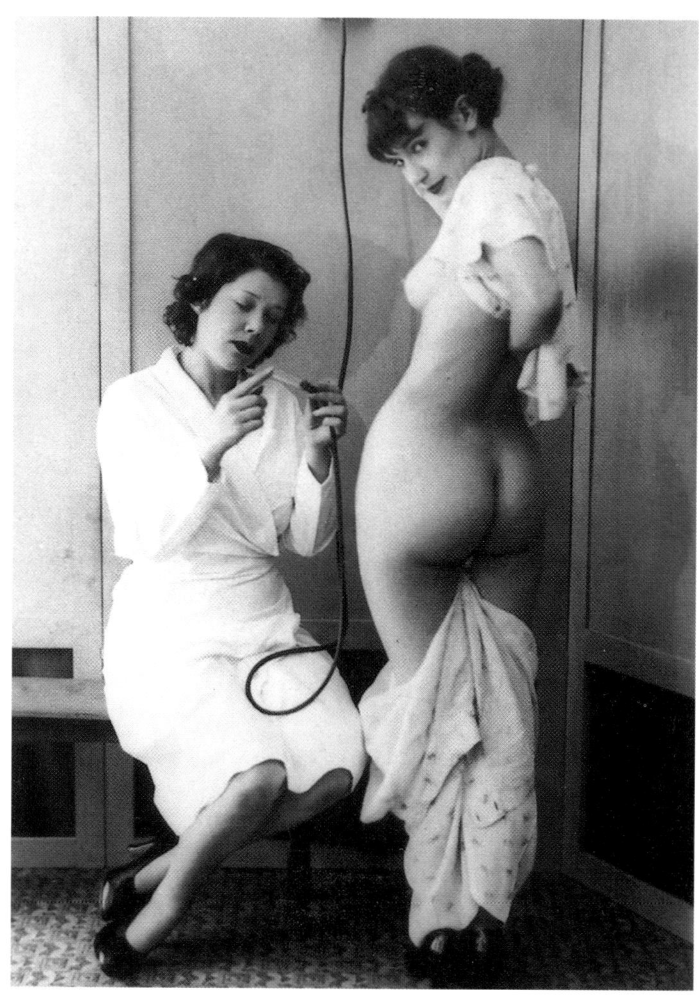

54

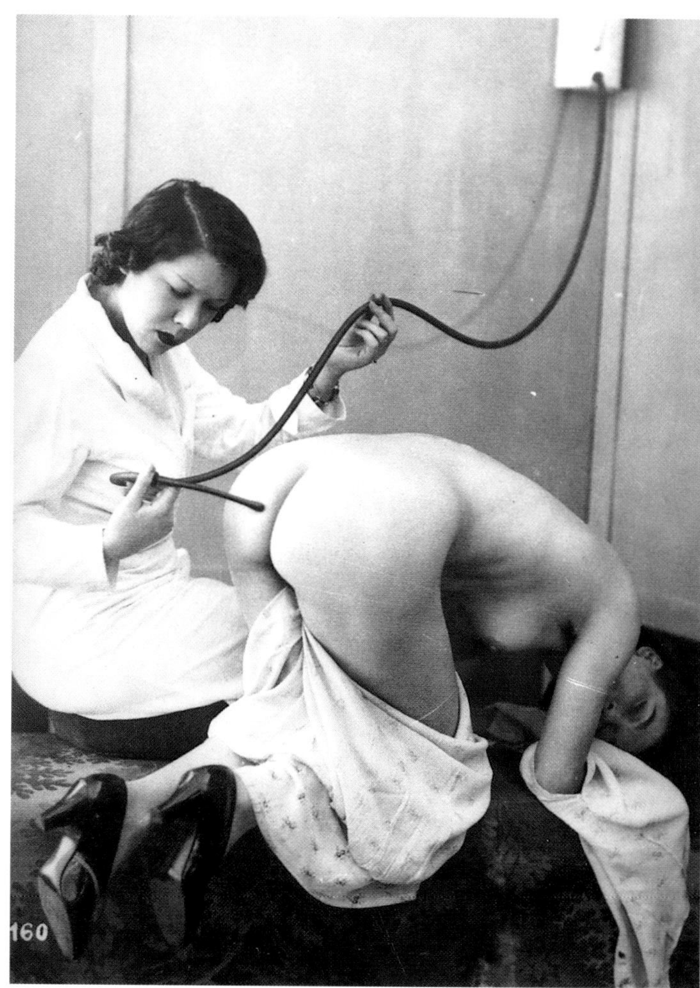

55

REPR. 54–57:
Anonyme, vers 1930

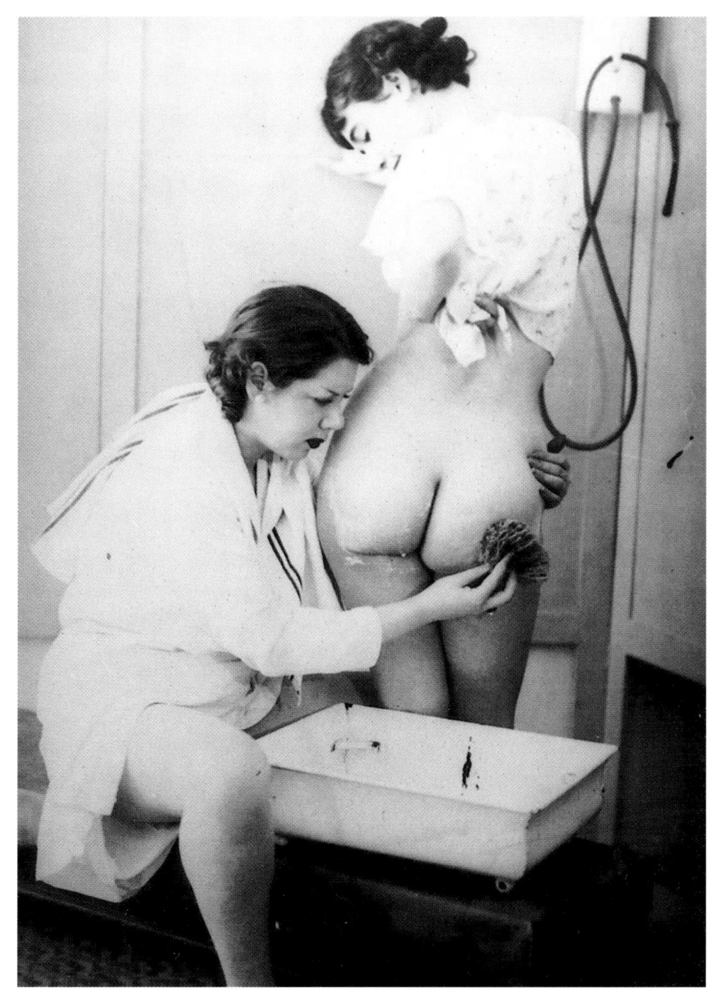

56

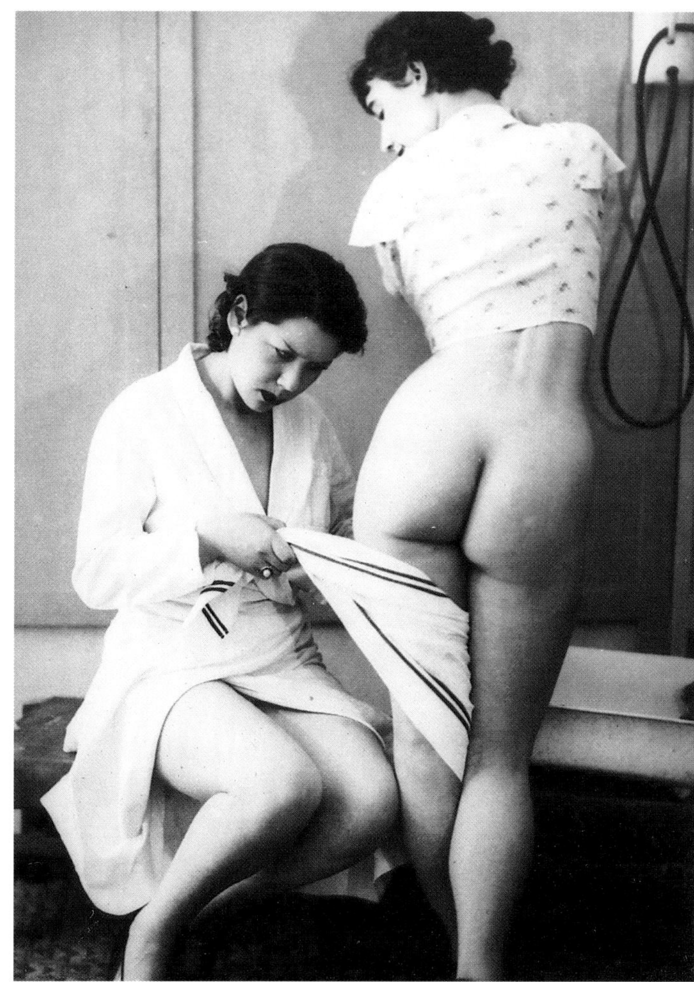

57

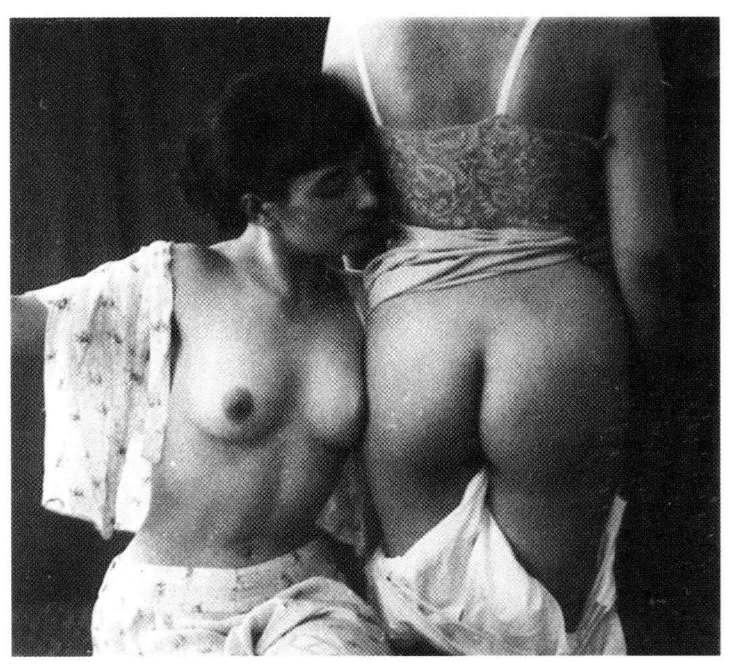

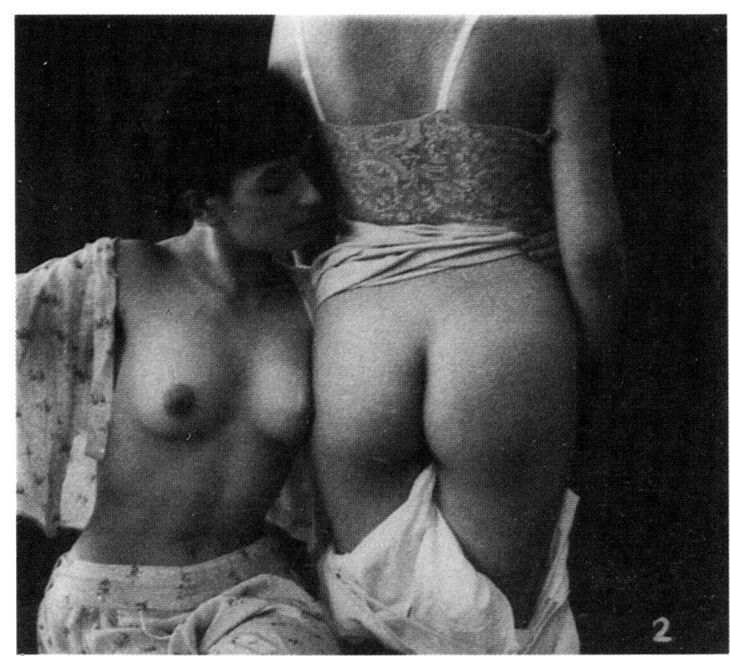

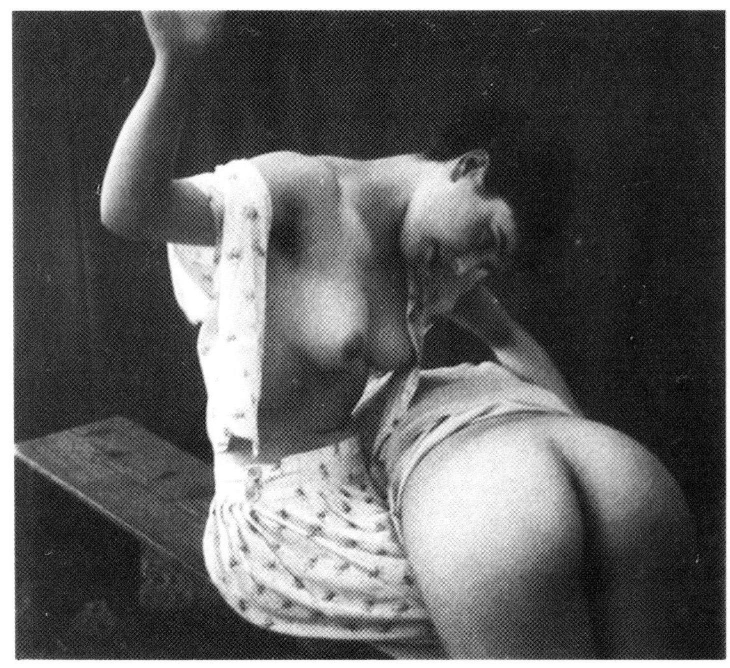

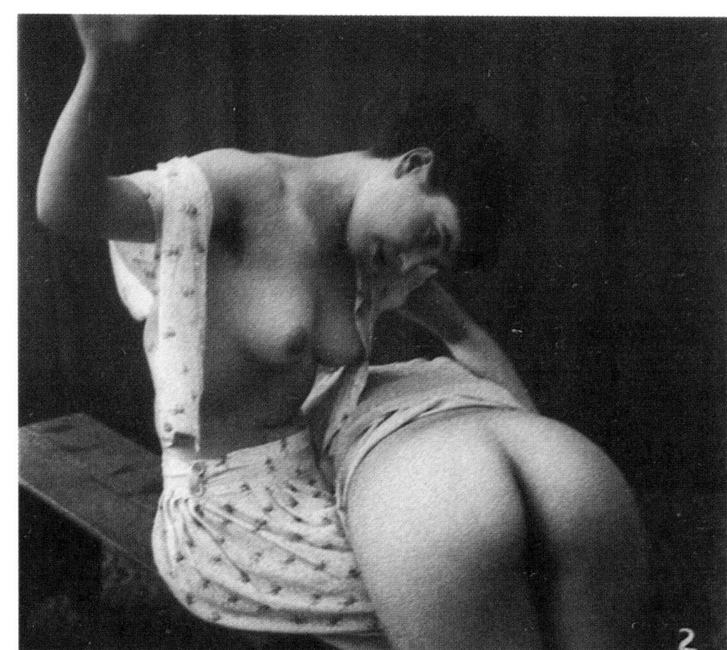

58

REPR. 58–66:
Anonyme, vers 1930

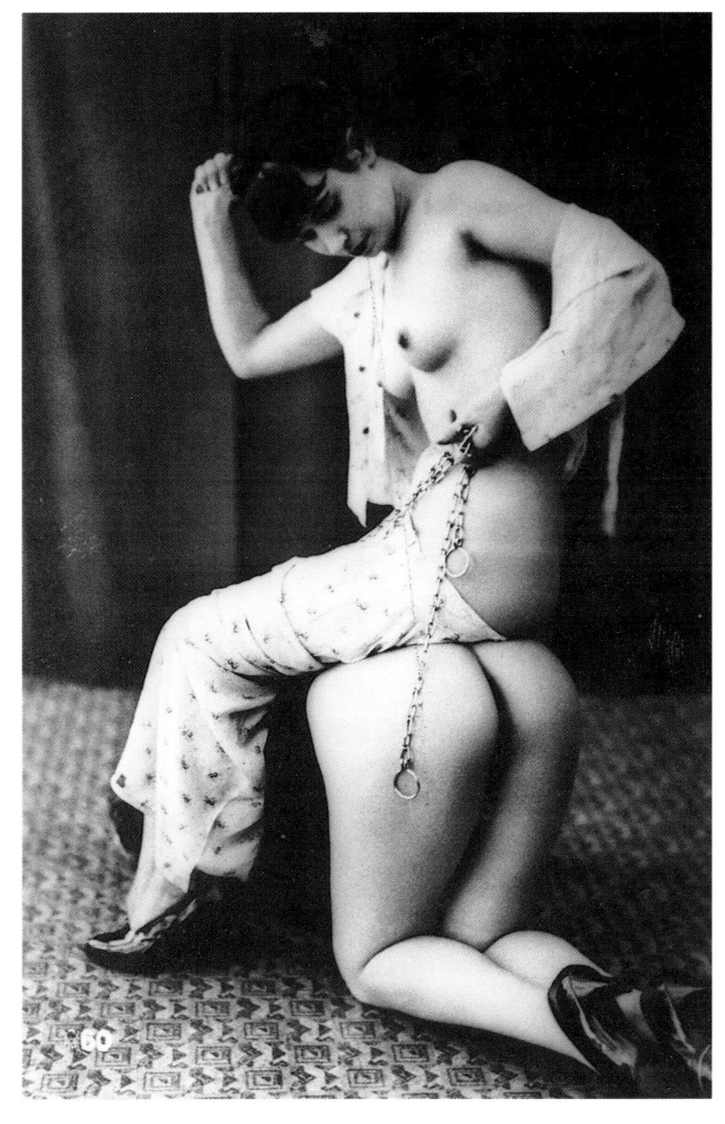
59

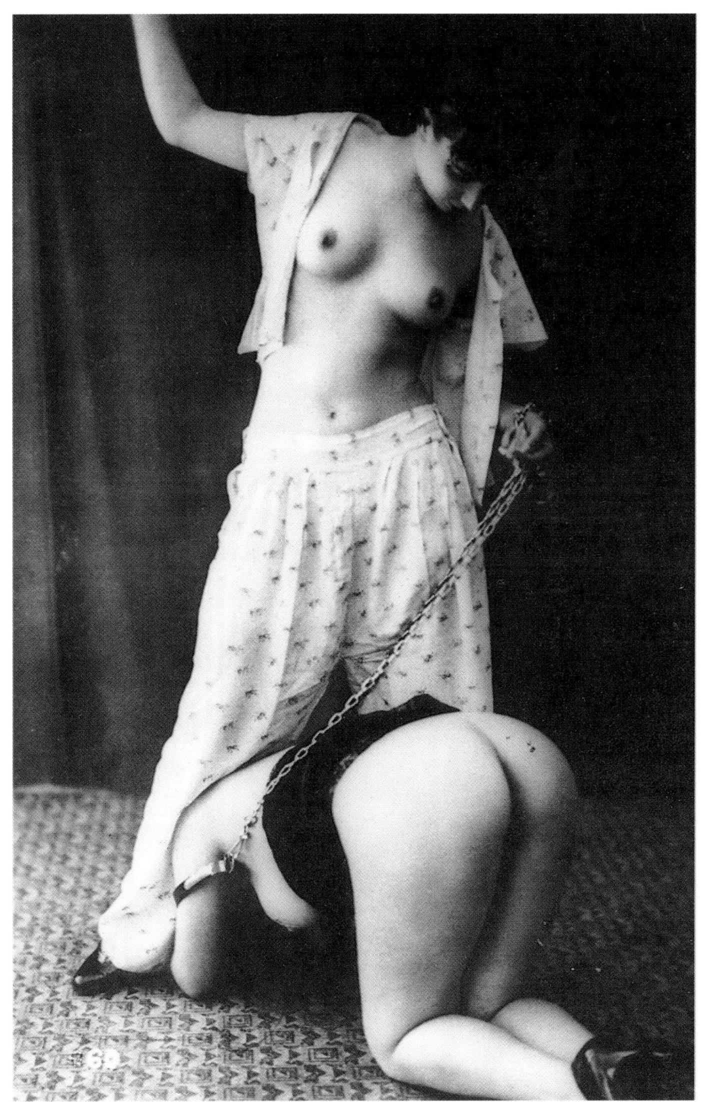
60

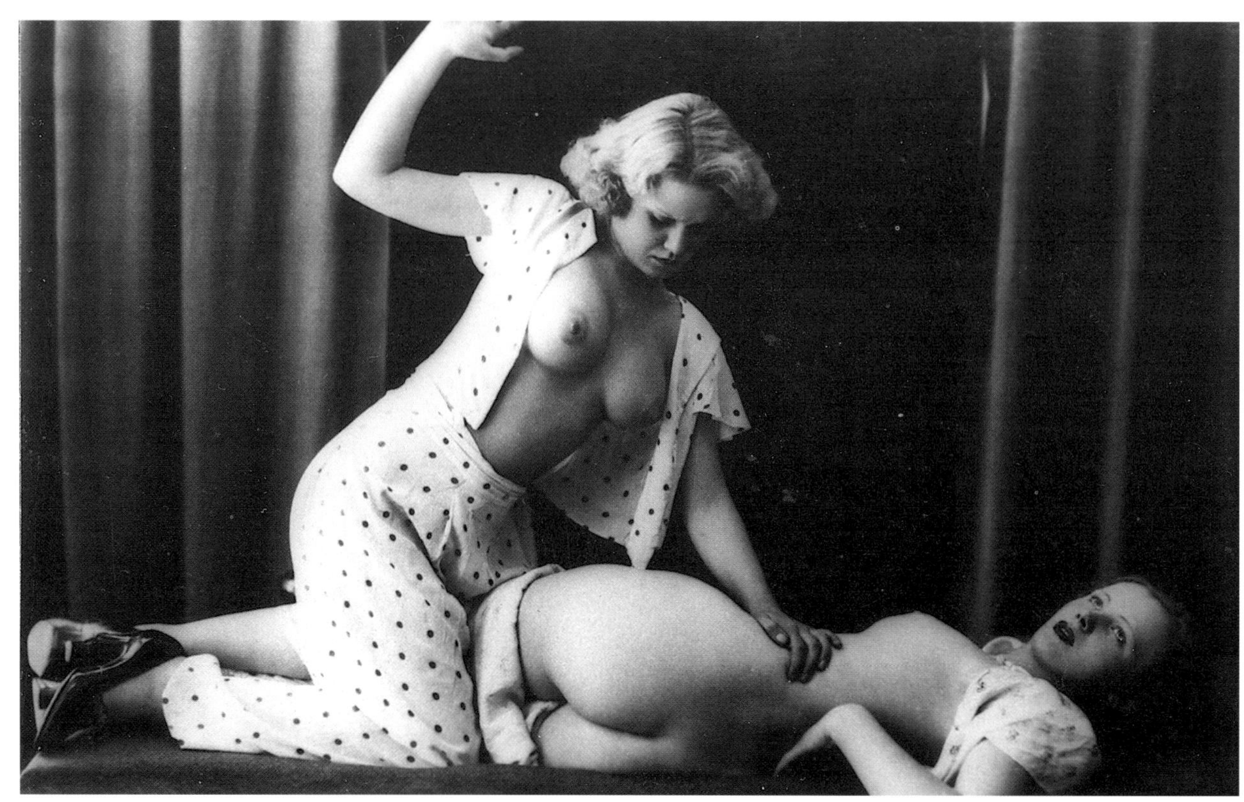

61

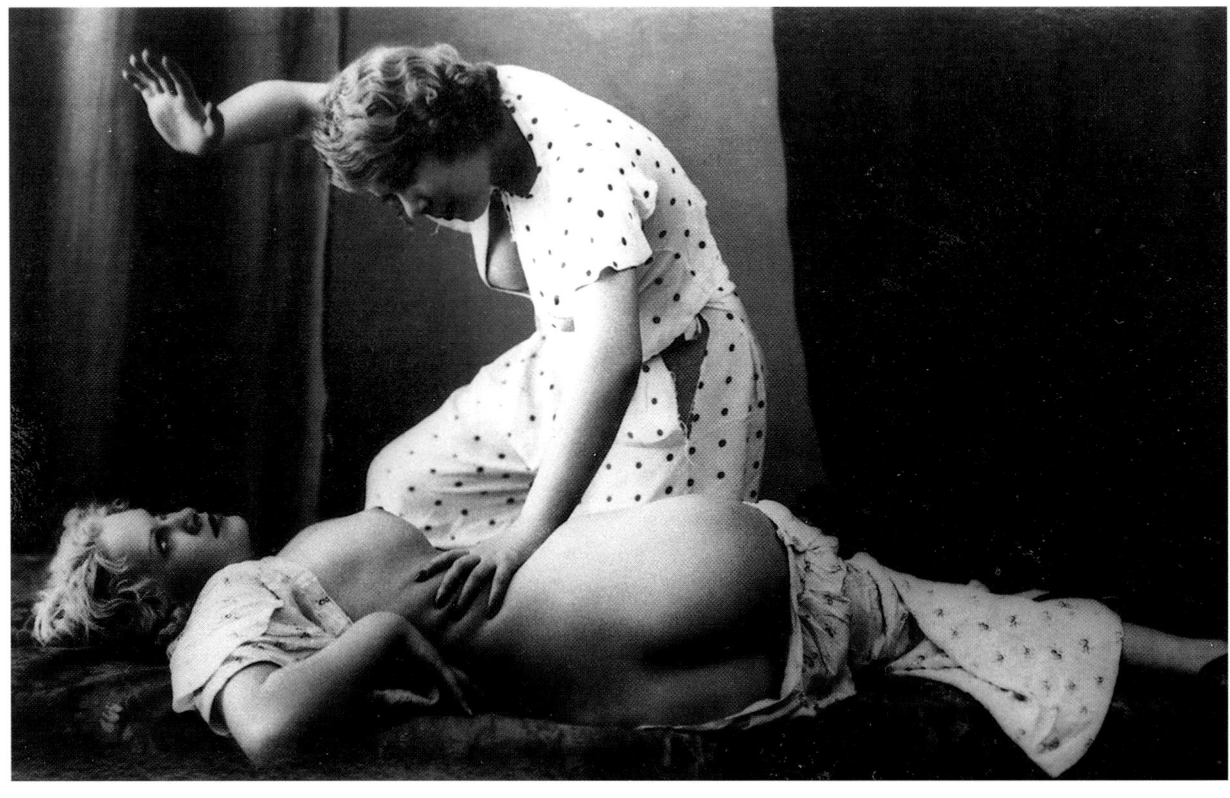

62

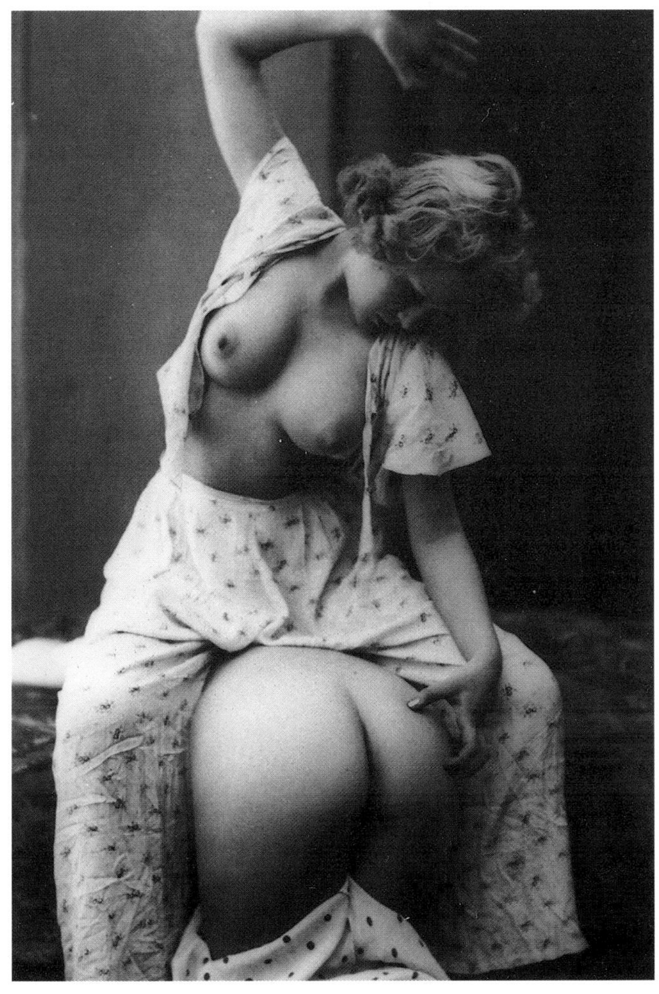

63

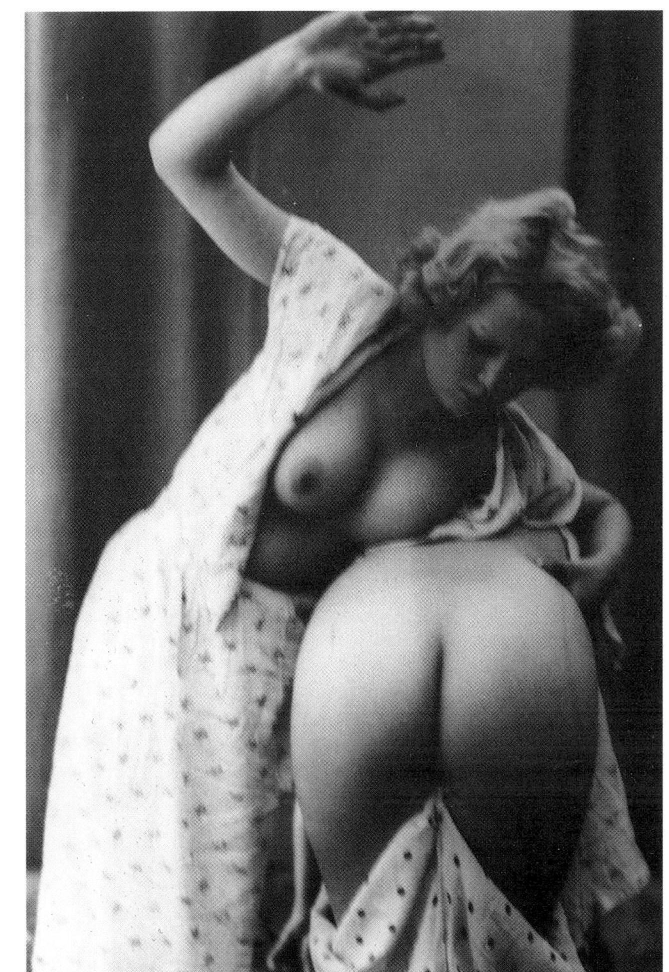

64

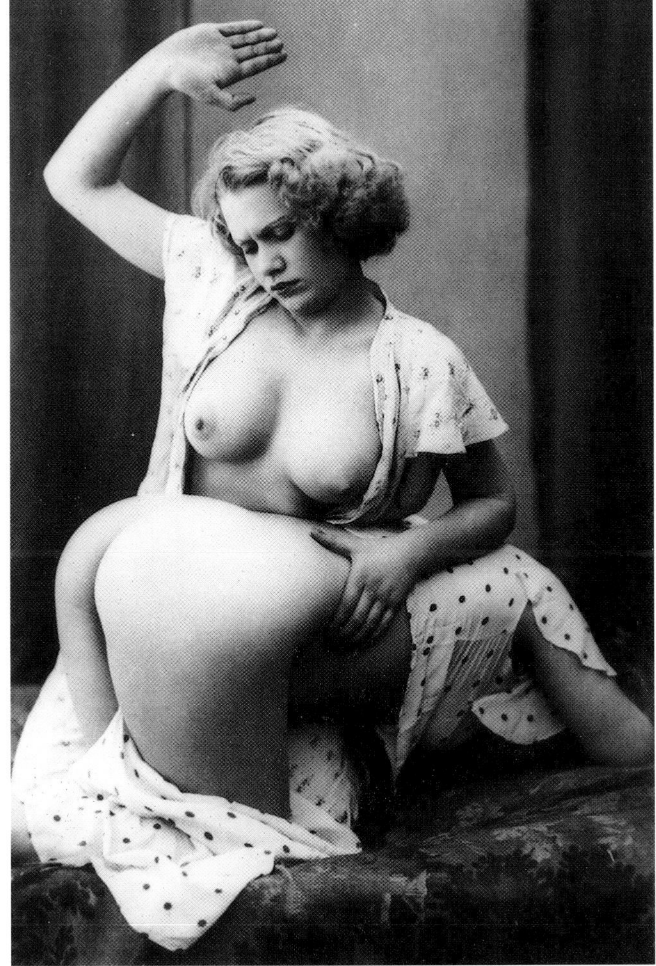

65

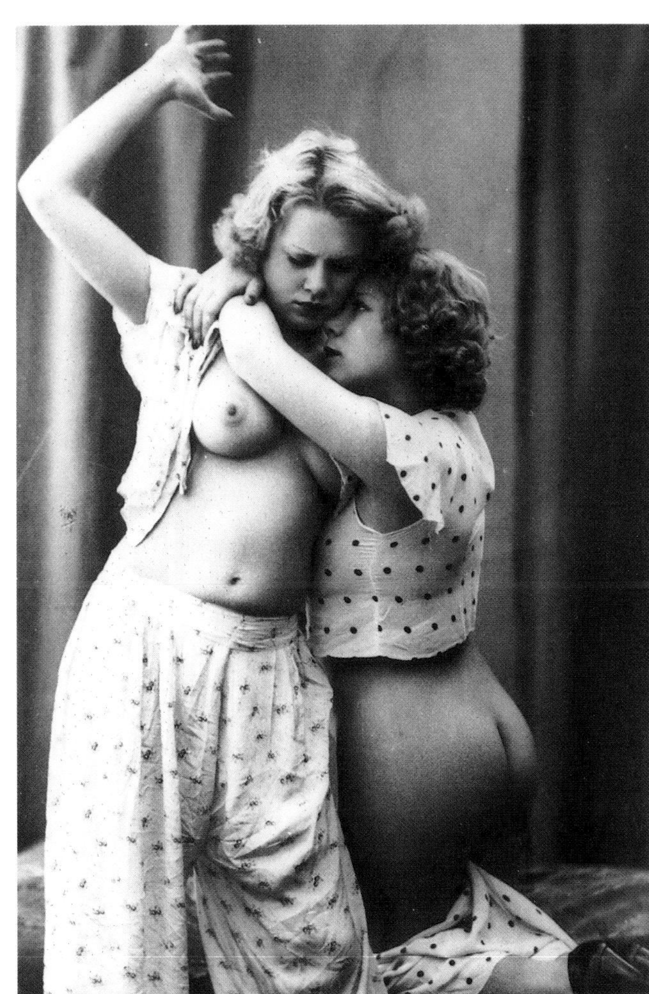

66

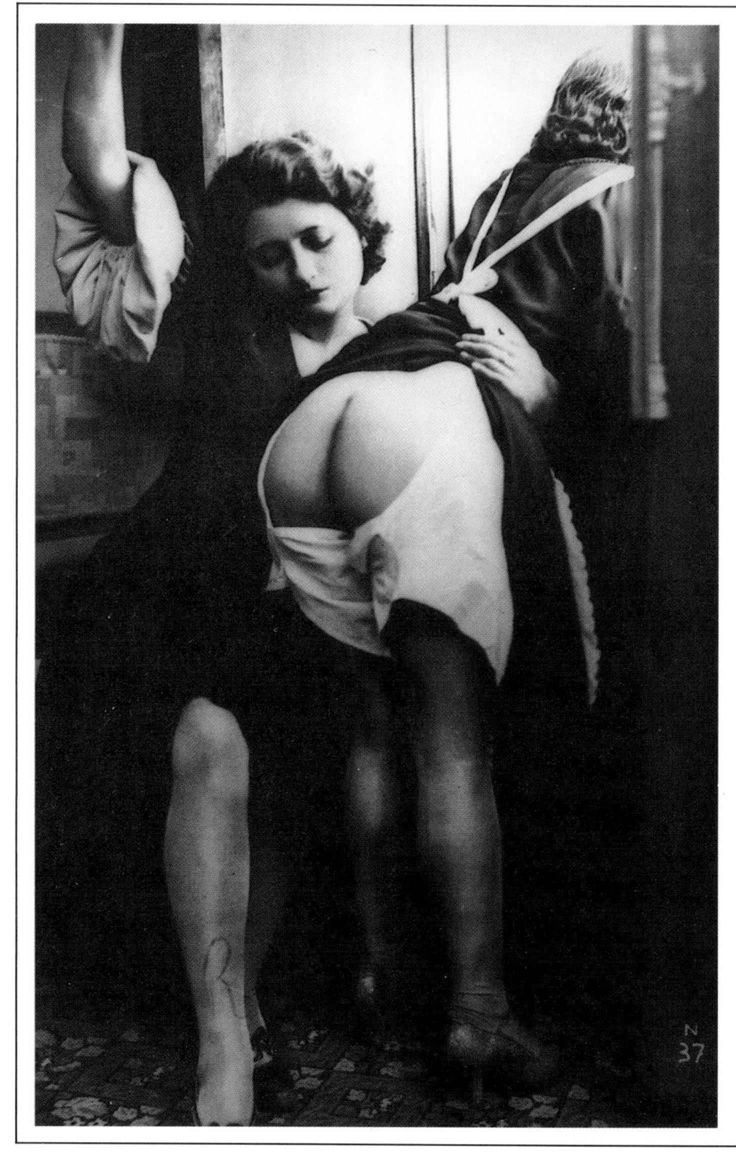

67

REPR. 67, 68:
Anonyme, vers 1930

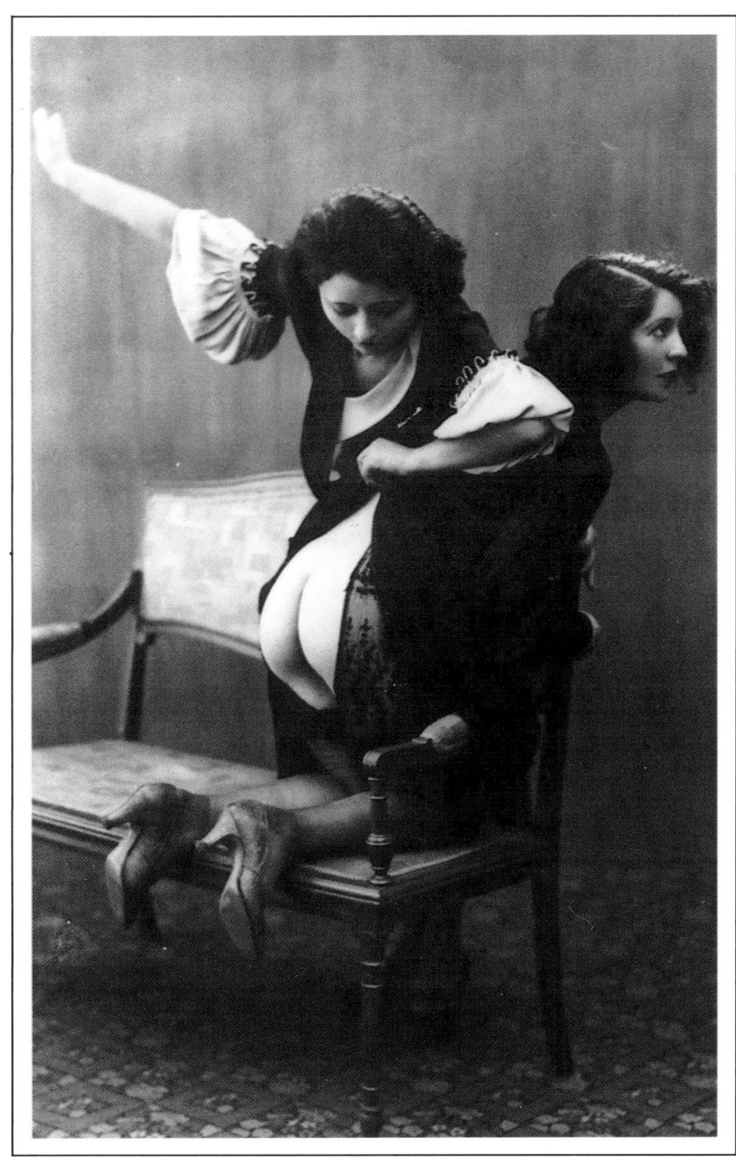

68

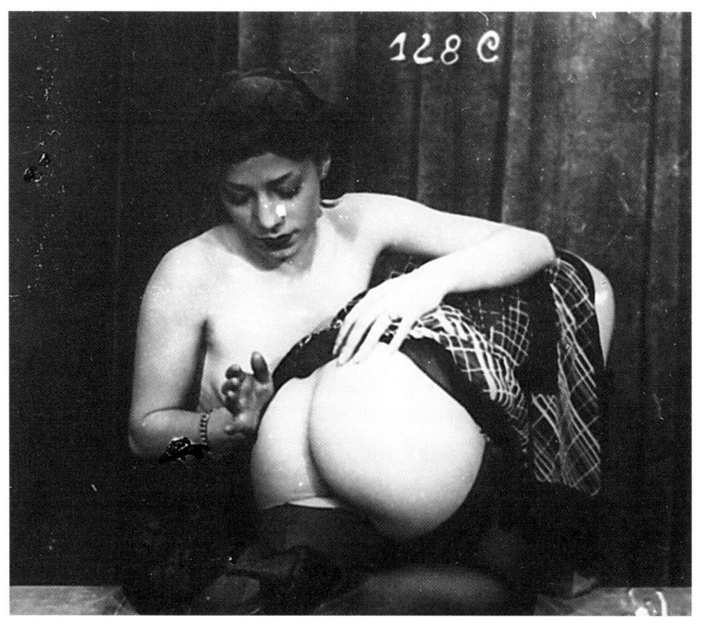

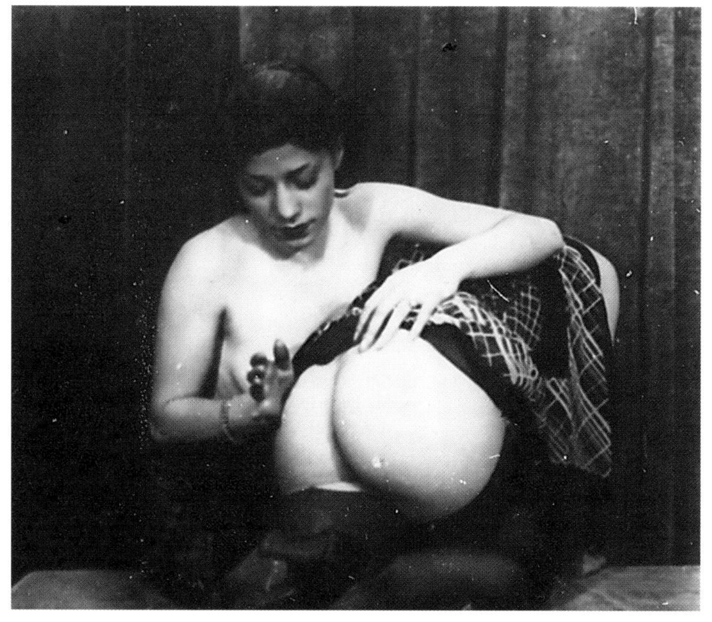

69

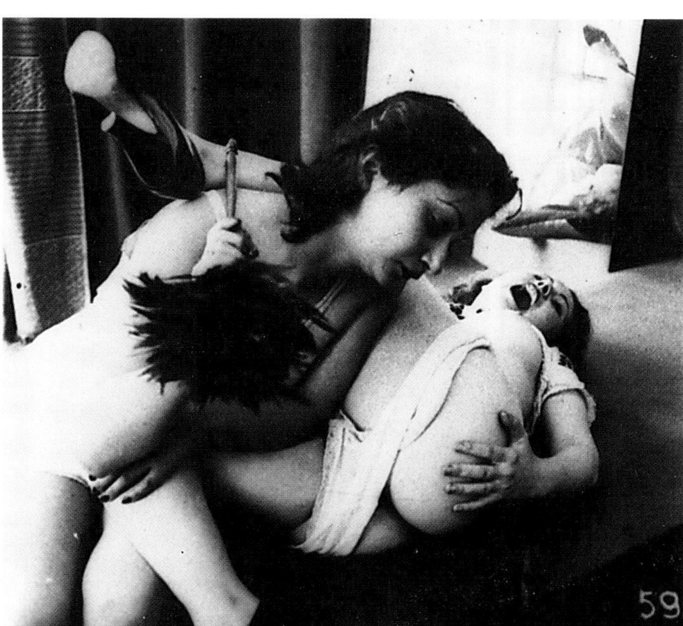

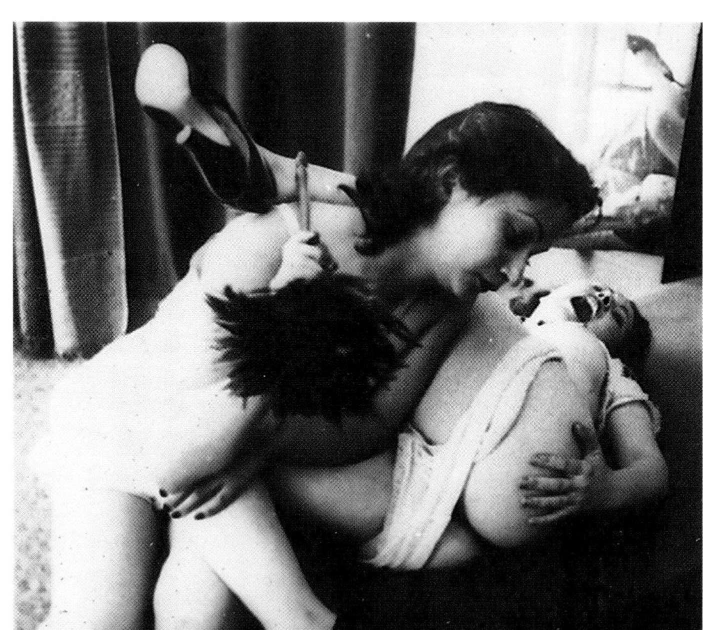

70

REPR. 69–72:
Anonyme, 1930–1935

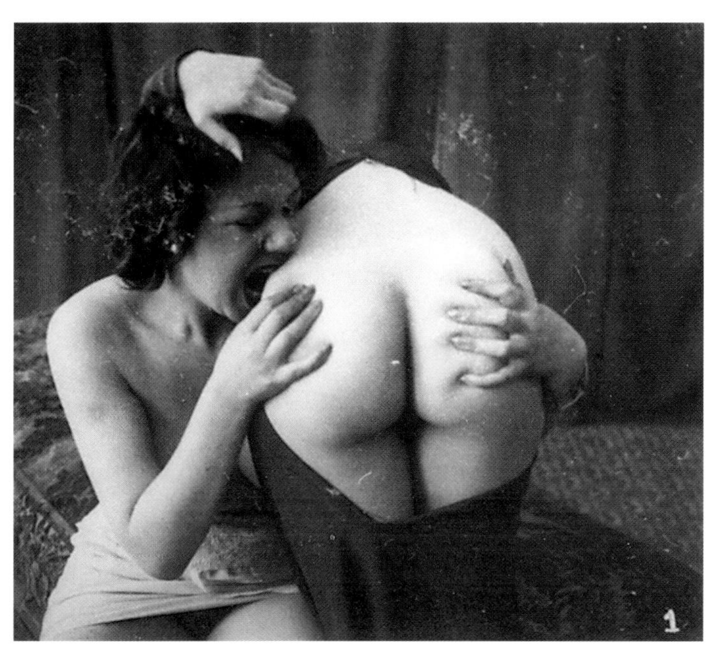

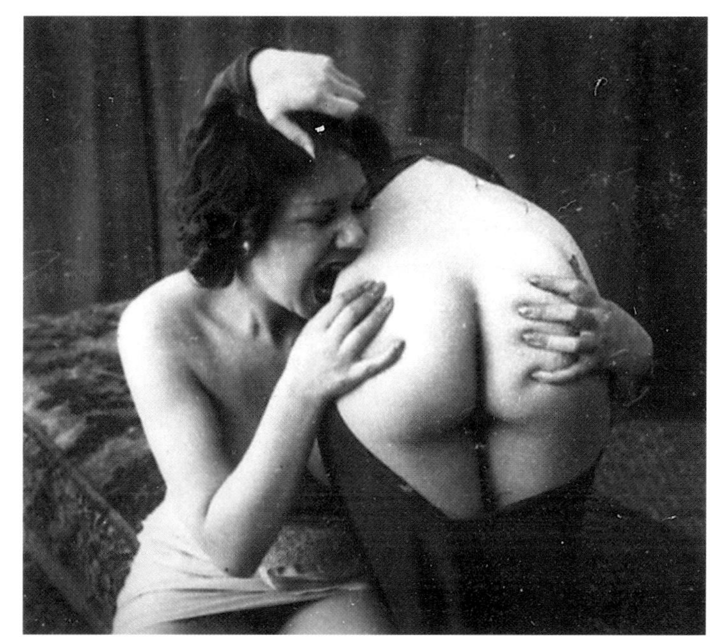

71

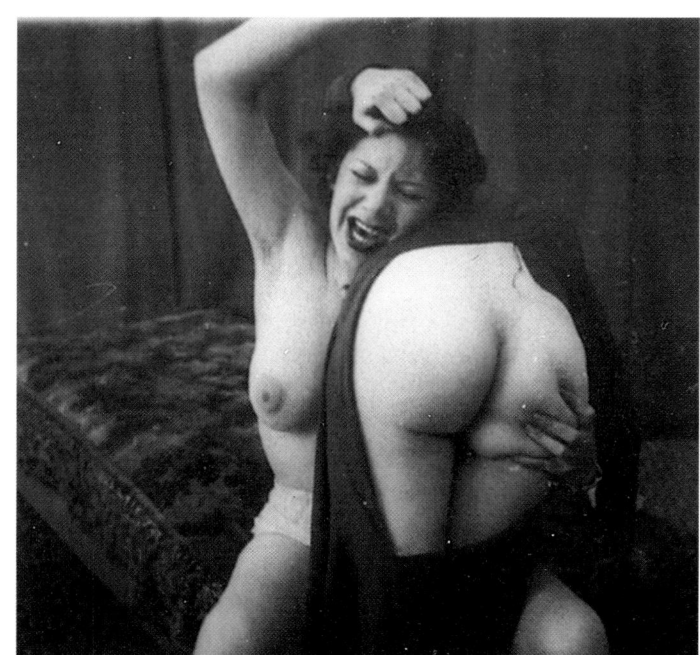

72

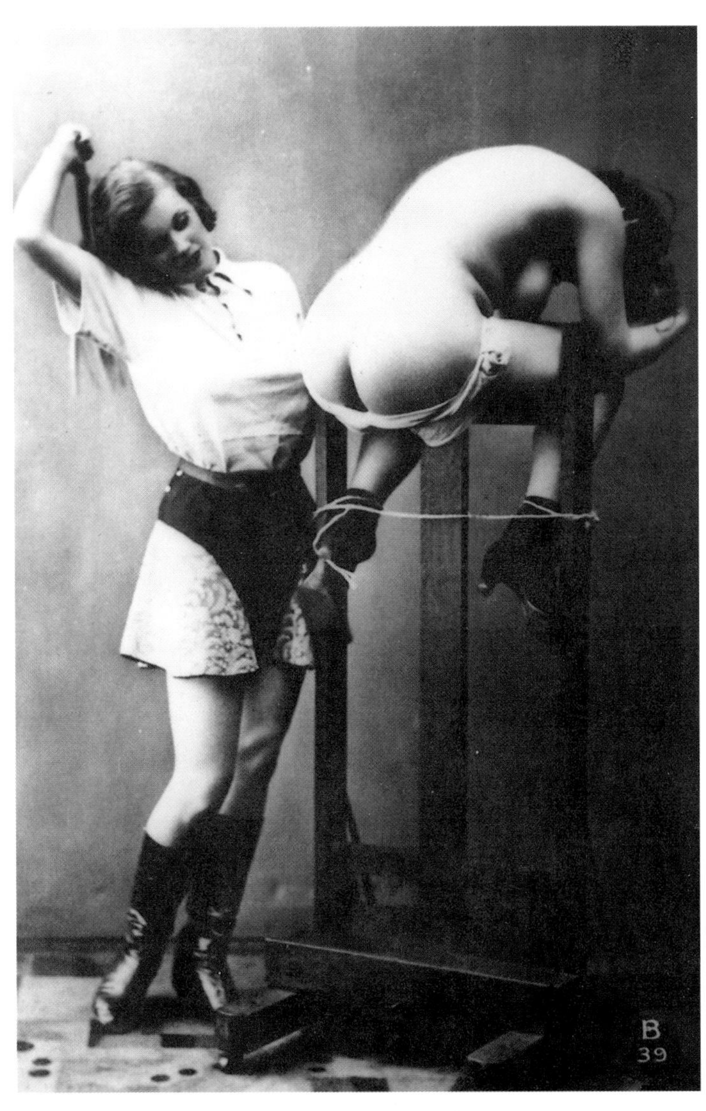

73

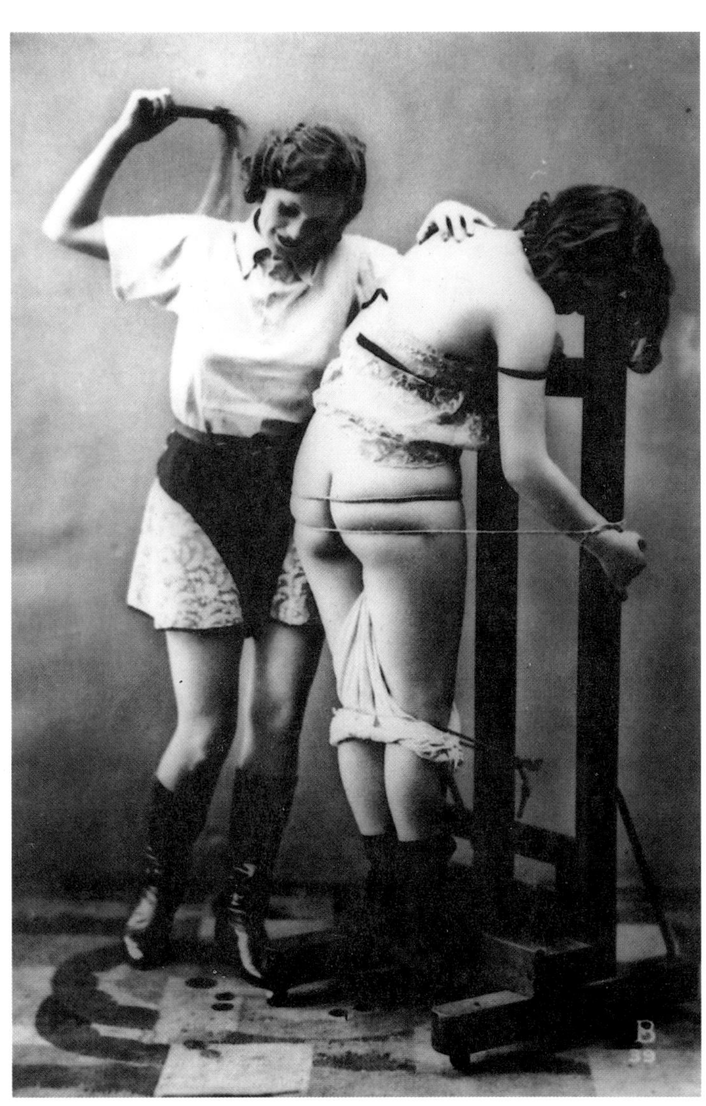

74

REPR. 73–76:
Anonyme, 1930–1935

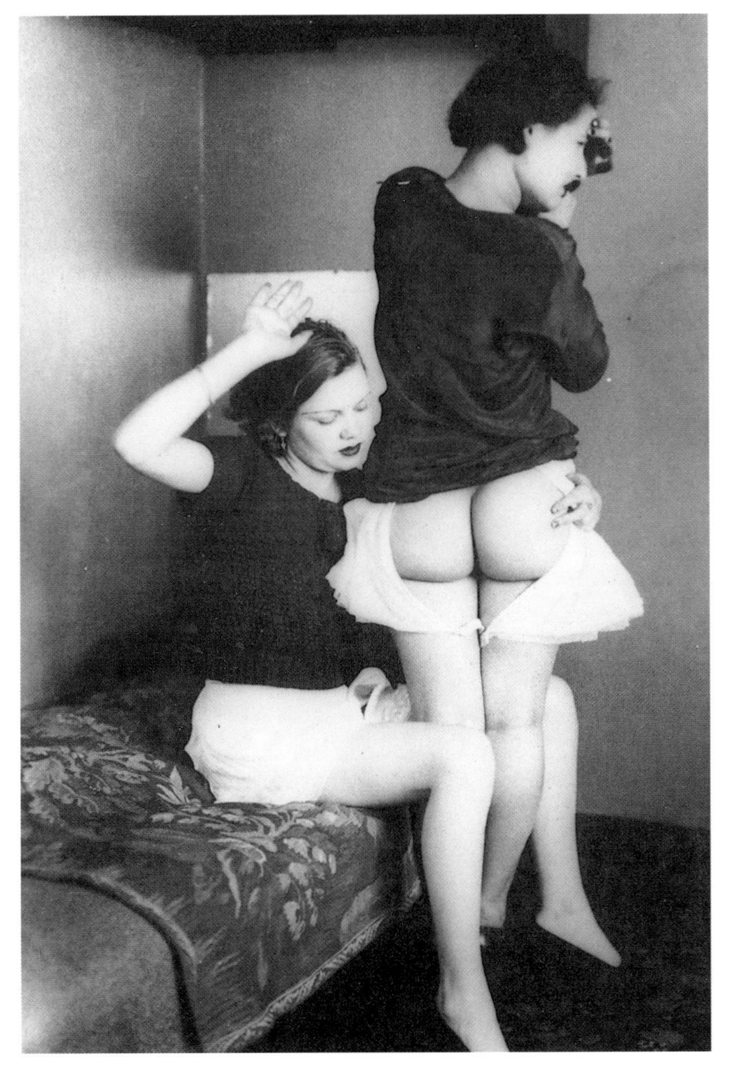
75

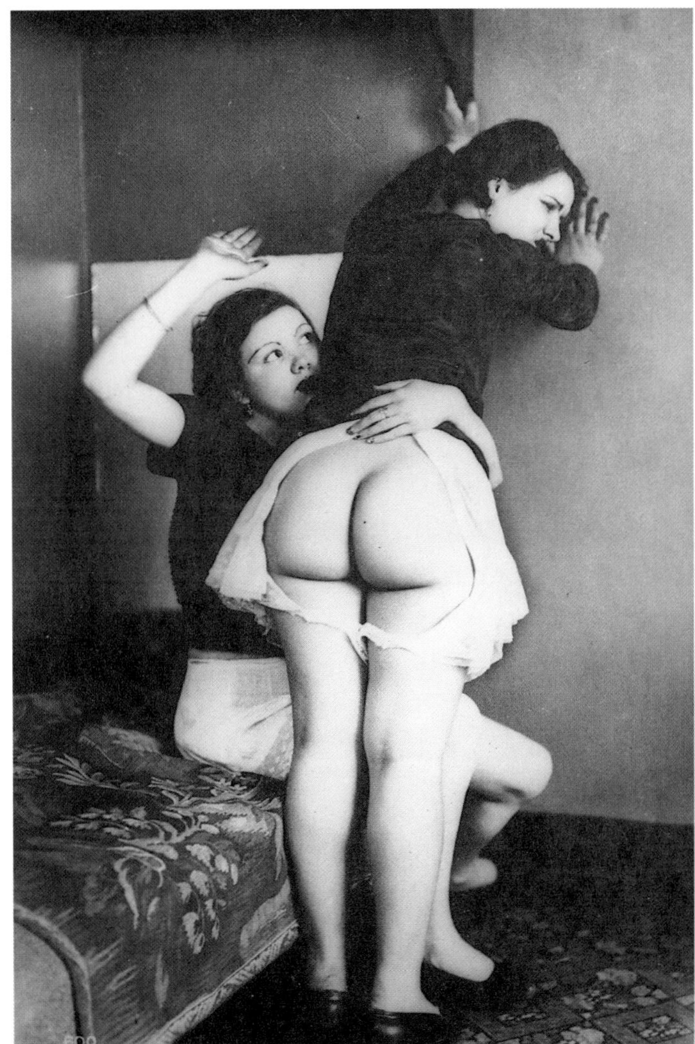
76

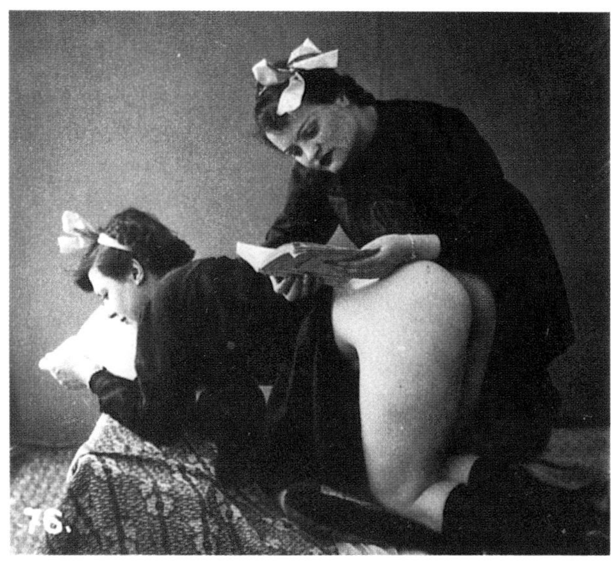

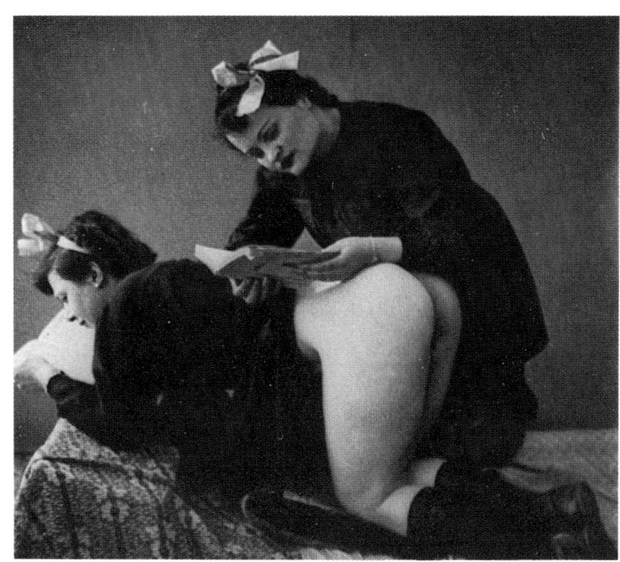
77

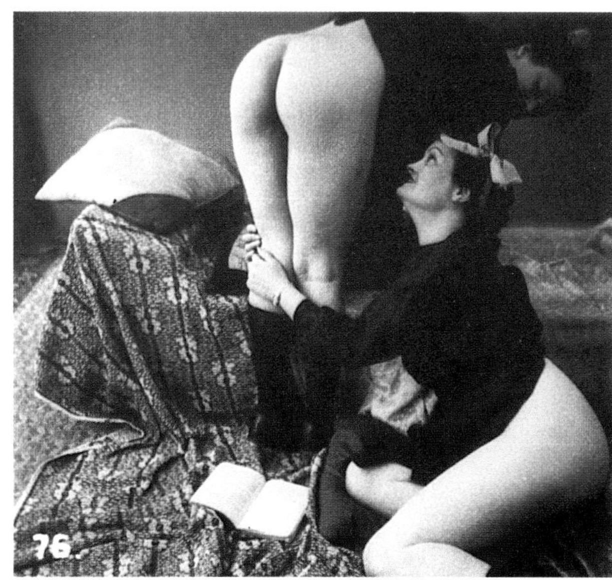

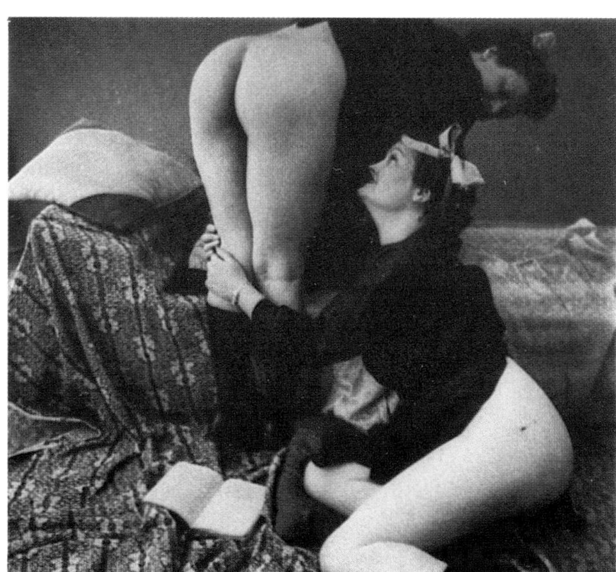
78

REPR. 77–80:
Anonyme, 1930–1935

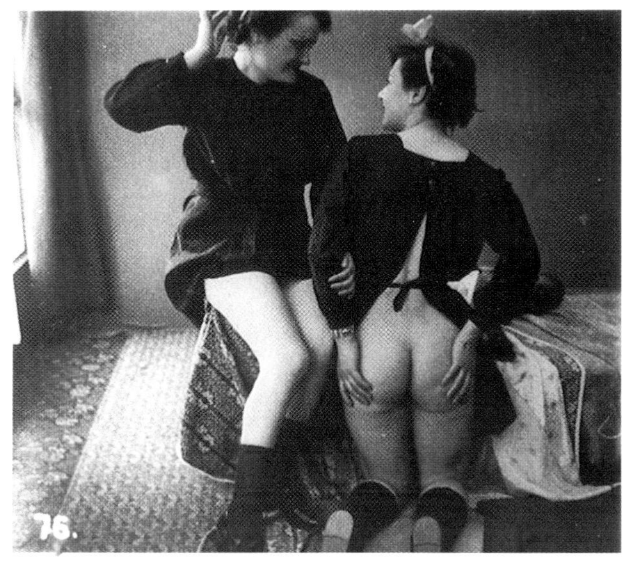

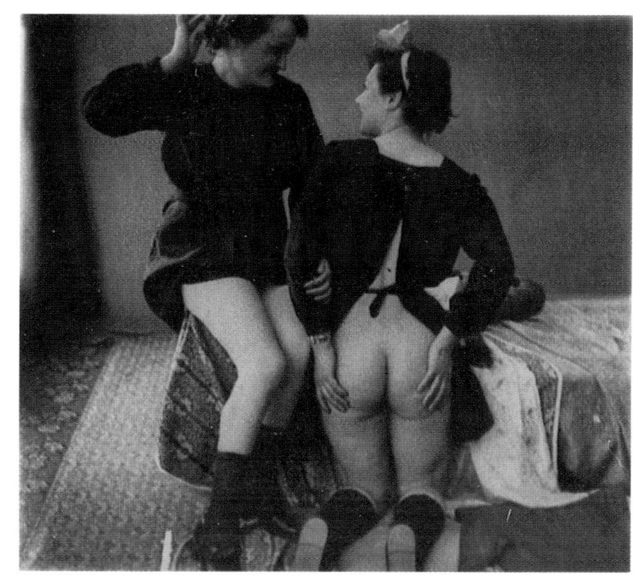

79

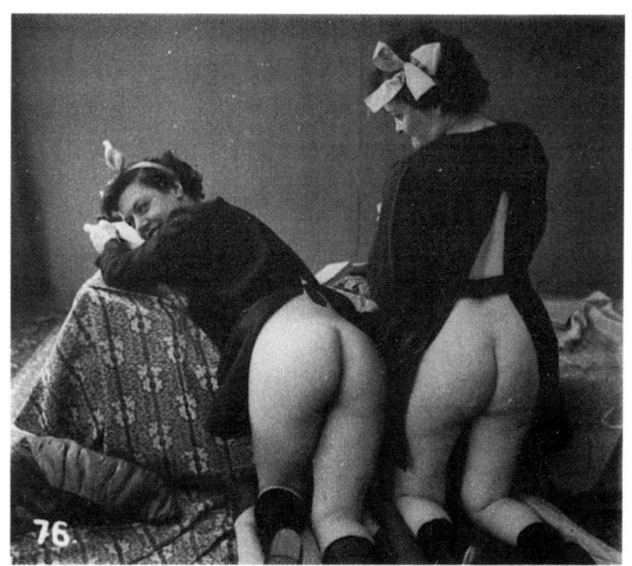

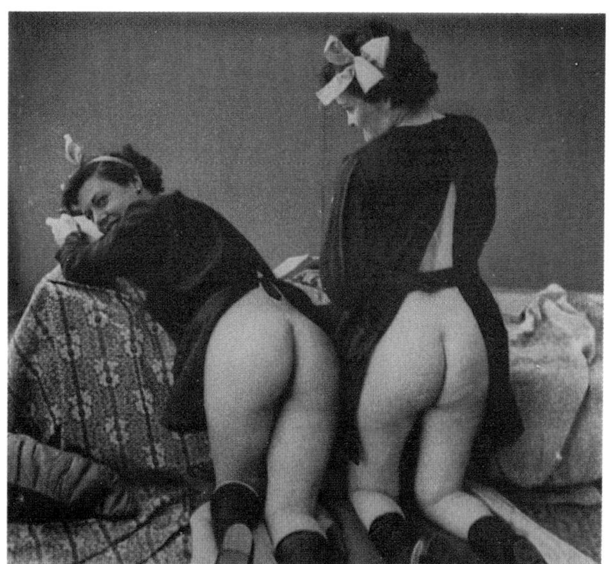

80

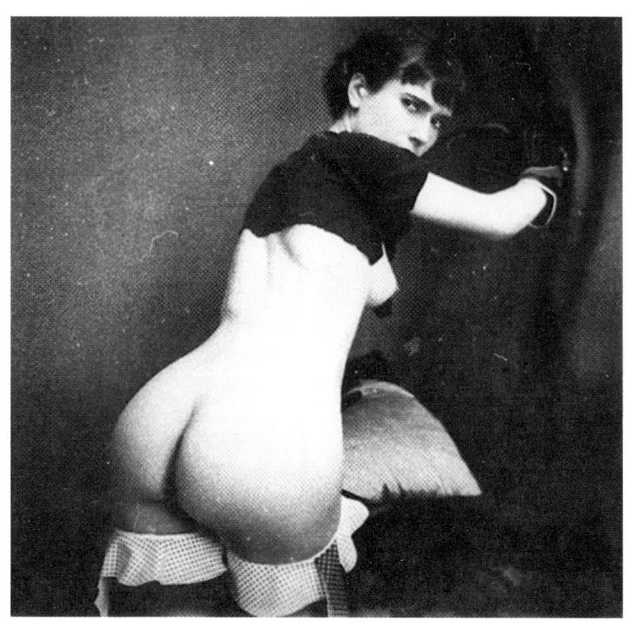

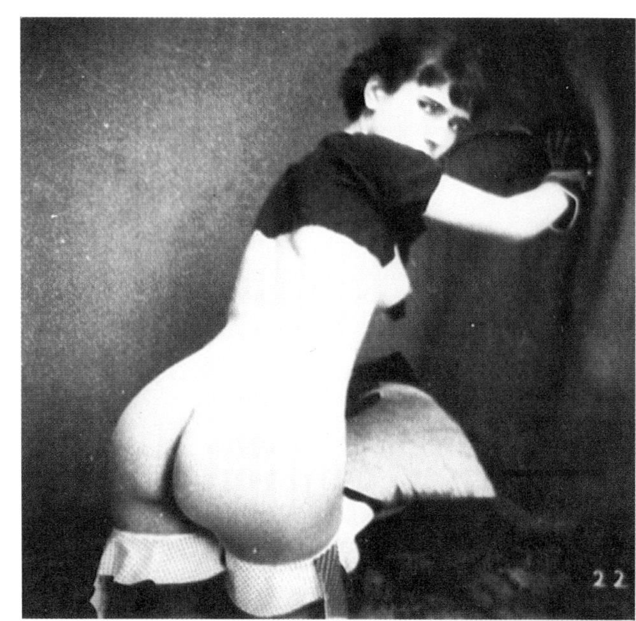

81

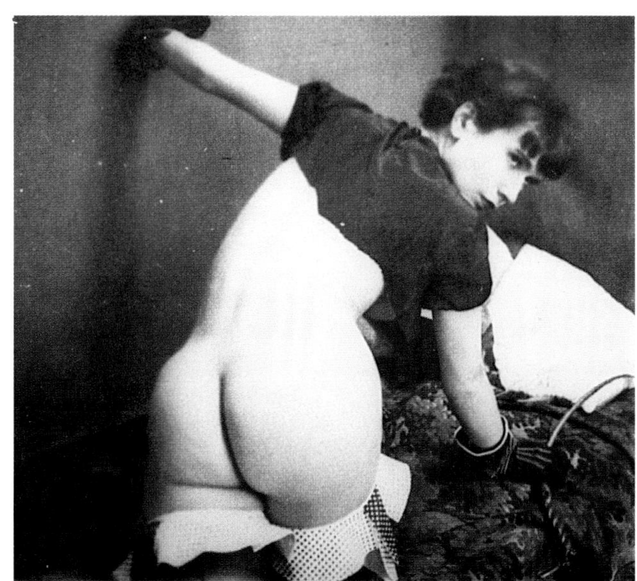

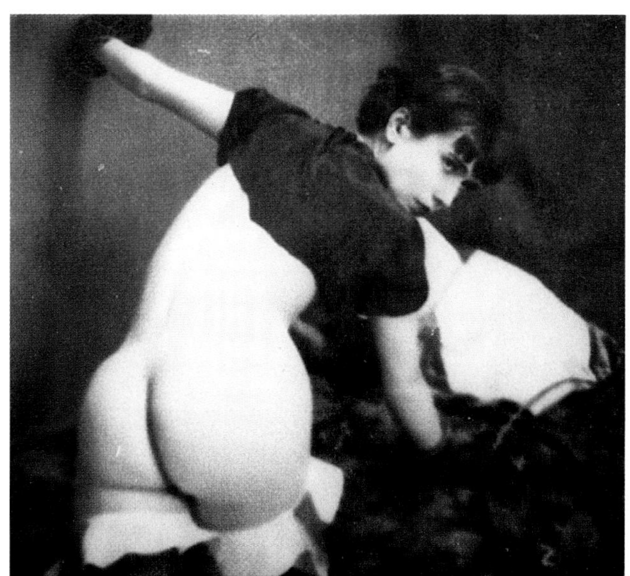

82

REPR. 81–84:
Anonyme, 1930–1935

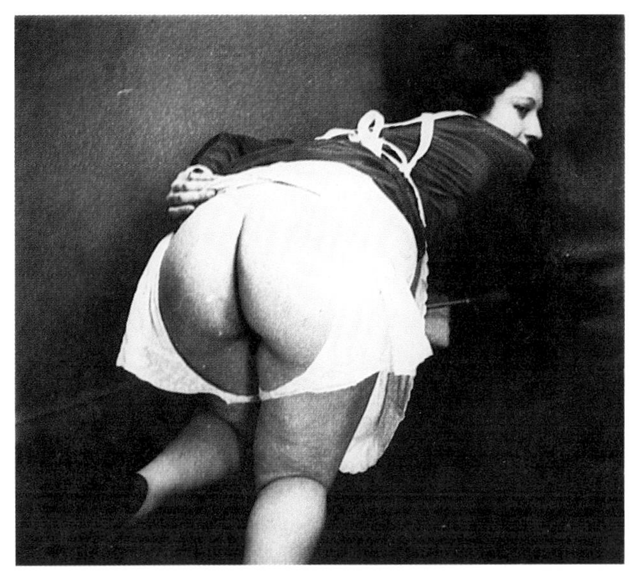

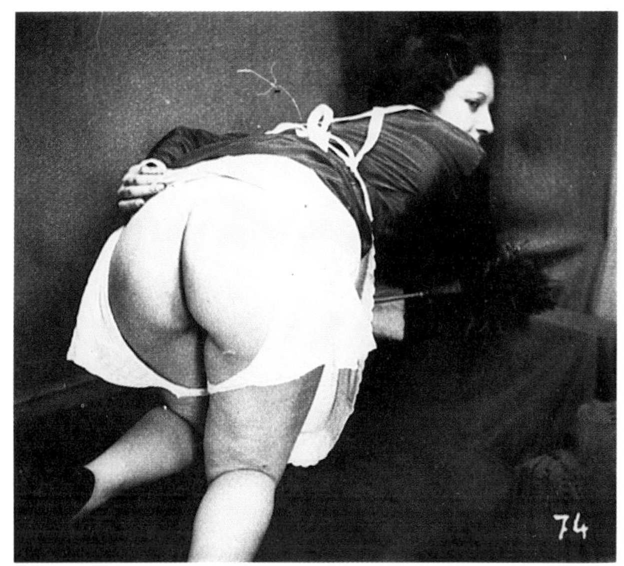

83

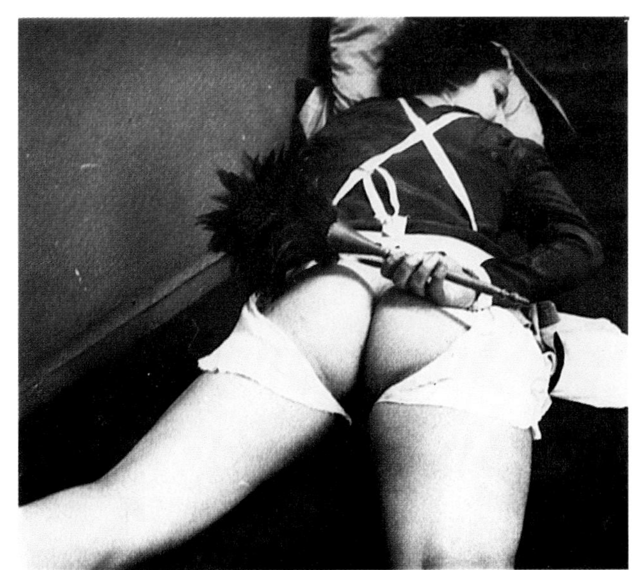

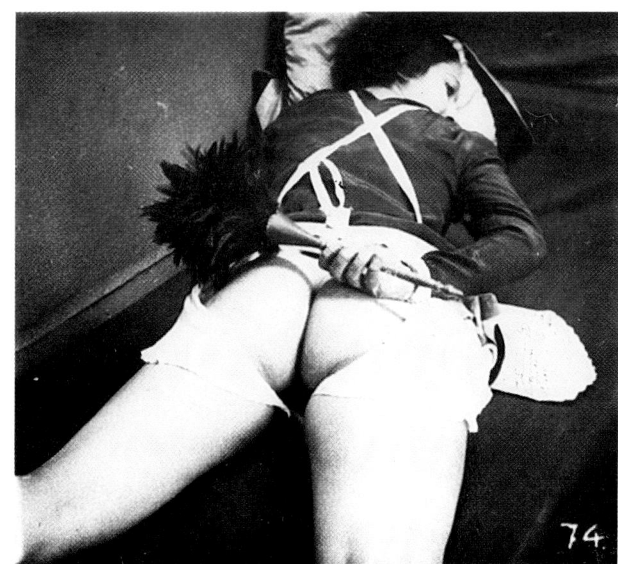

84

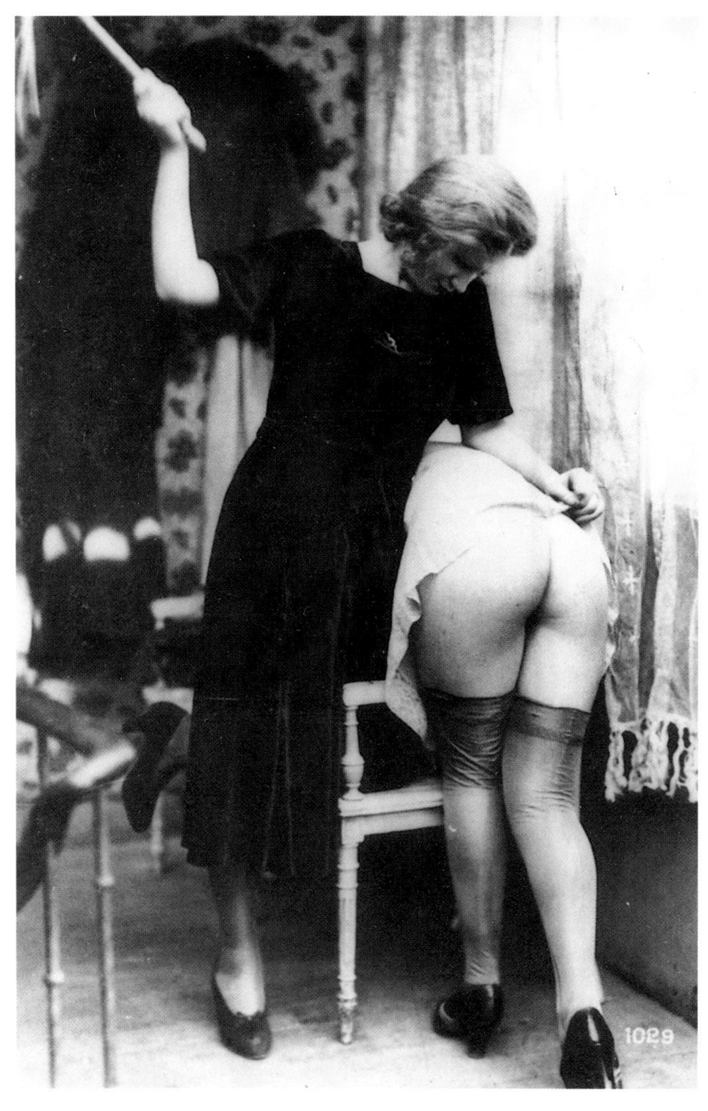

85

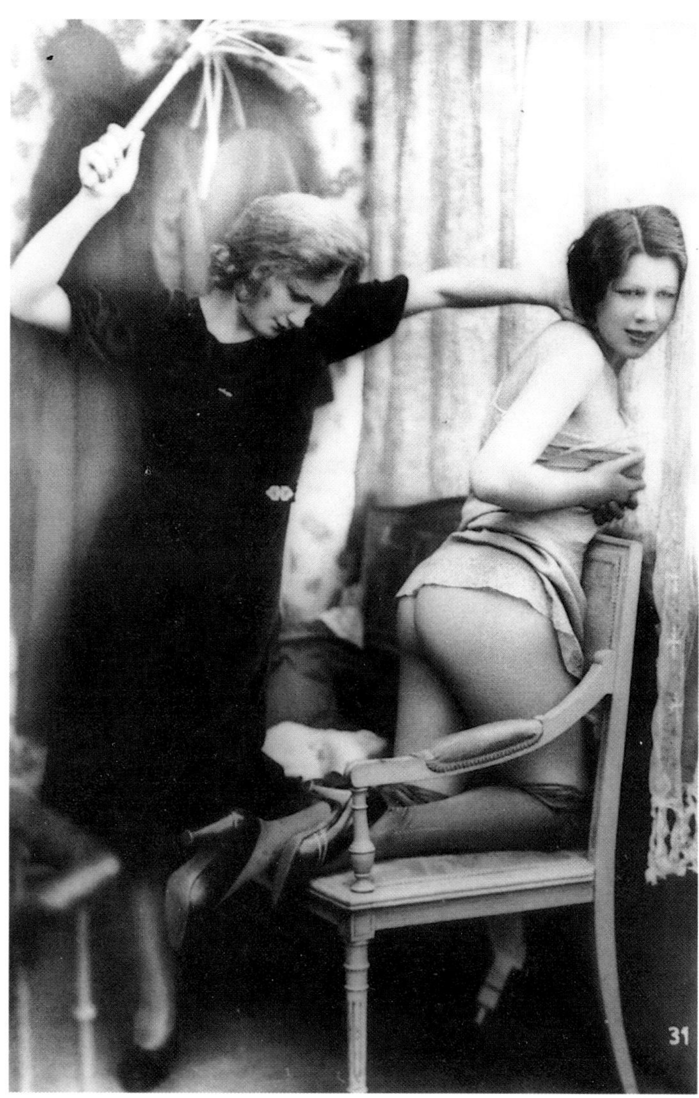

86

REPR. 85–88:
Anonyme, vers 1930

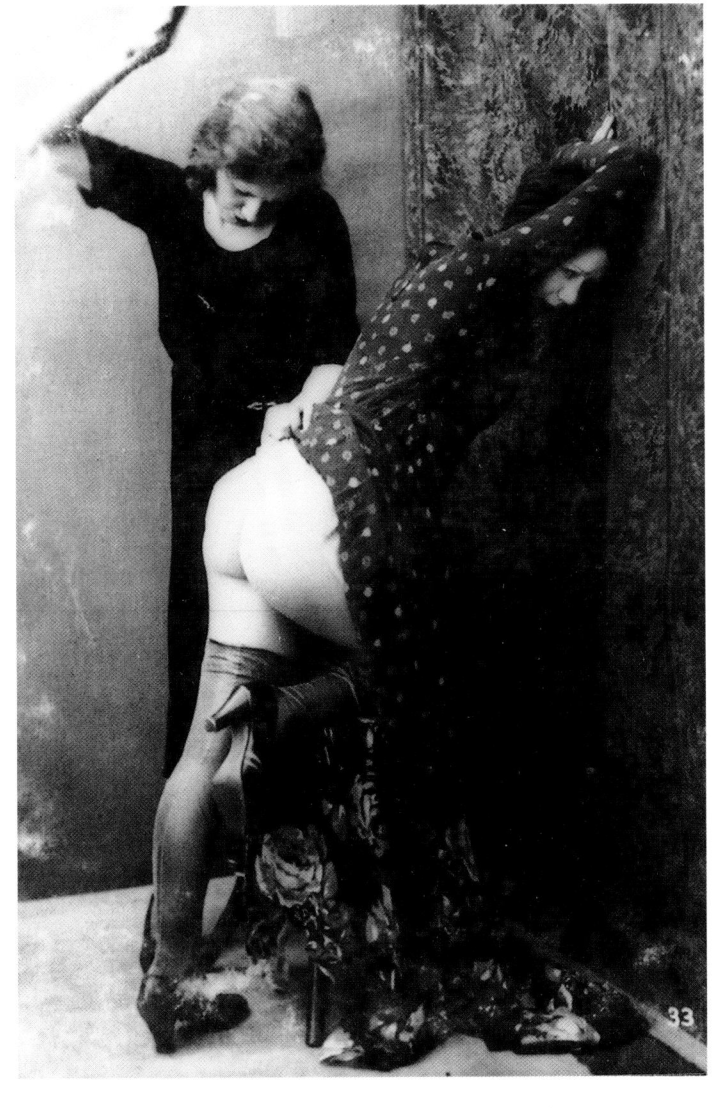

87

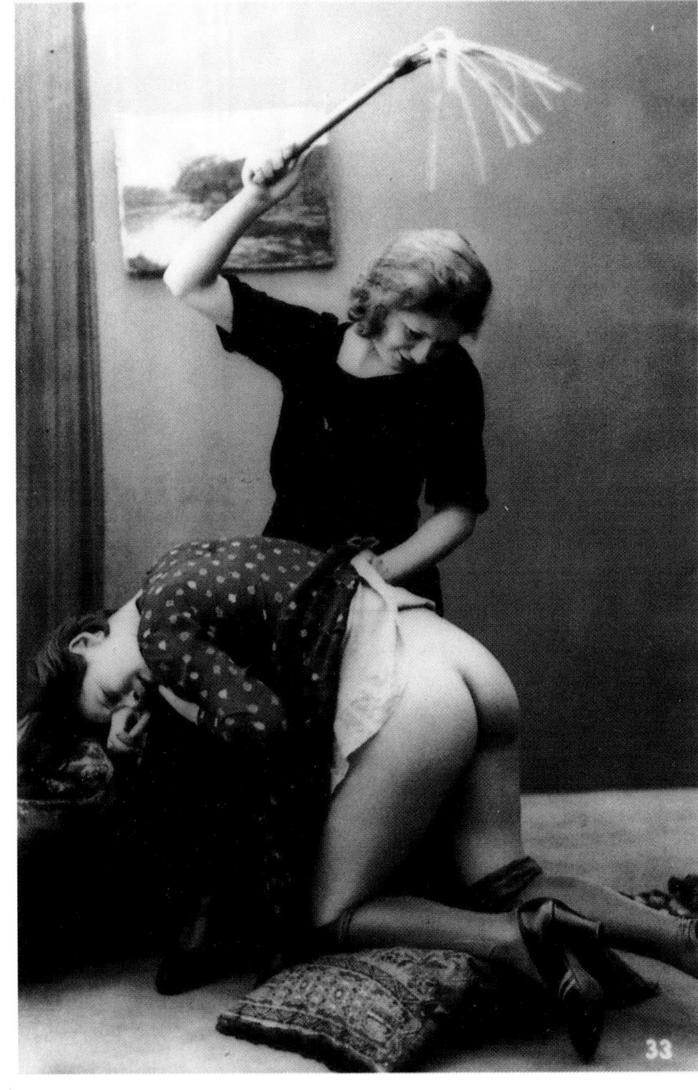

88

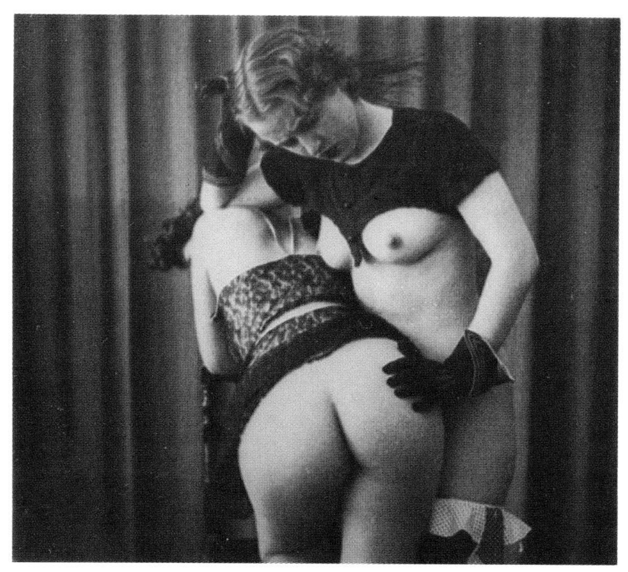

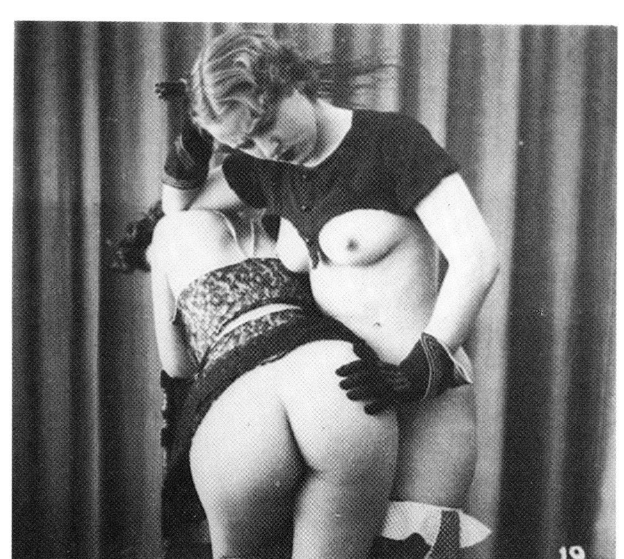

89

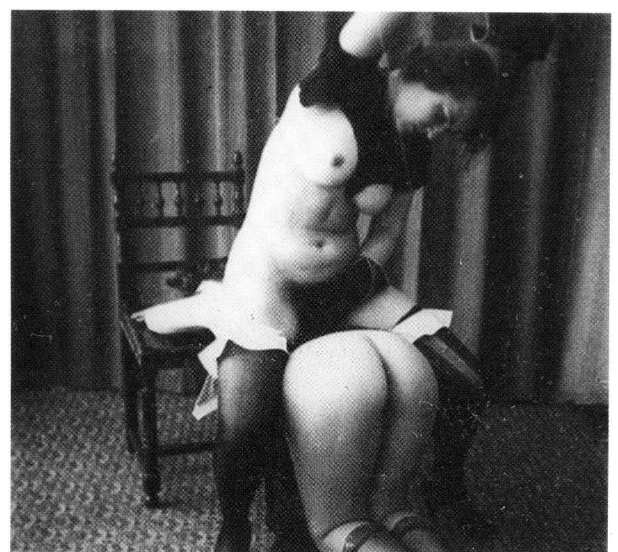

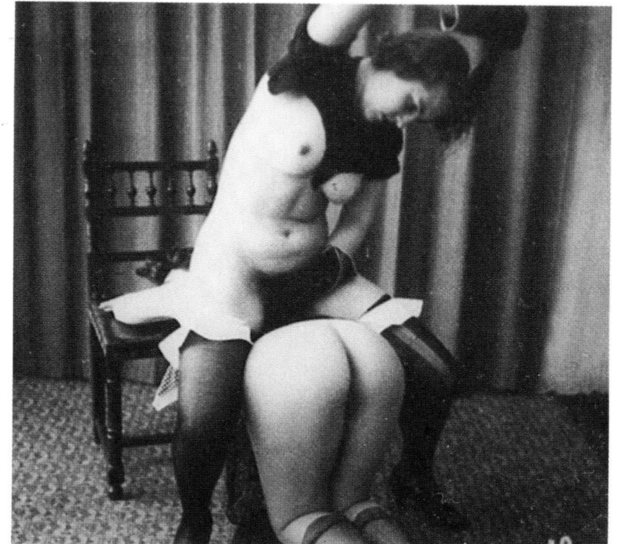

90

REPR. 89, 90:
Anonyme, vers 1930

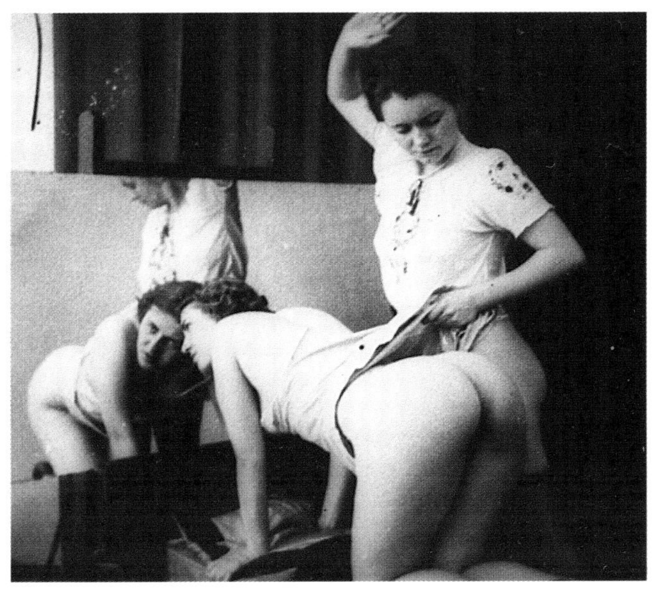

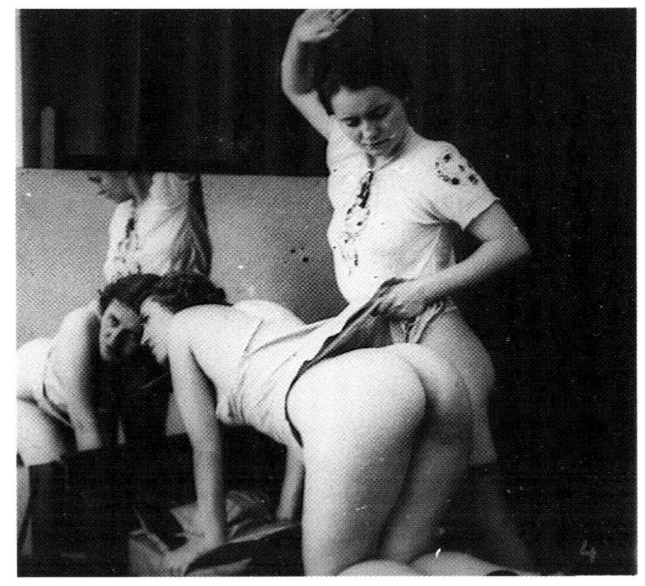

91

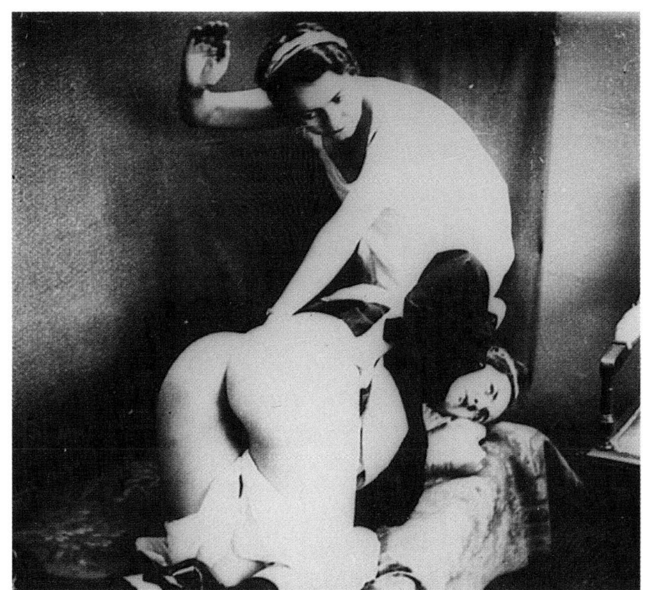

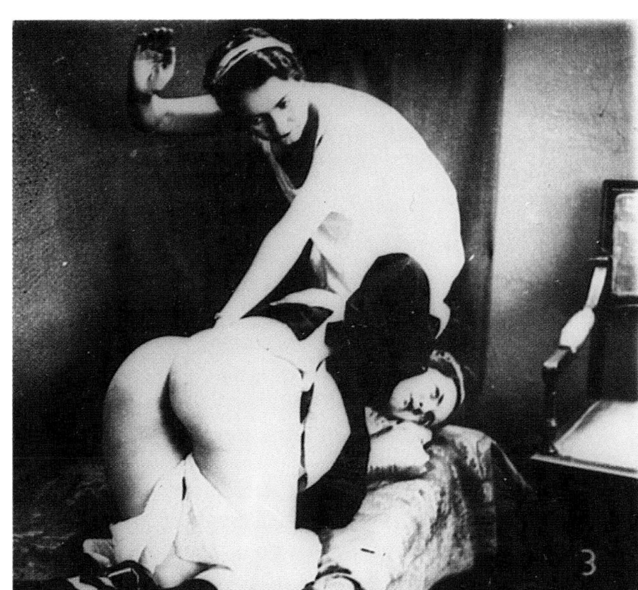

92

REPR. 91, 92:
Anonyme, vers 1935

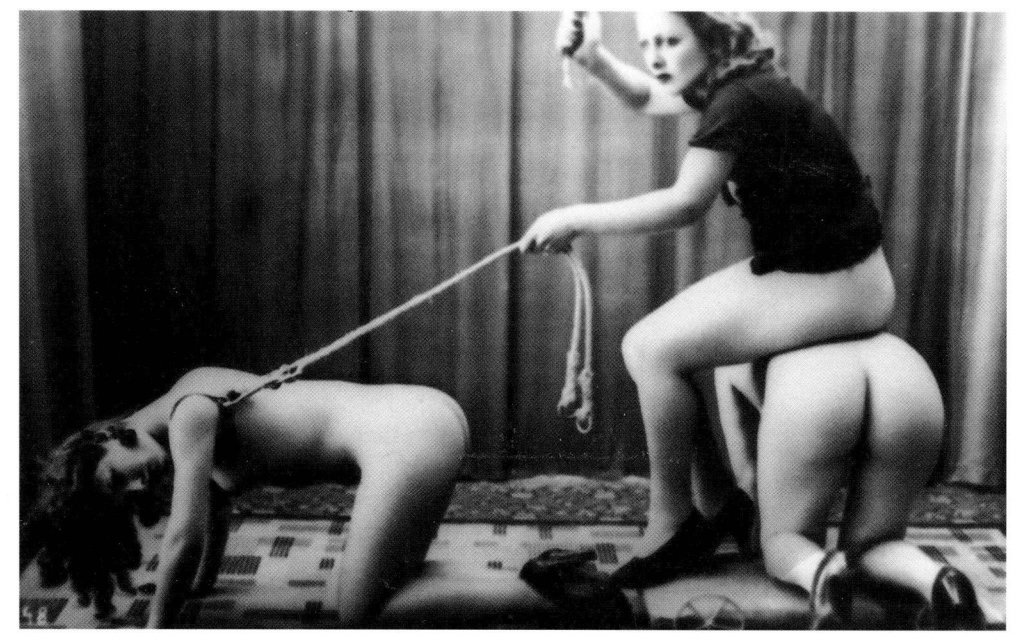

93

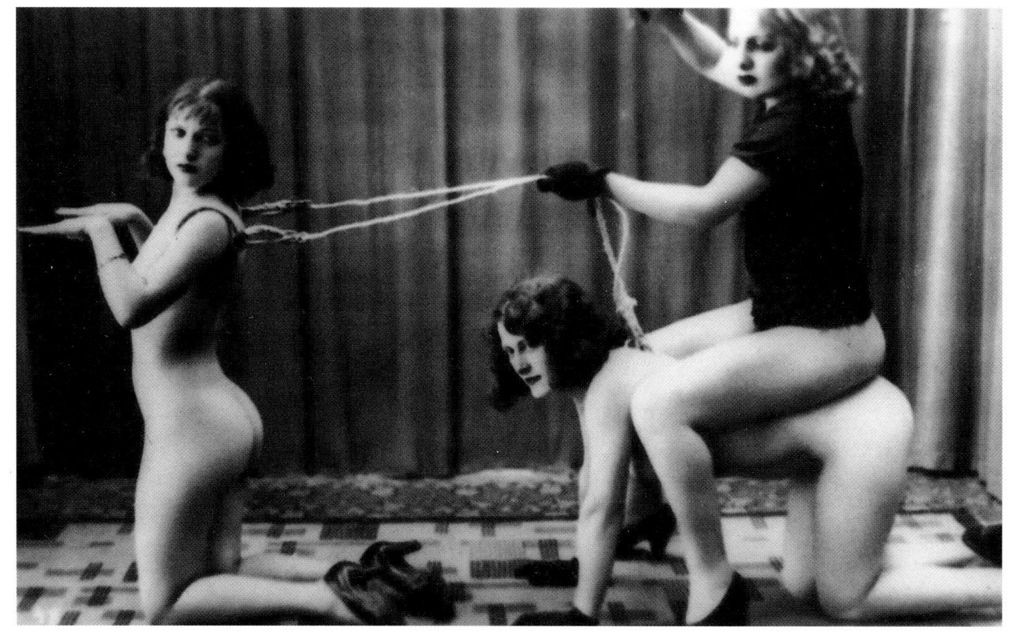

94

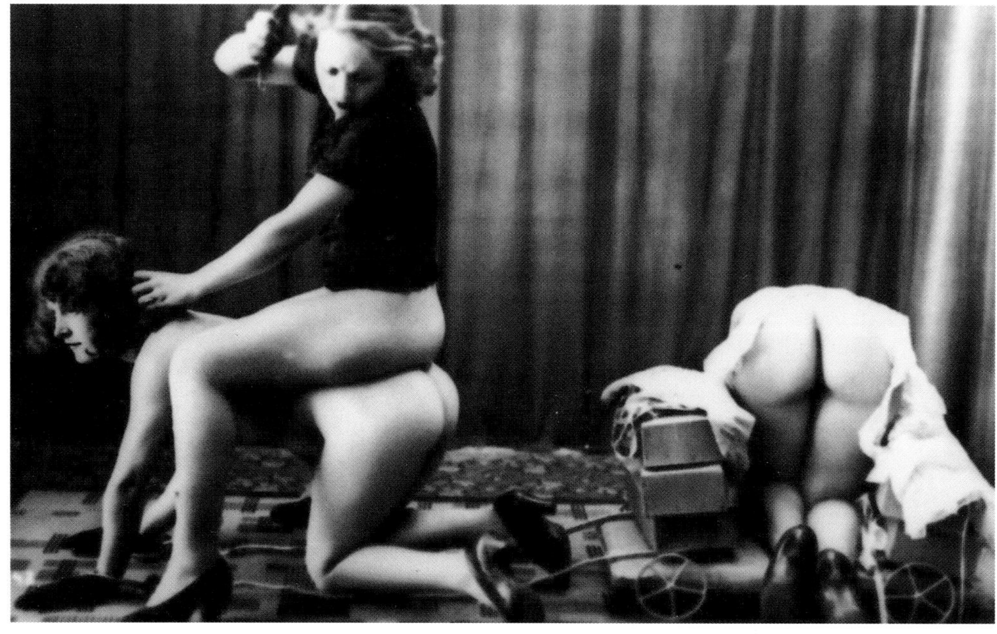

95

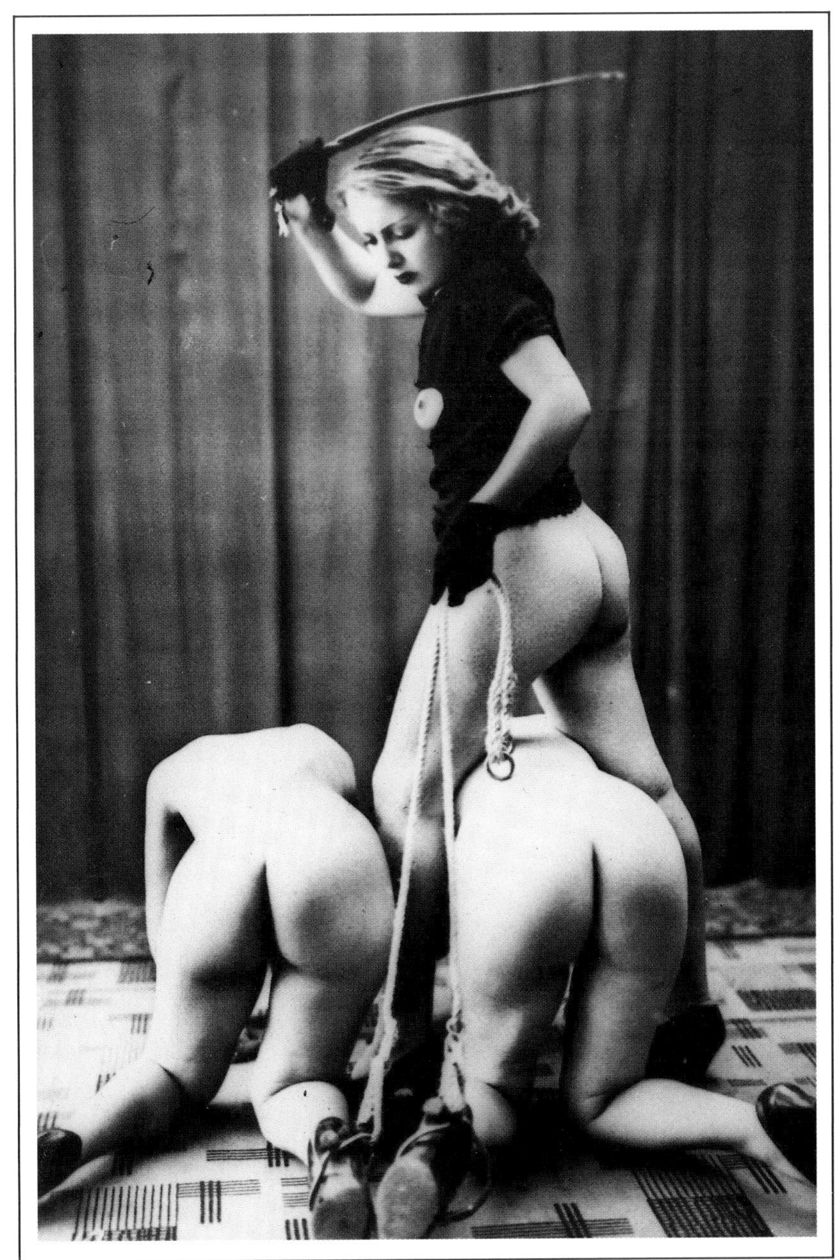

96

REPR. 93–96:
Anonyme, vers 1930

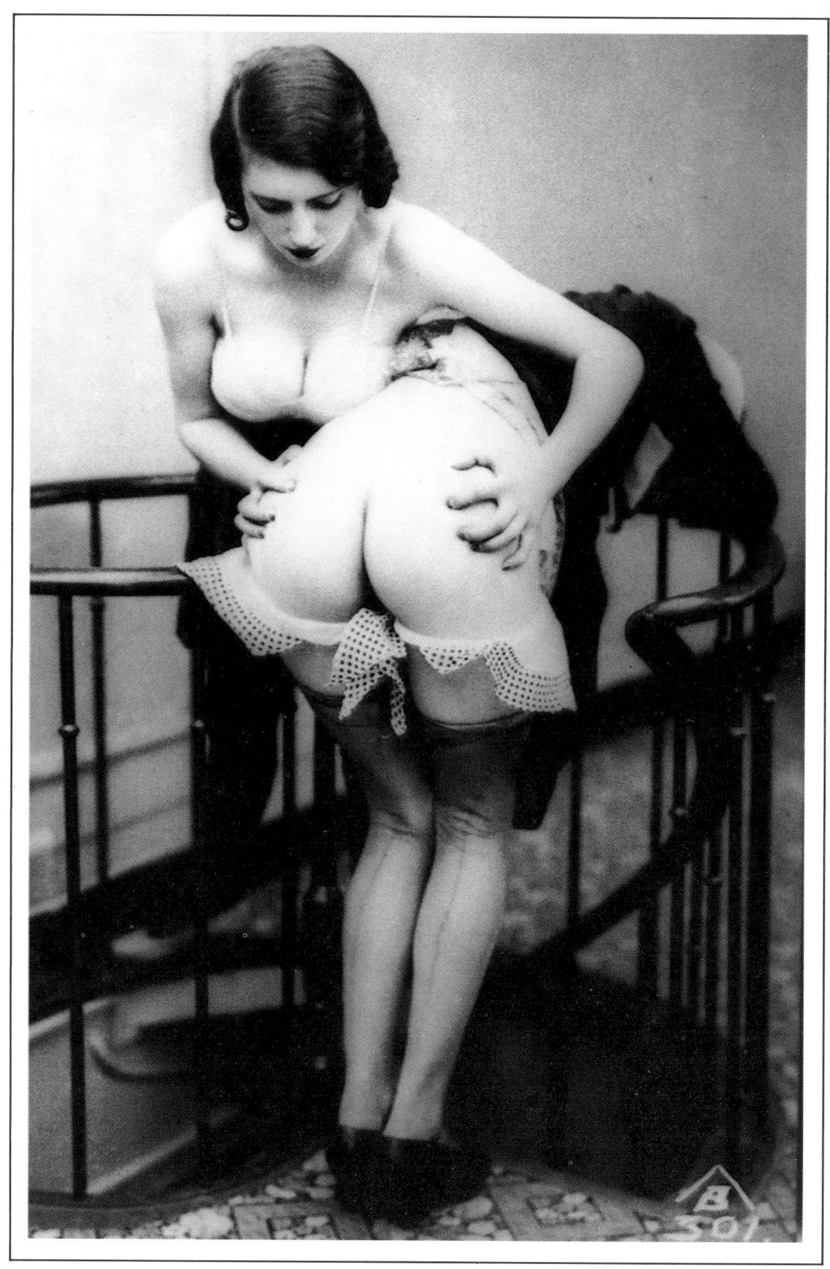

97

REPR. 97, 98:
Anonyme, vers 1930

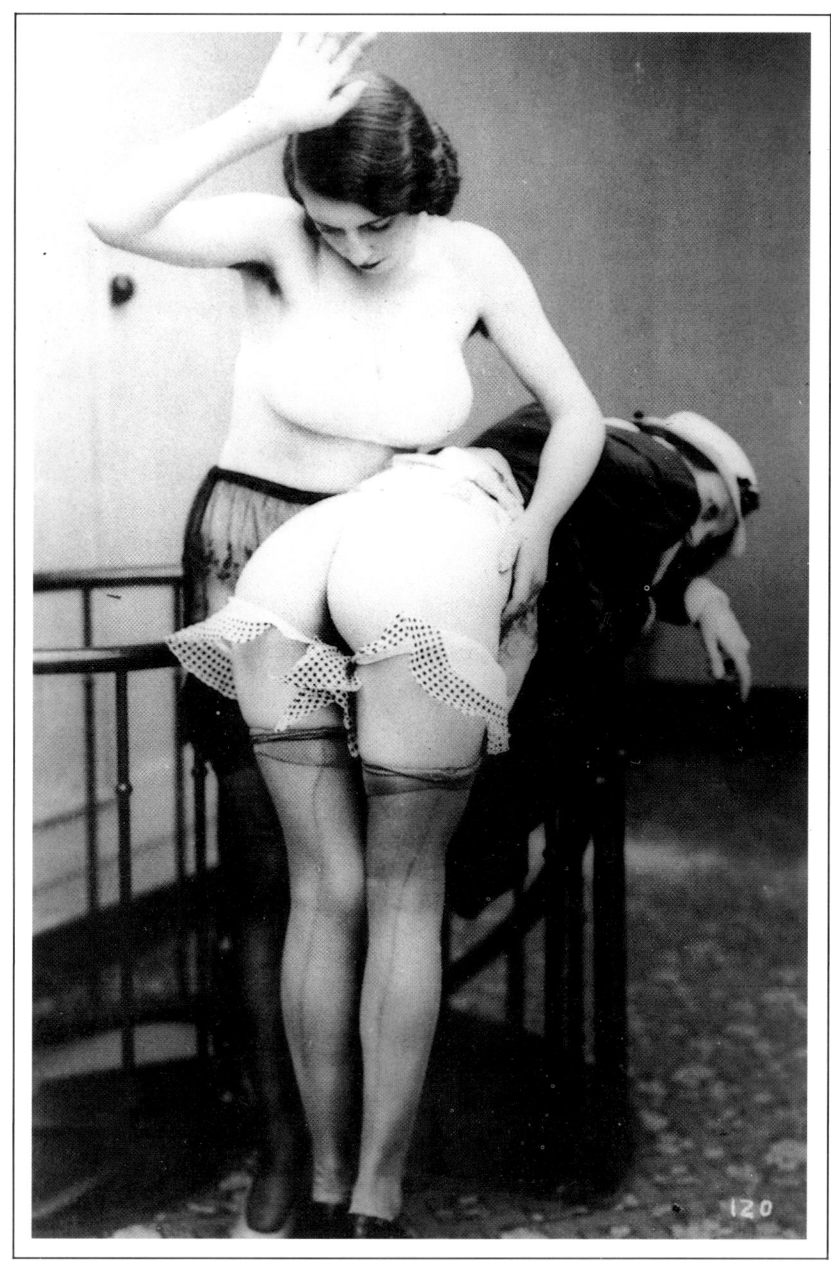

98

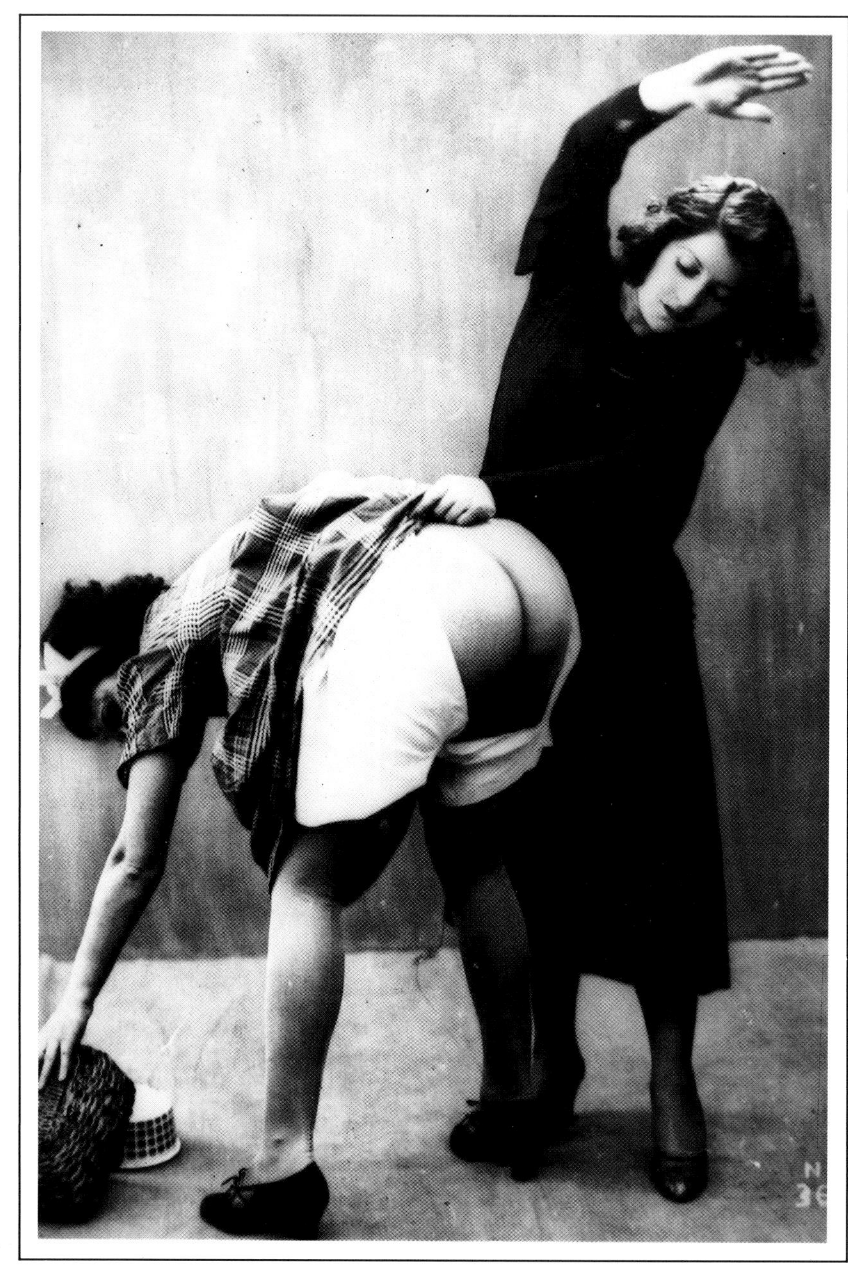

99

REPR. 99:
Anonyme, vers 1930

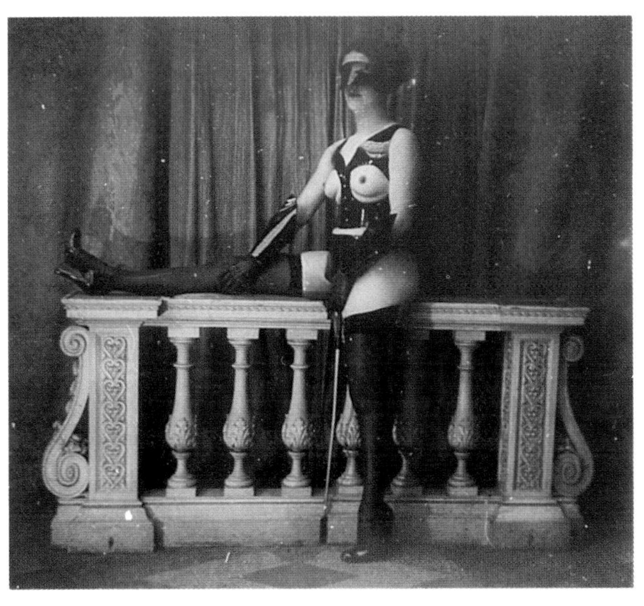

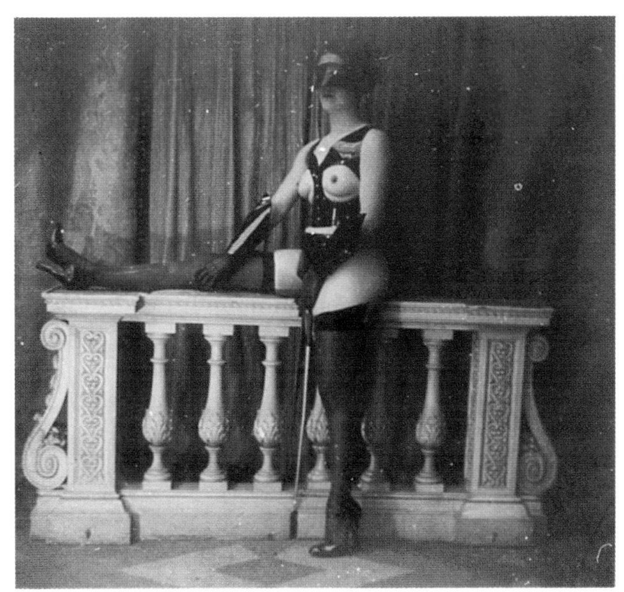

100

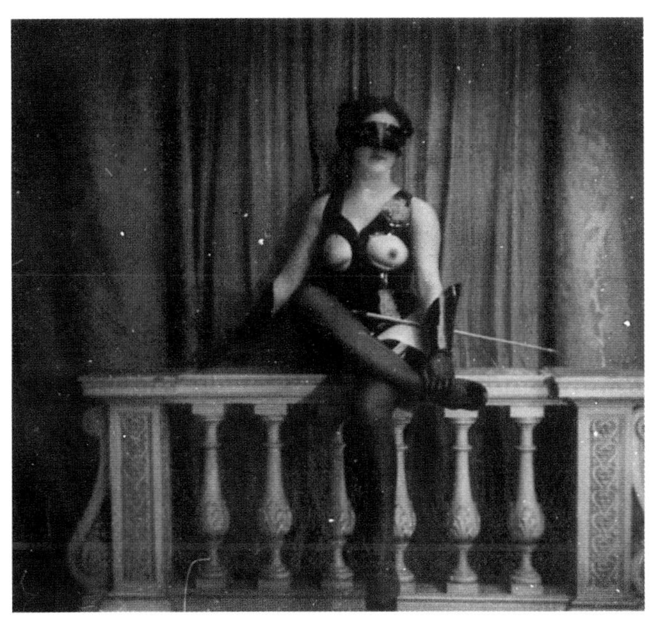

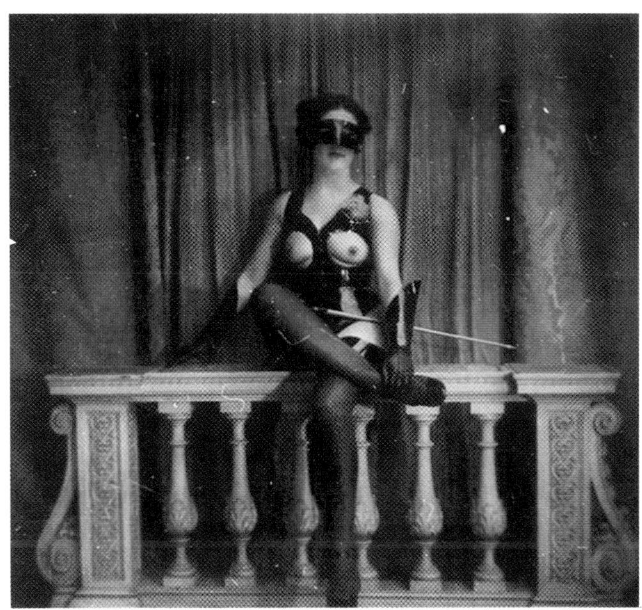

101

REPR. 100, 101:
Anonyme, vers 1935

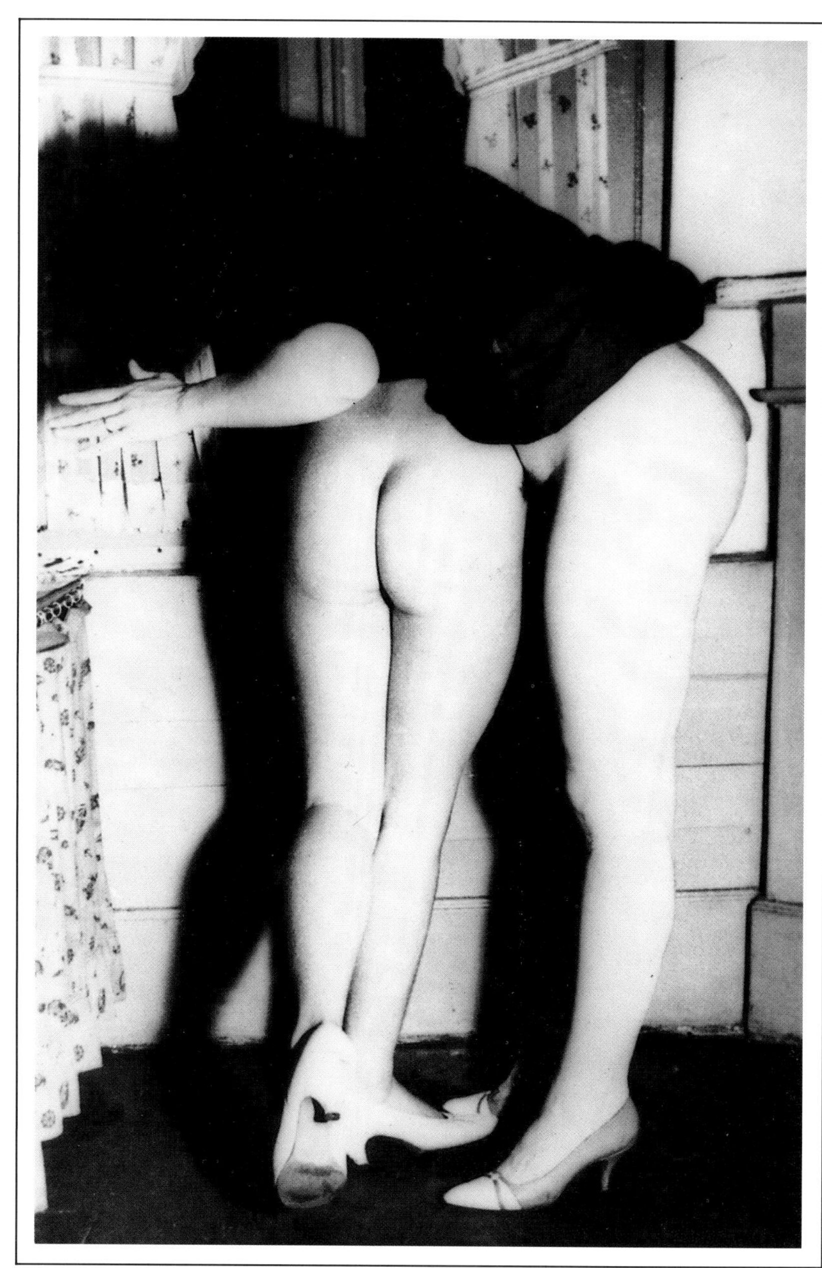

102

REPR. 102:
Anonyme, 1935–1938

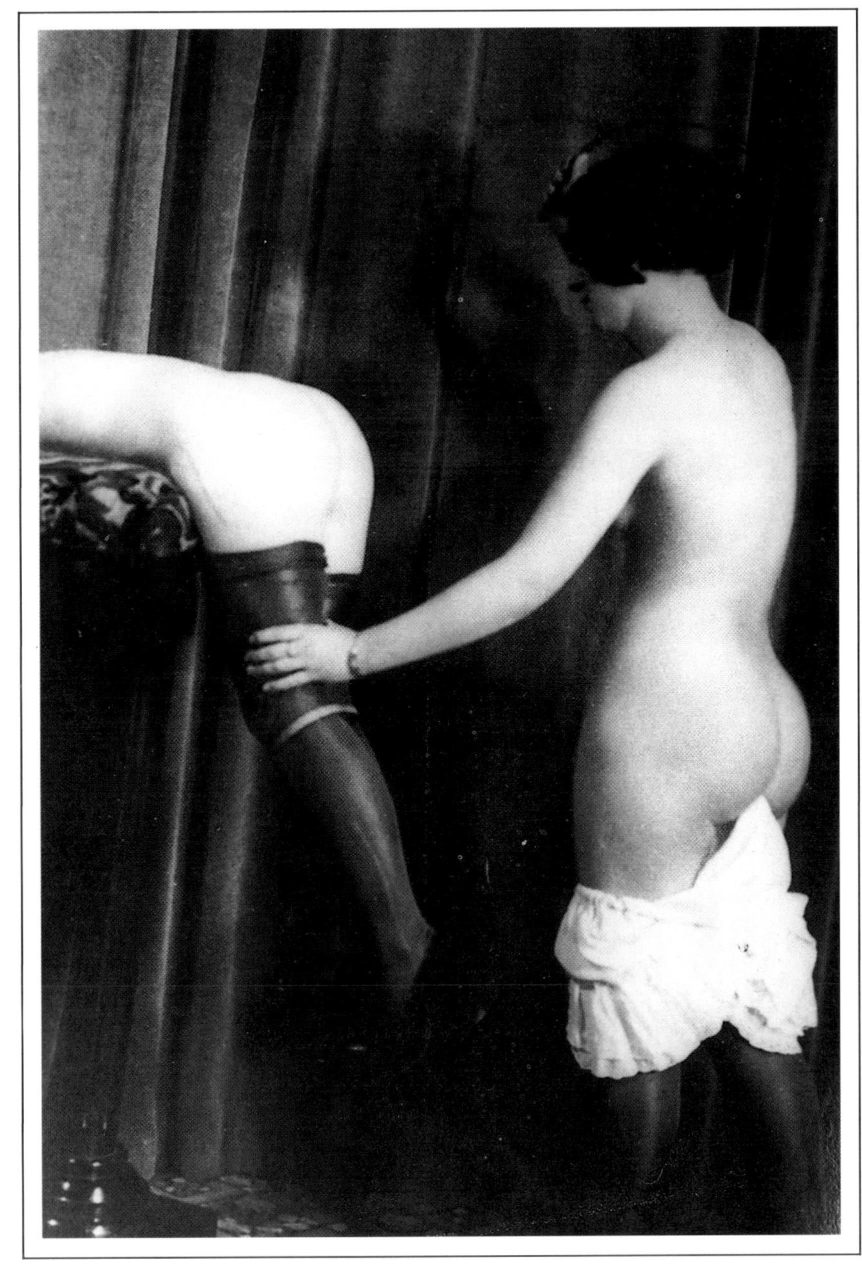

103

REPR. 103:
Anonyme, 1930–1935

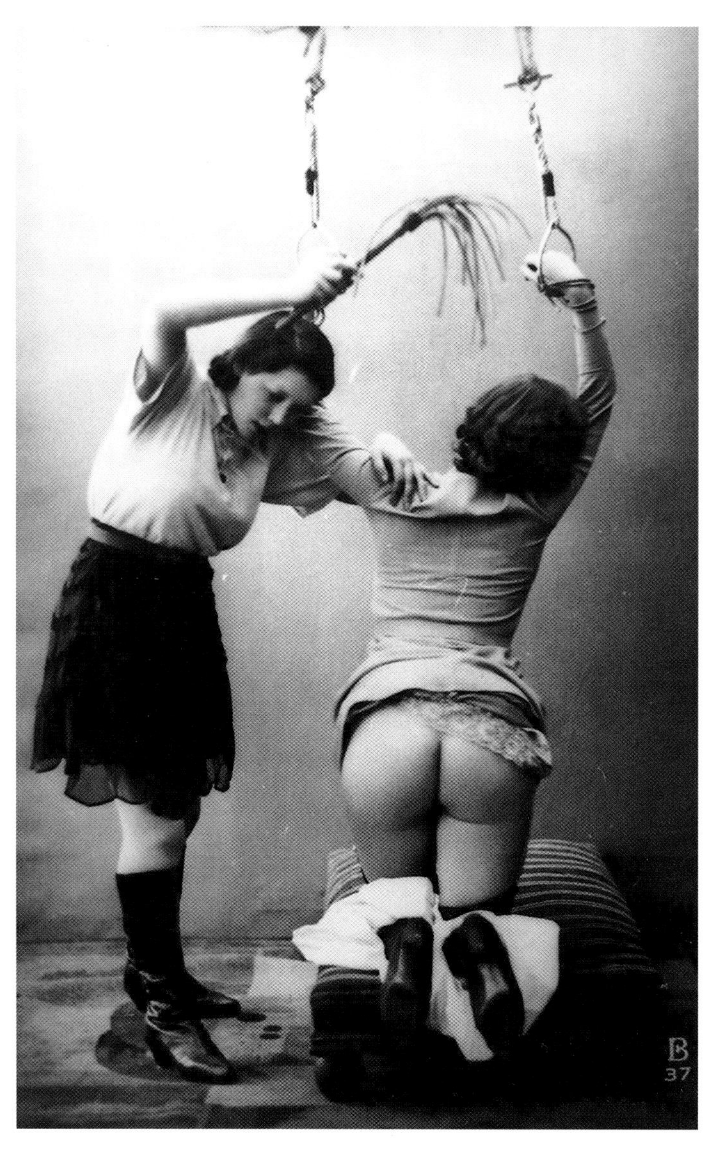

104

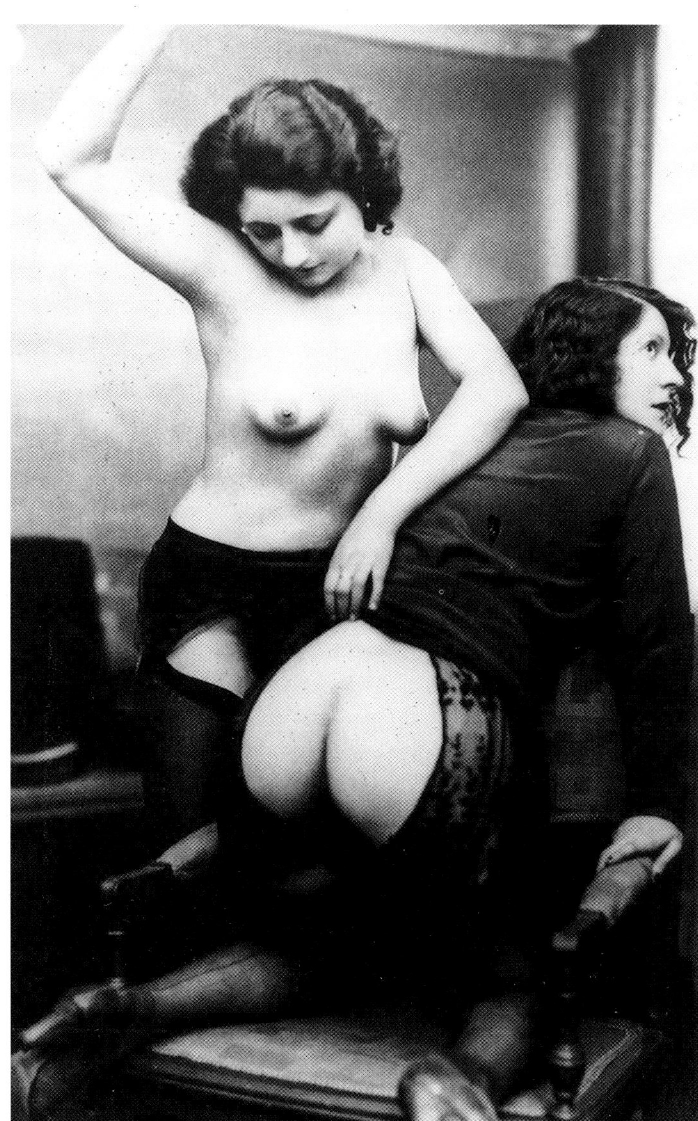

10

REPR. 104, 105:
Anonyme, vers 1930

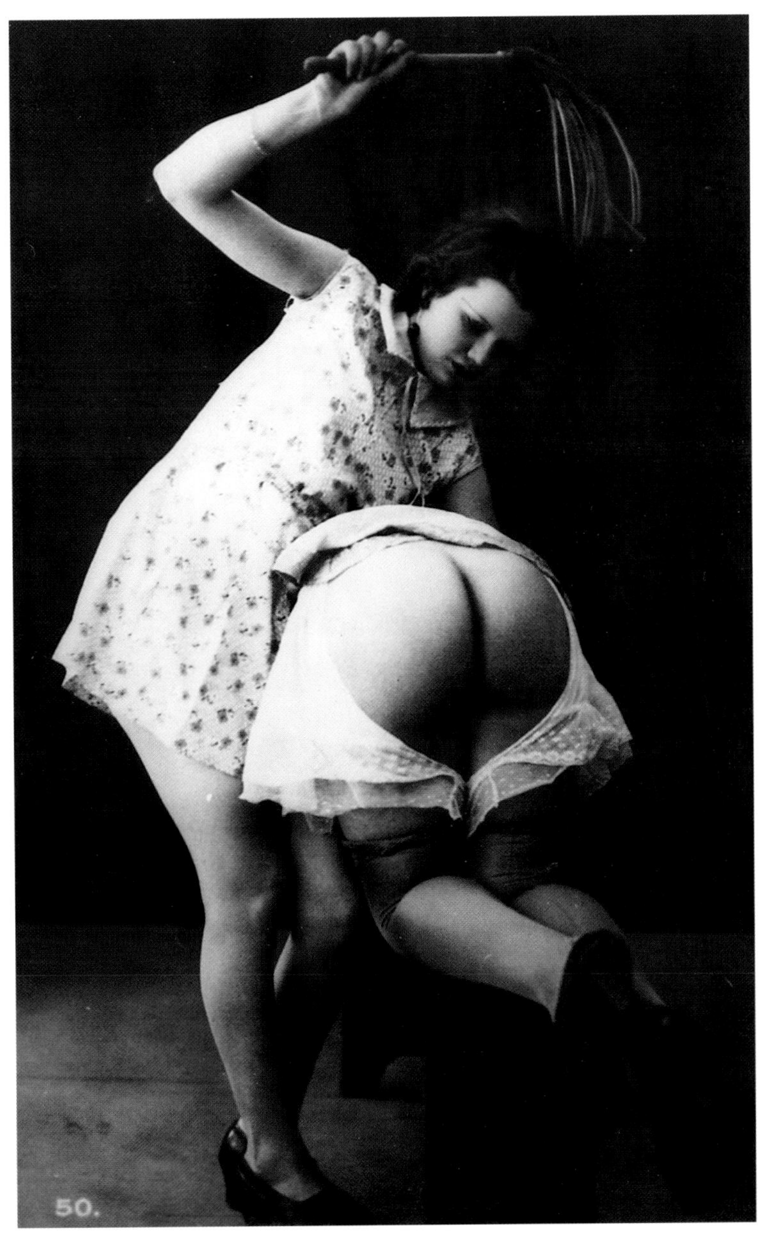

106

REPR. 106:
Anonyme, 1930–1935

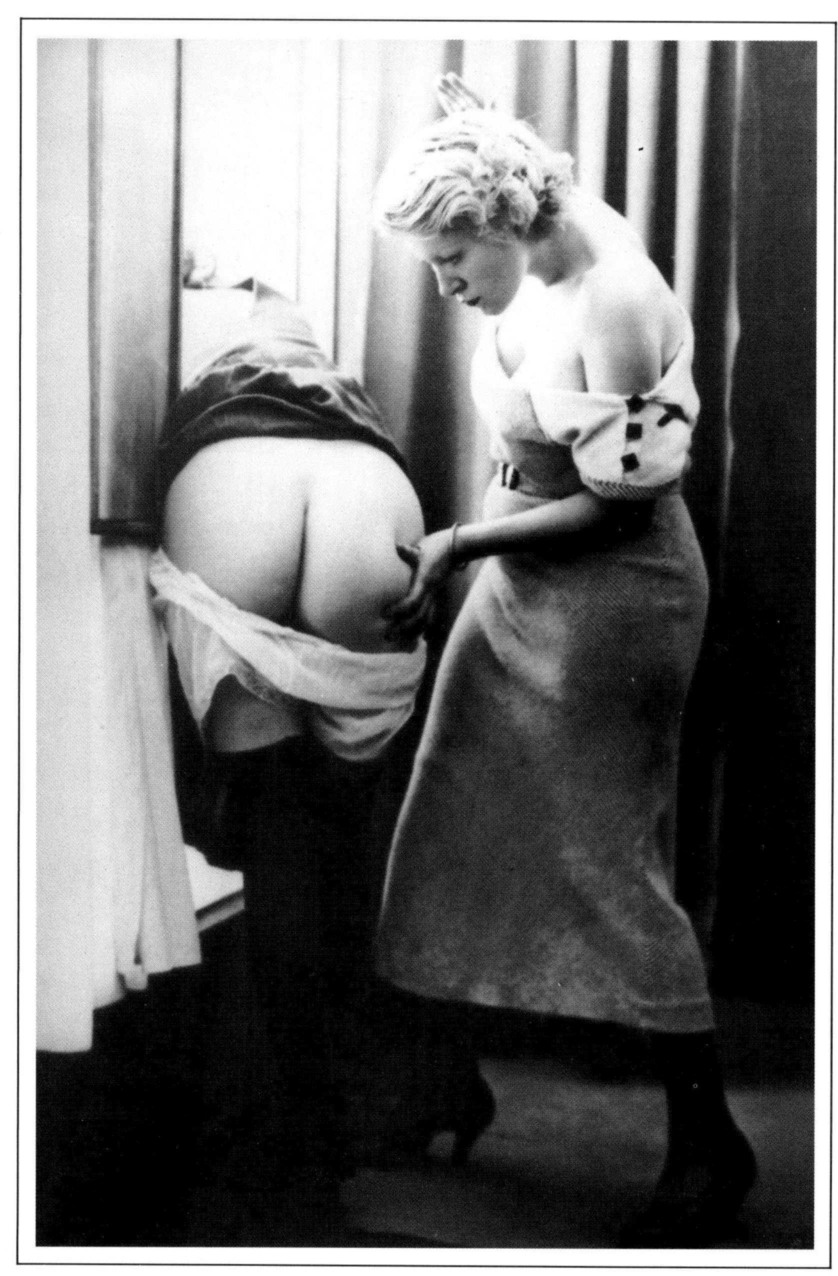

107

REPR. 107, 108:
Anonyme, vers 1930

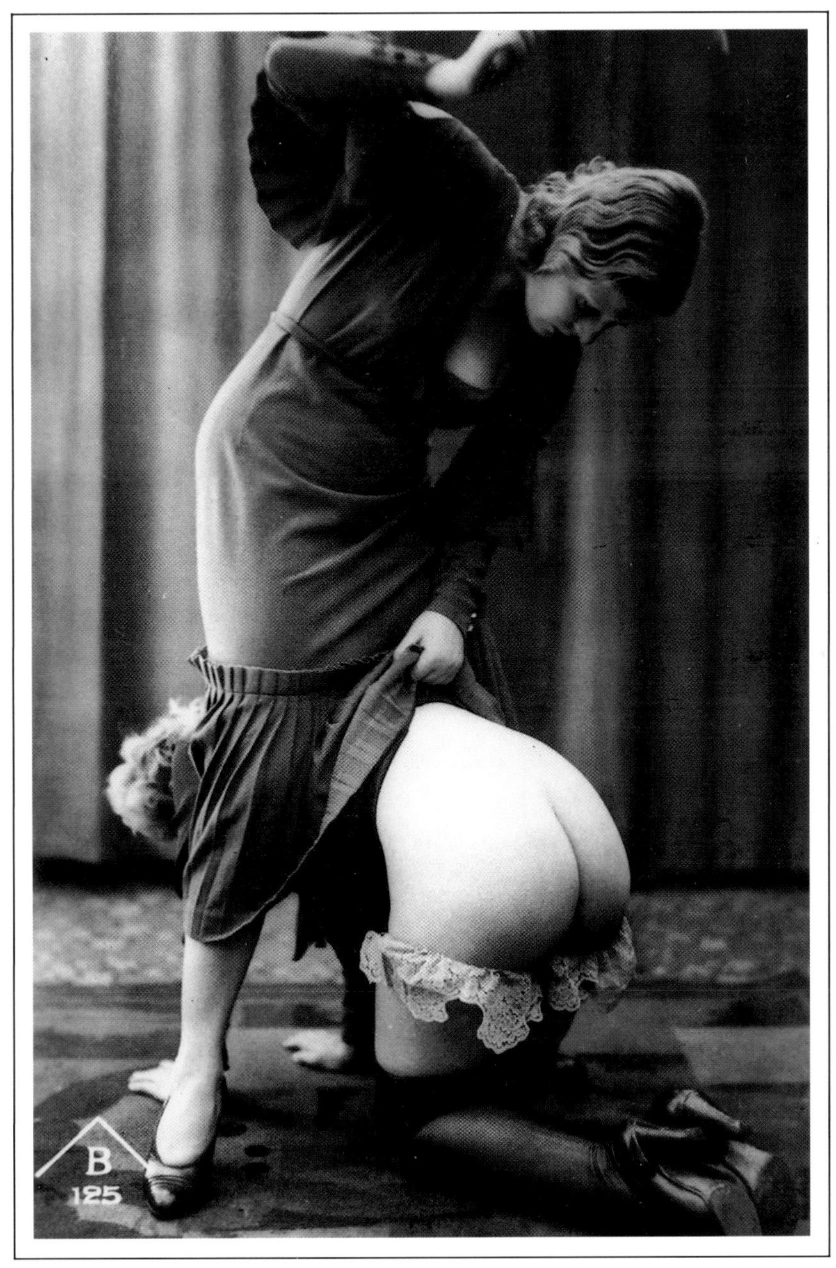

108

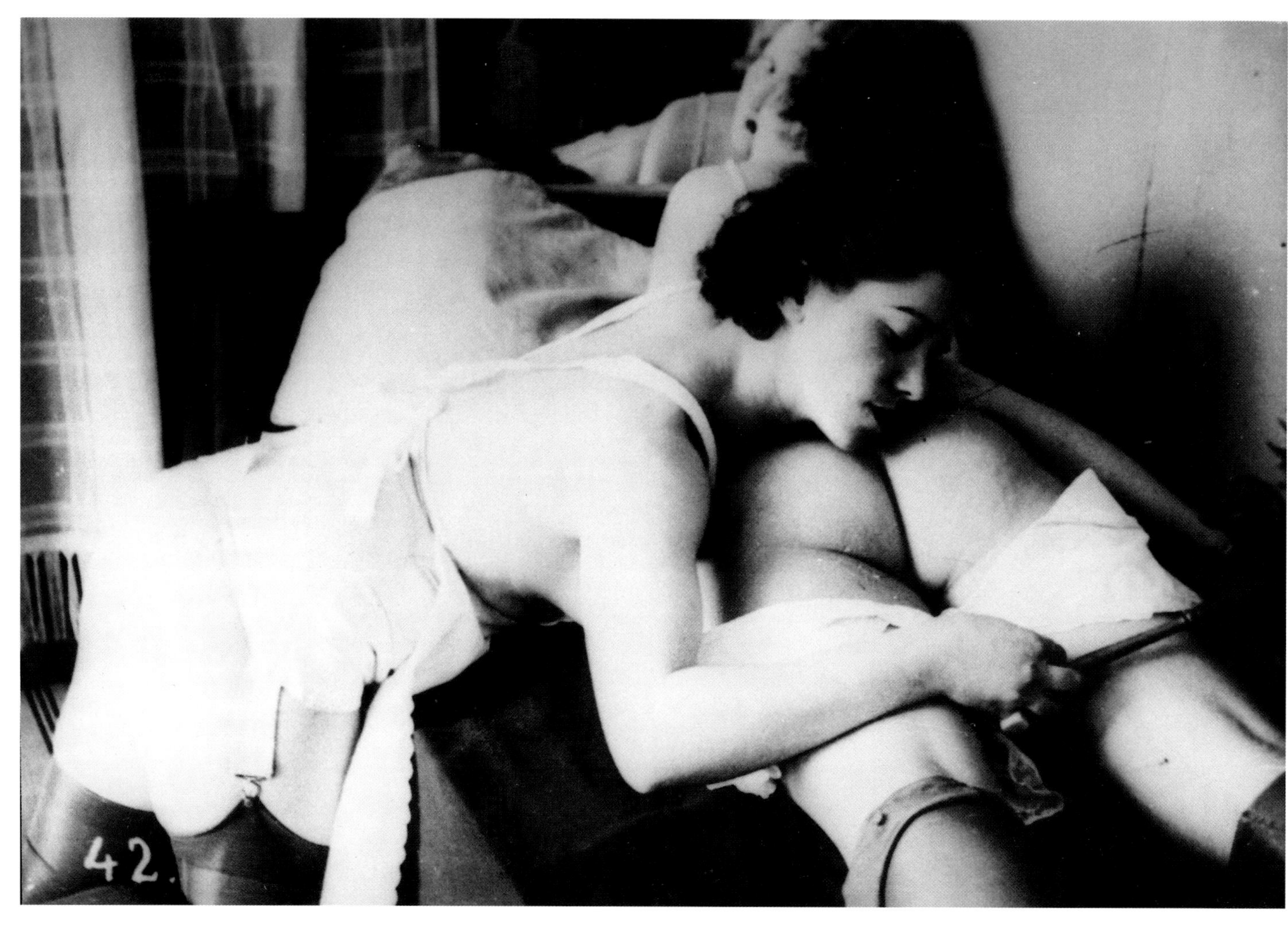

109

REPR. 109, 110:
Anonyme, 1930–1935

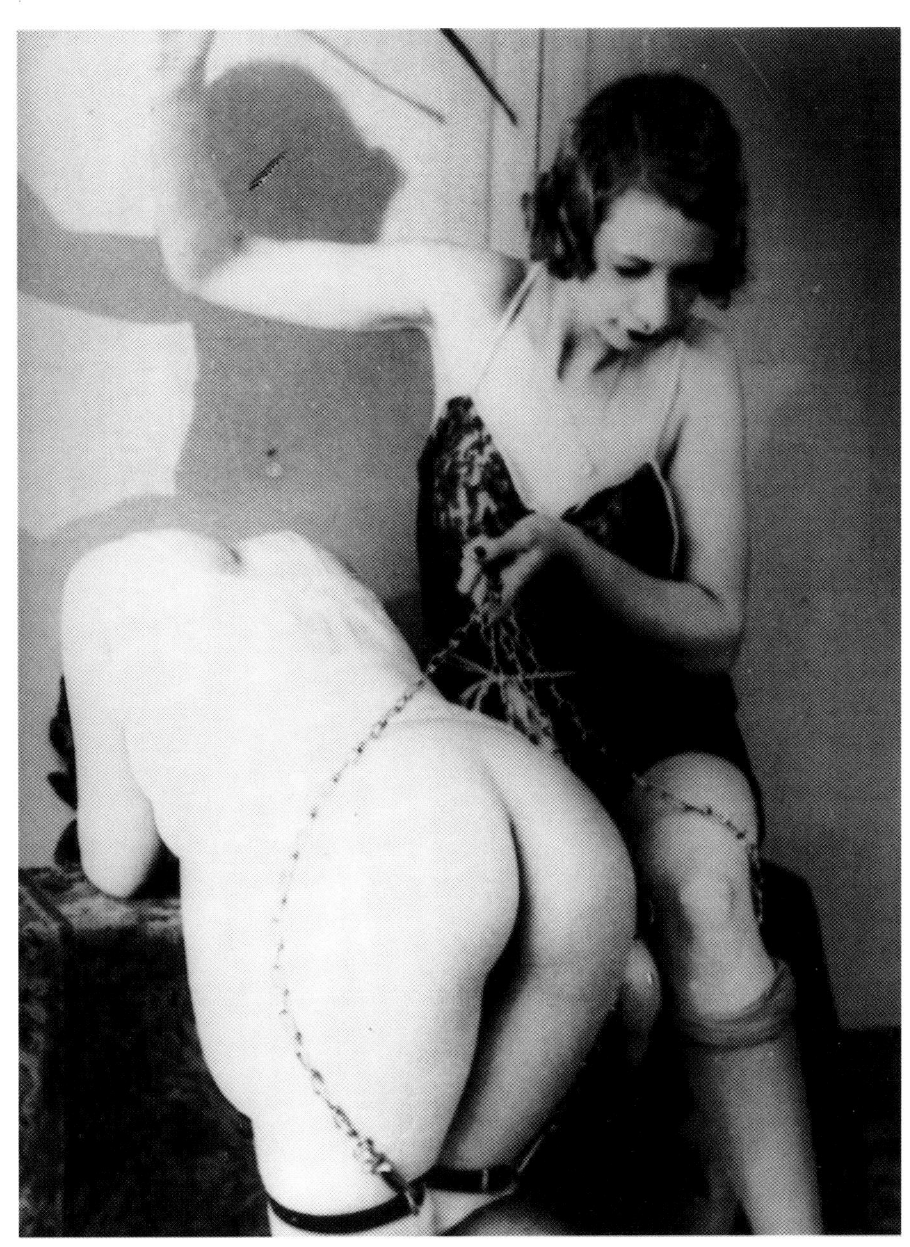
110

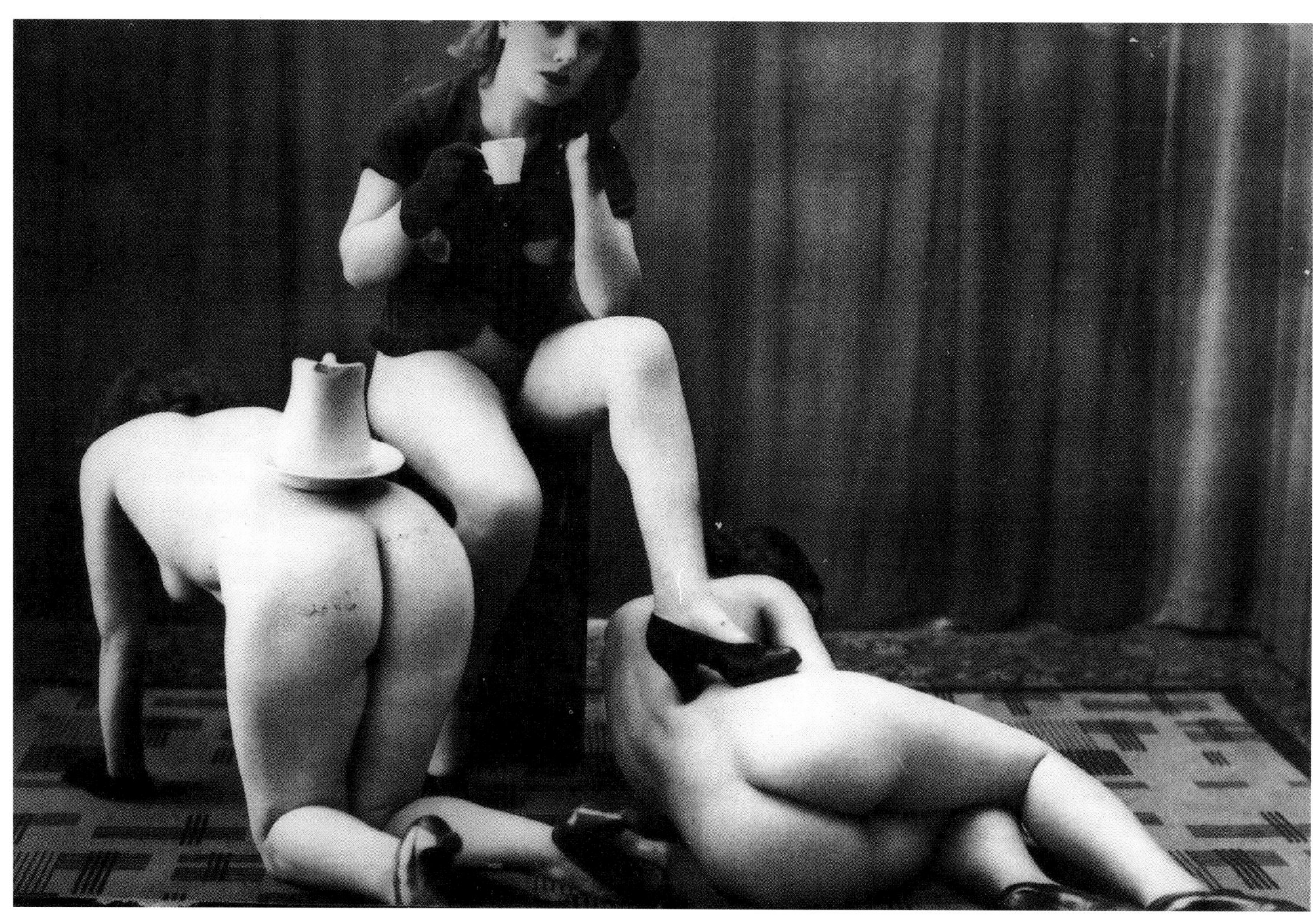

111

REPR. 111, 112:
Anonyme, vers 1930

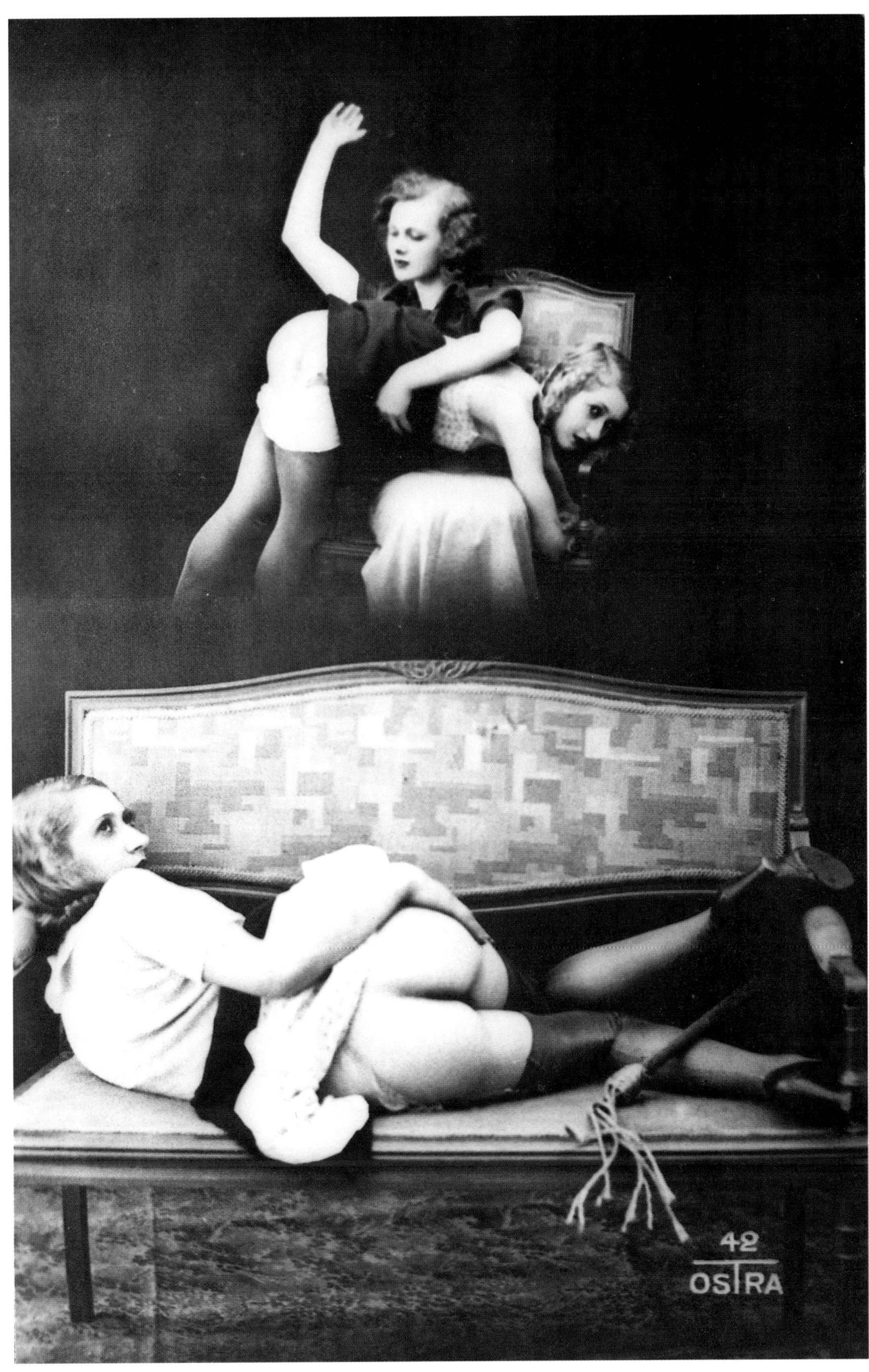
42
OSTRA

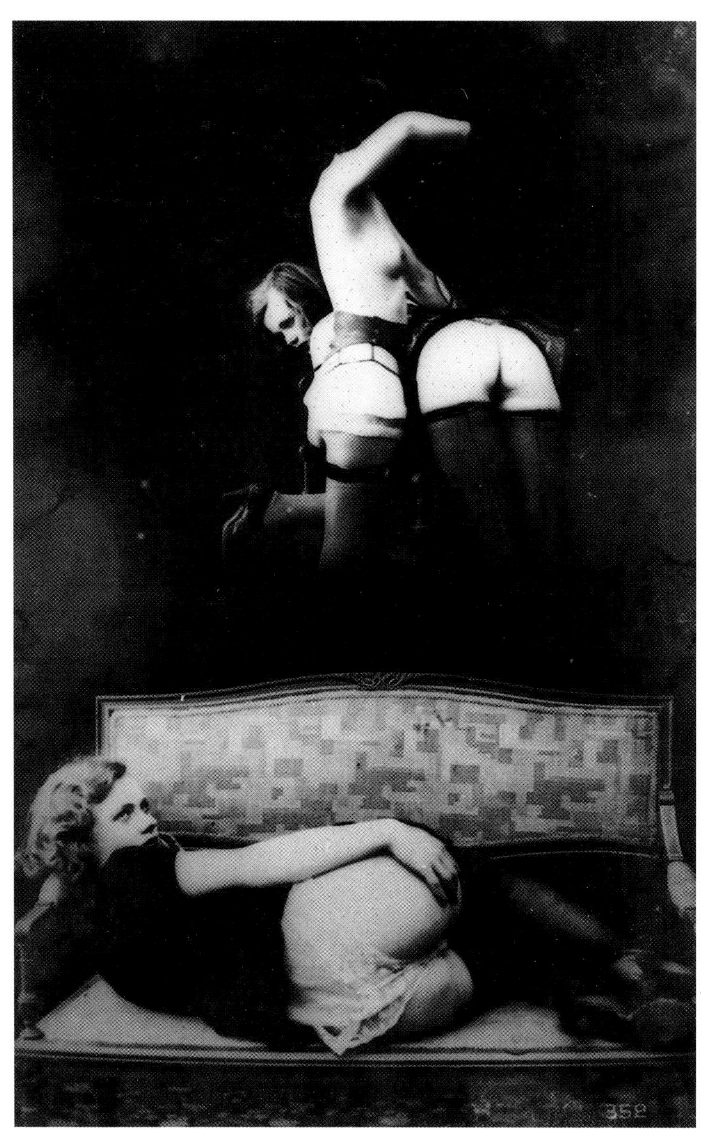

113

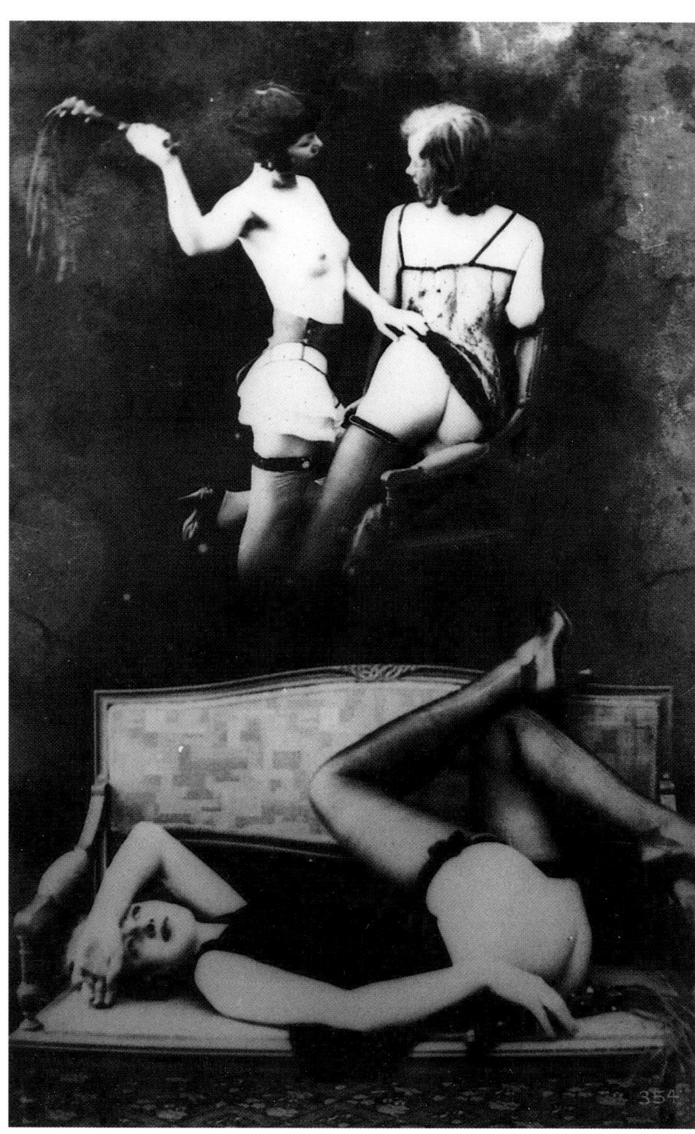

114

REPR. 113–116:
Anonyme, vers 1930

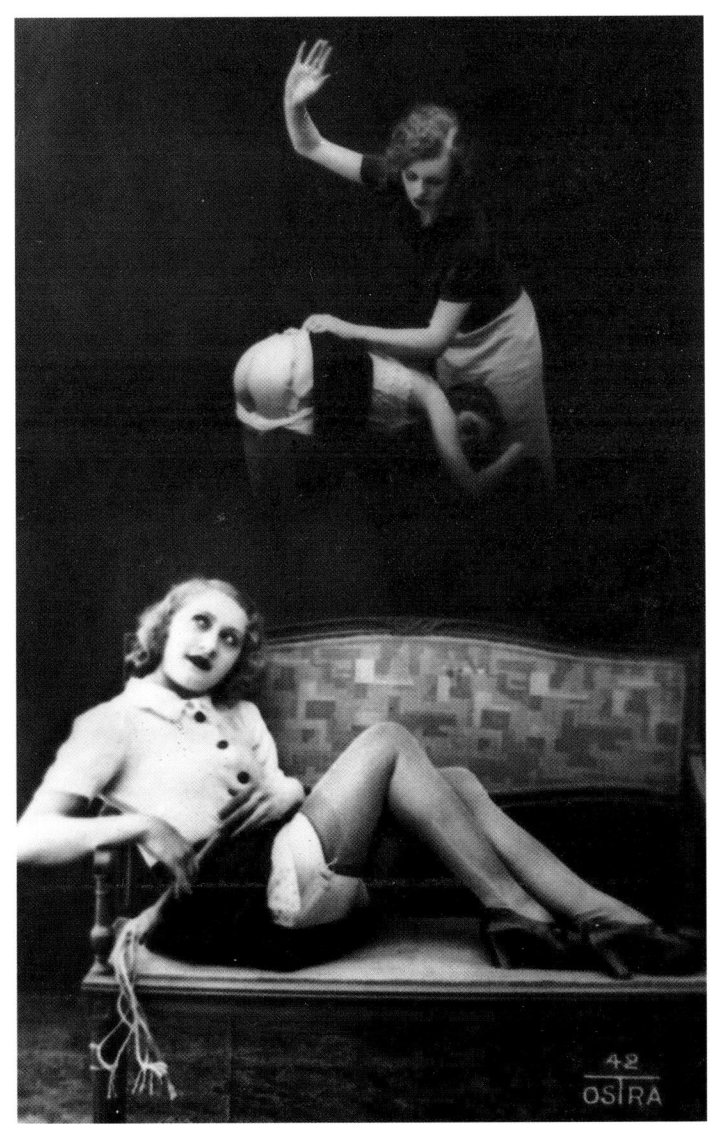

115

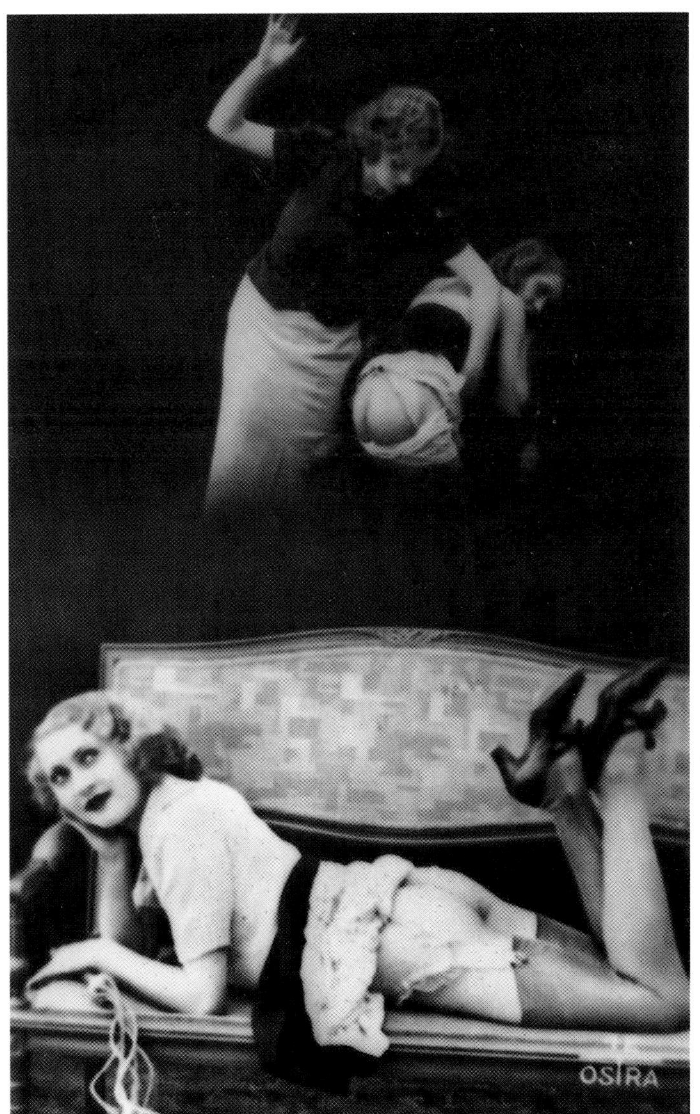

116

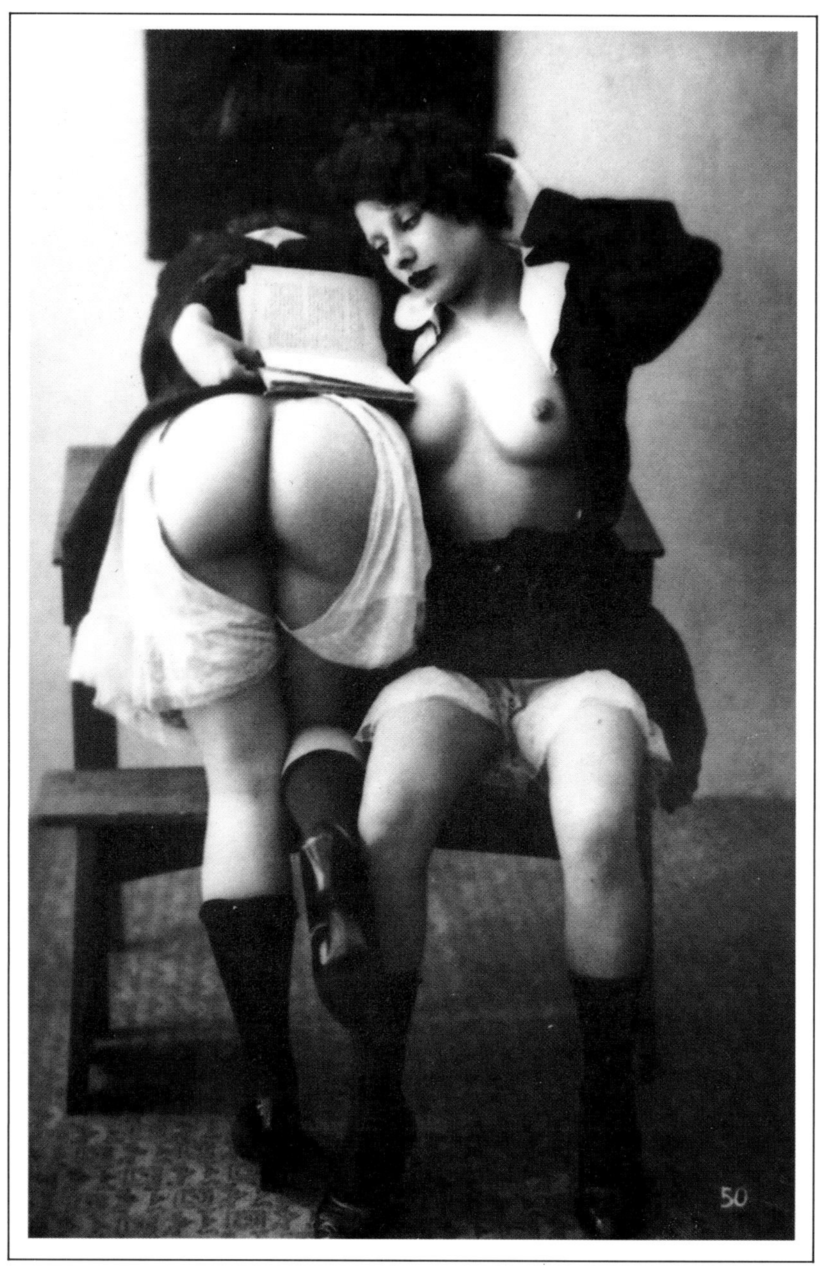

117

REPR. 117, 118:
Anonyme, vers 1930

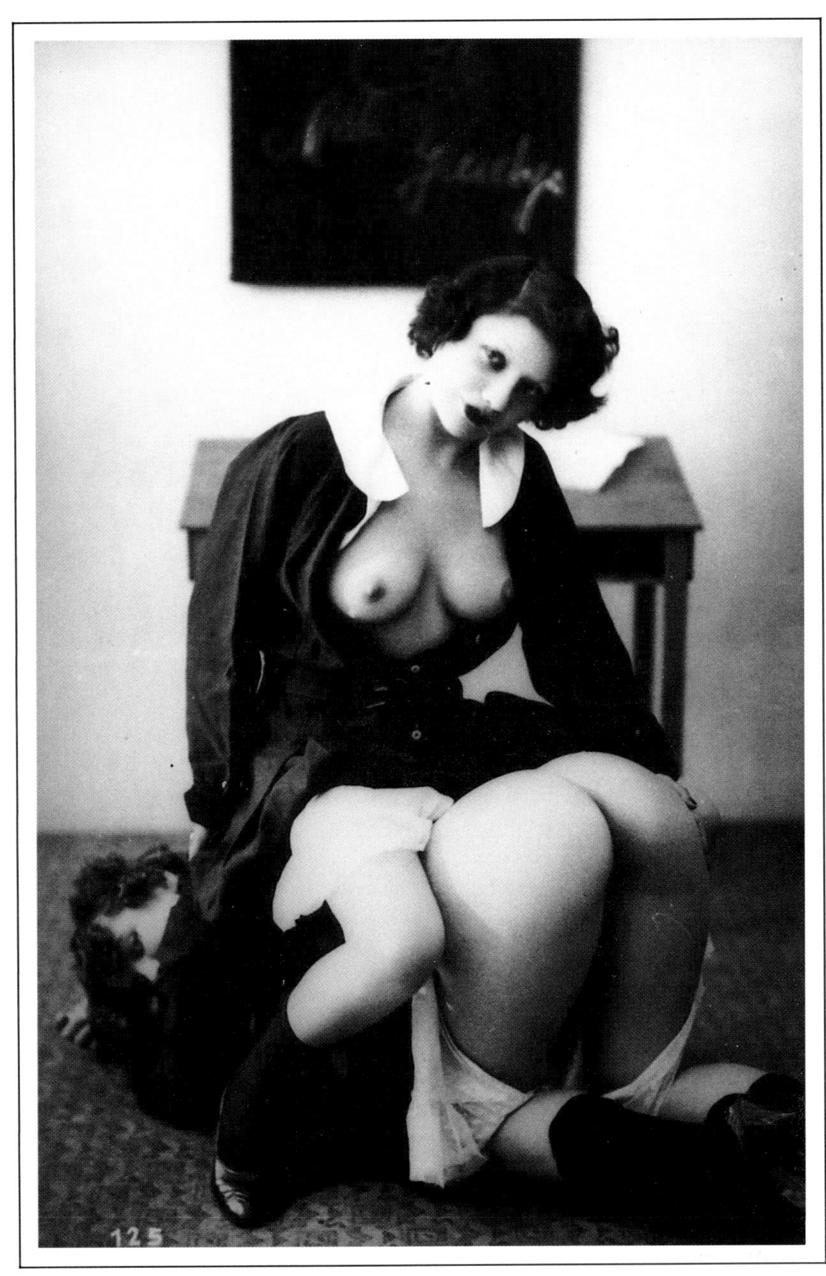

118

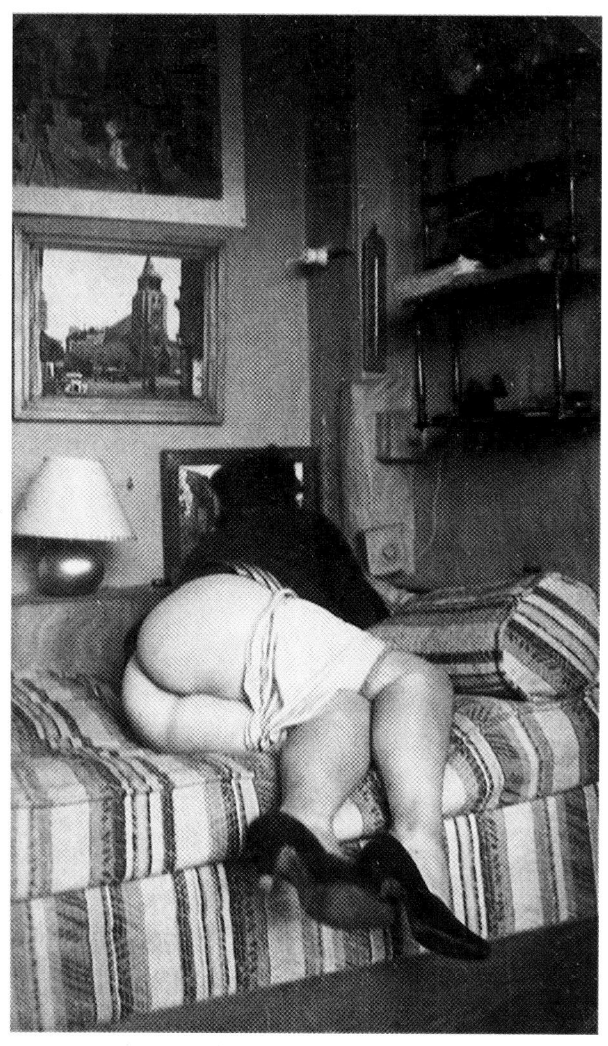
119

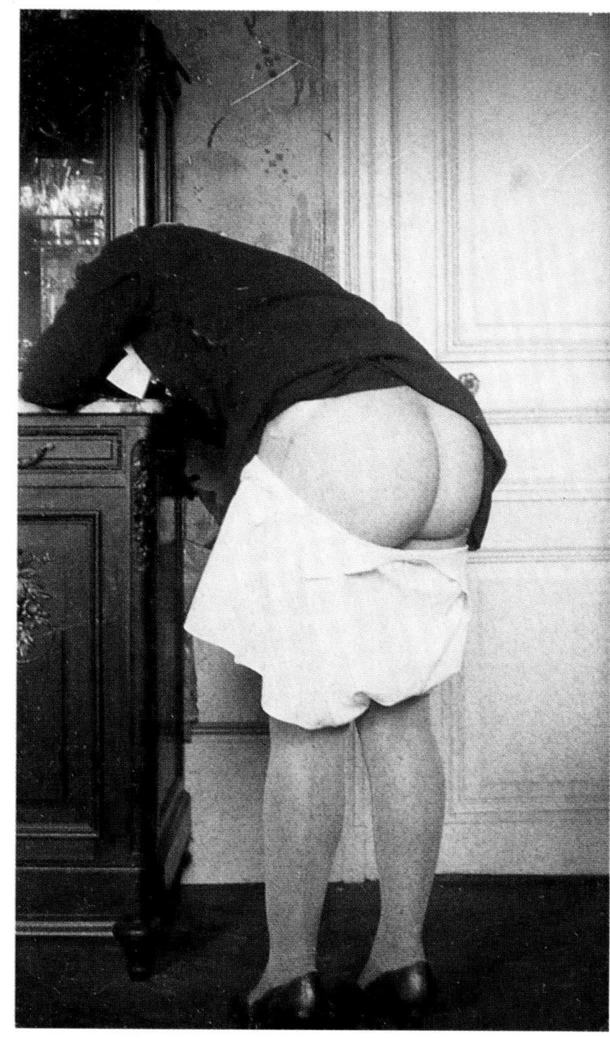
120

REPR. 119, 120:
Anonyme, vers 1920

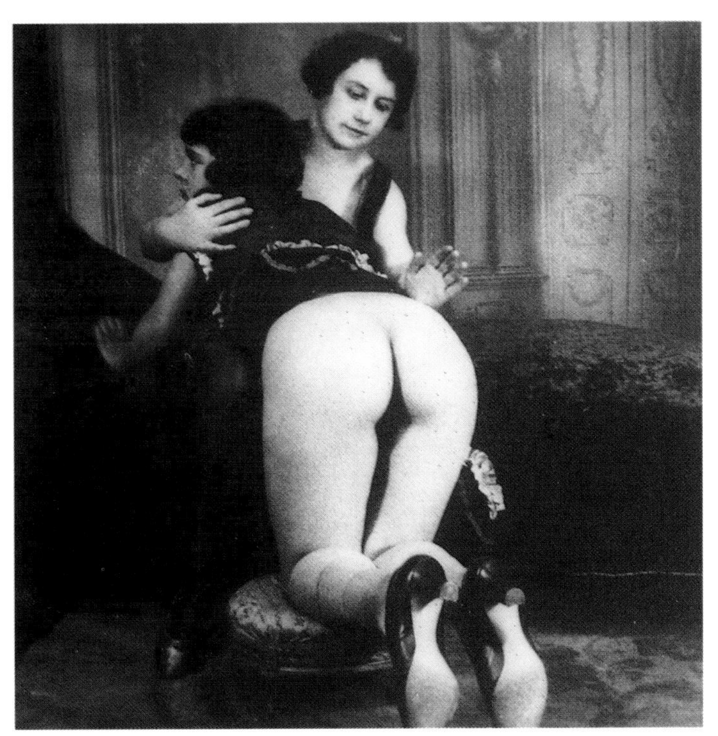

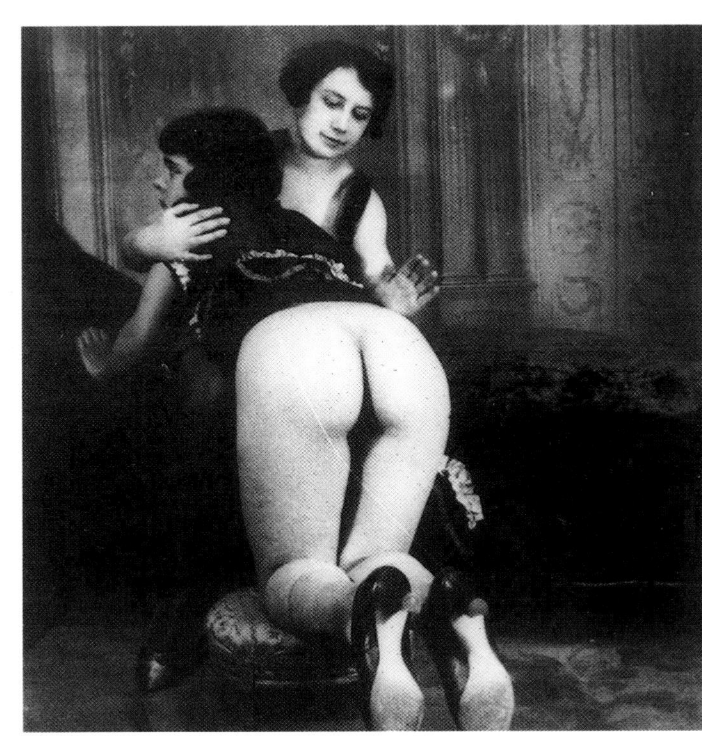

121

REPR. 121:
Grundworth, 1925–1930

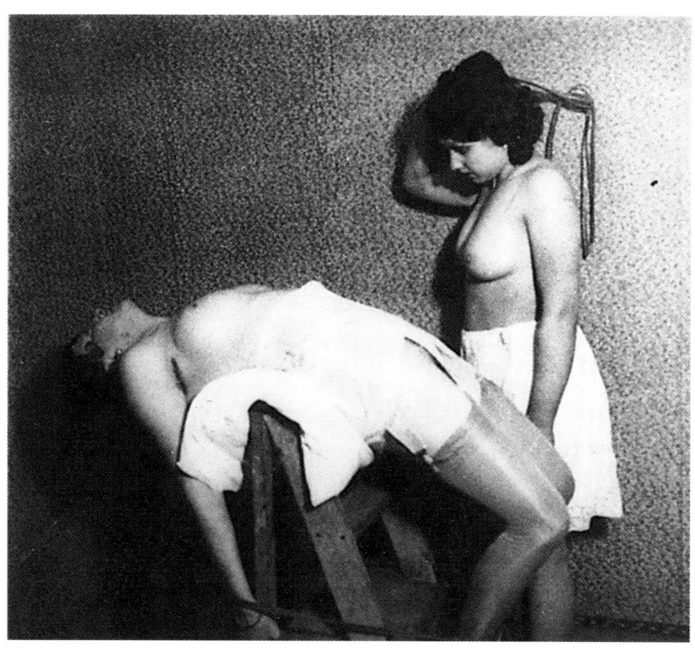

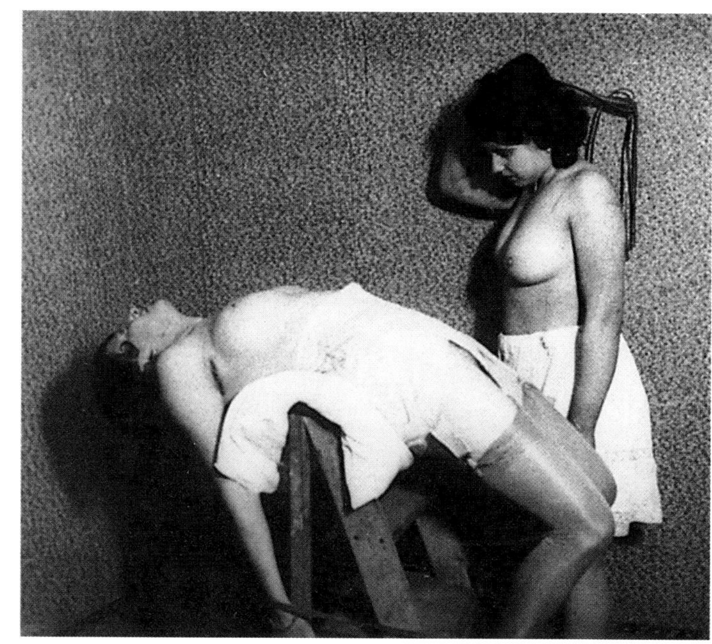

122

REPR. 122:
Anonyme, 1930–1935

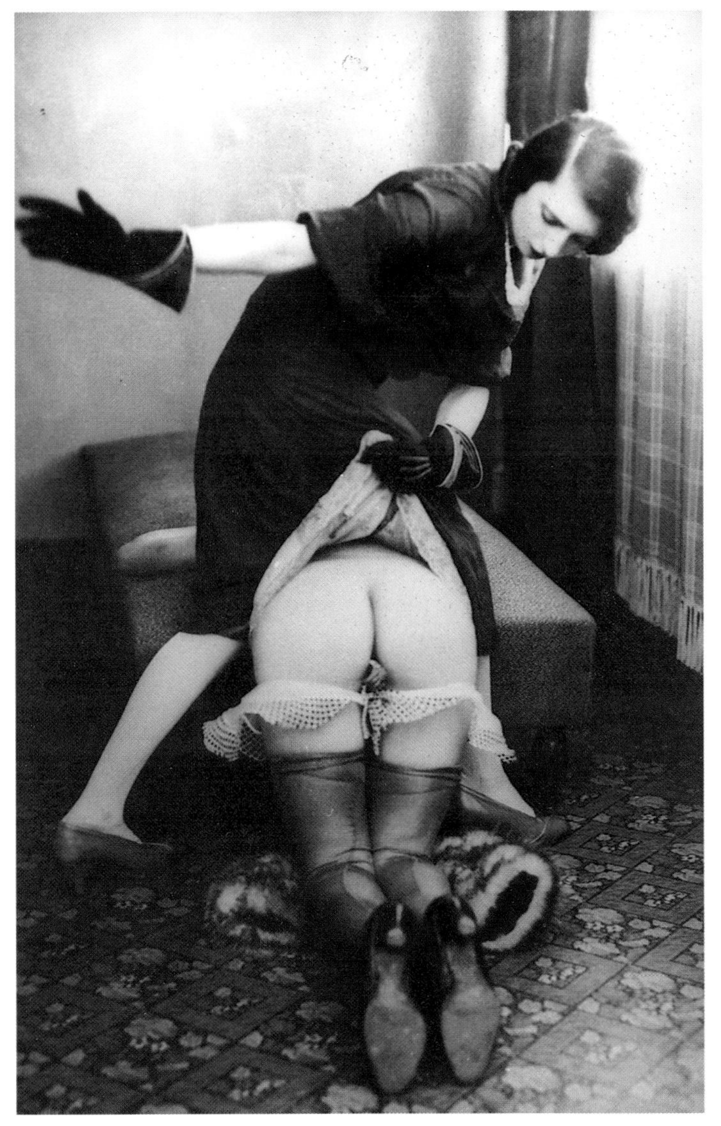

123

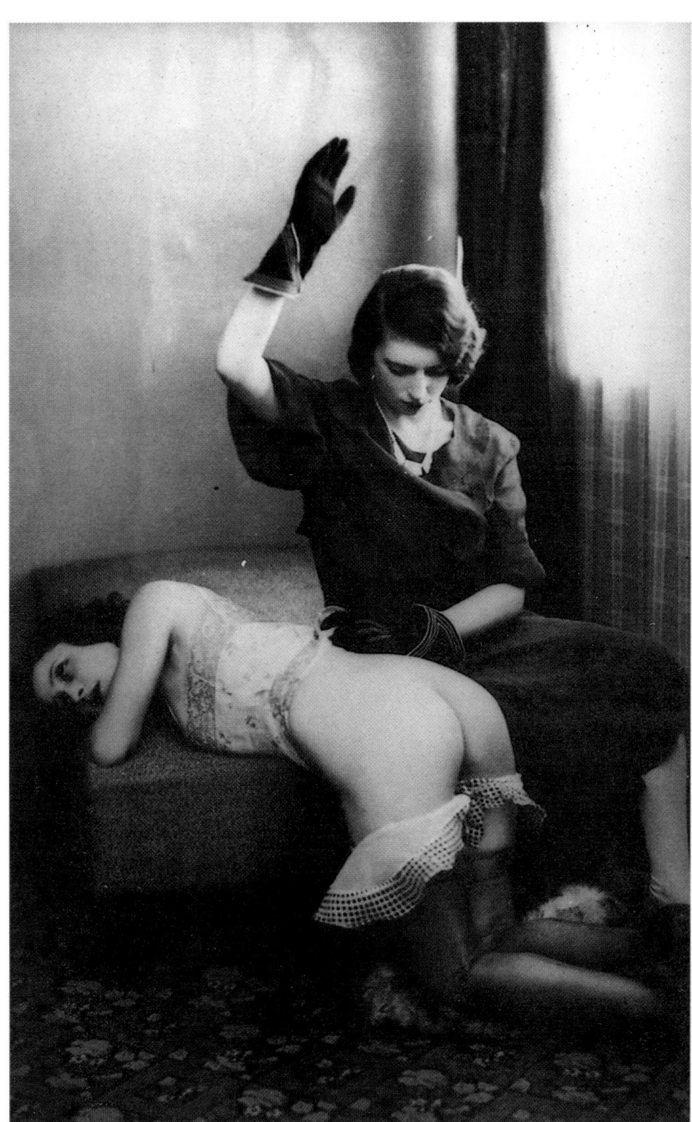

124

REPR. 123, 124:
Anonyme, vers 1930

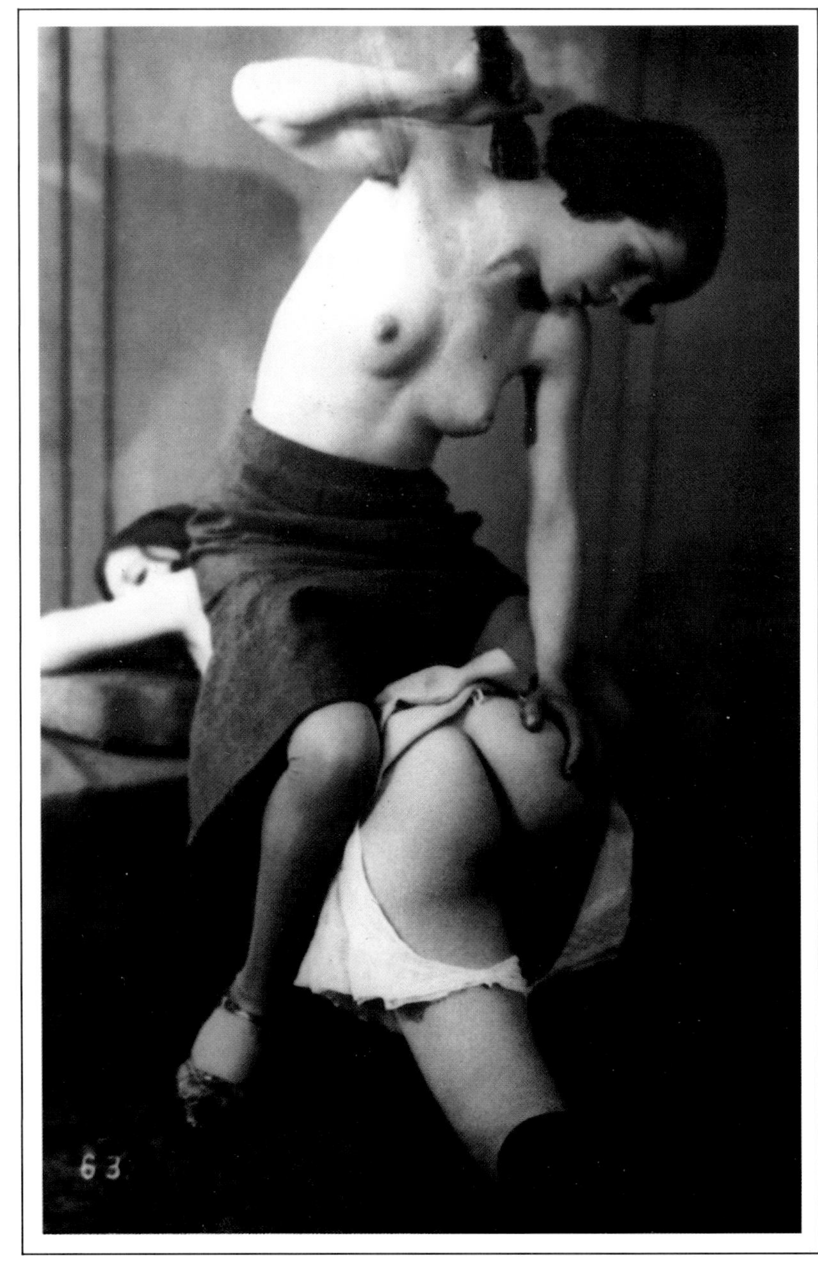

125

REPR. 125:
Anonyme, vers 1930

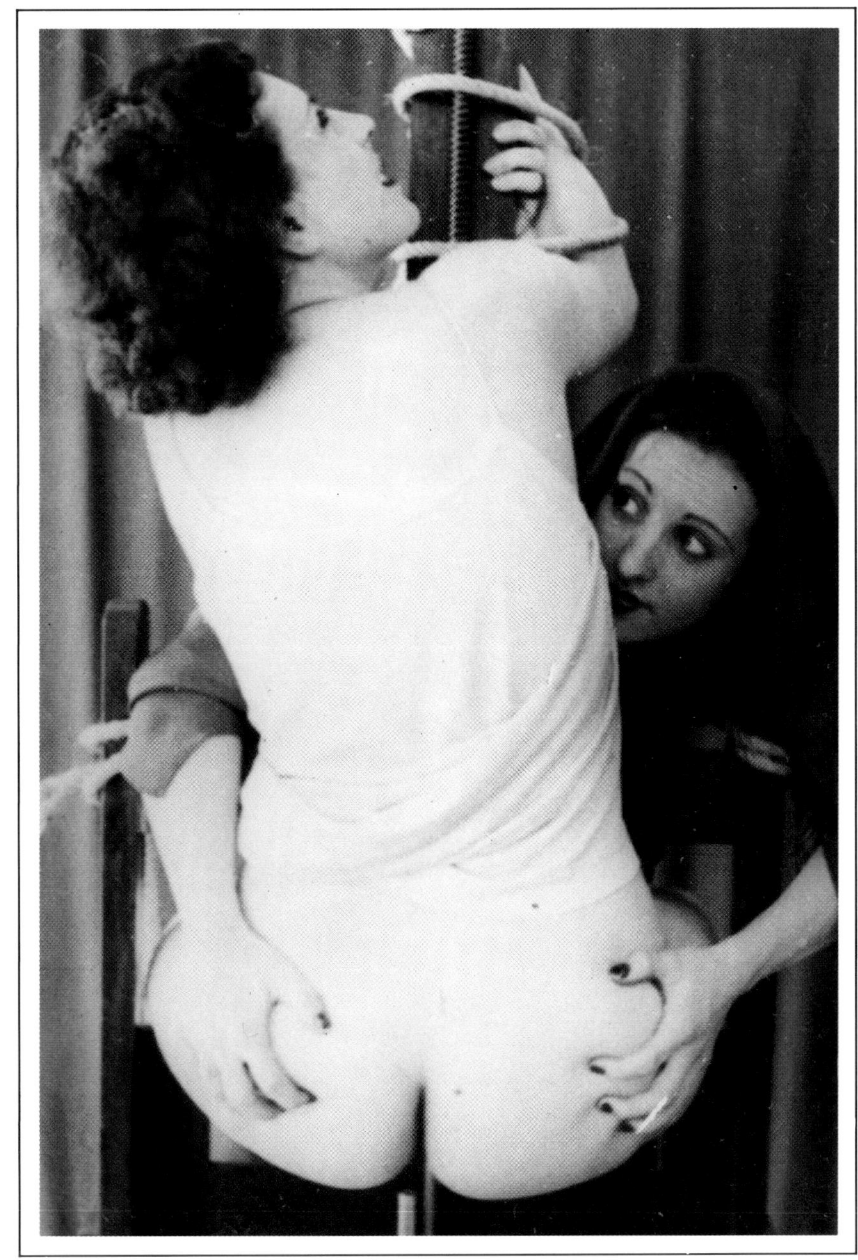

126

REPR. 126:
Anonyme, 1930–1935

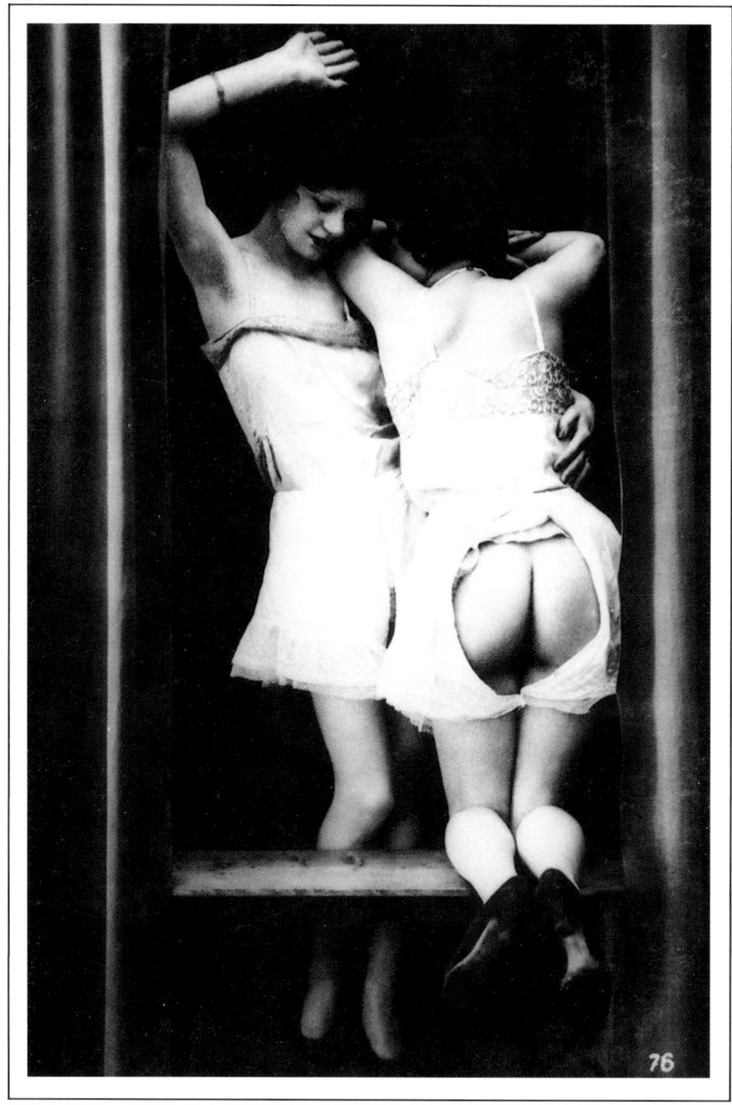

127

REPR. 127, 128:
Anonyme, 1930–1935

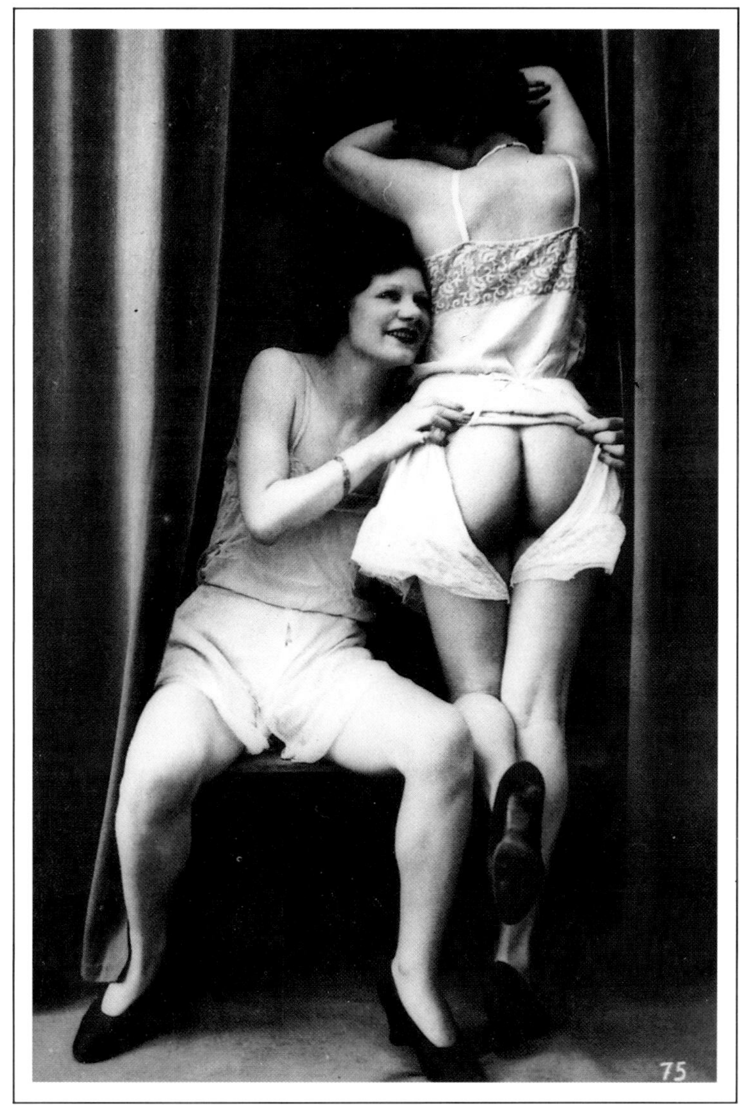

128

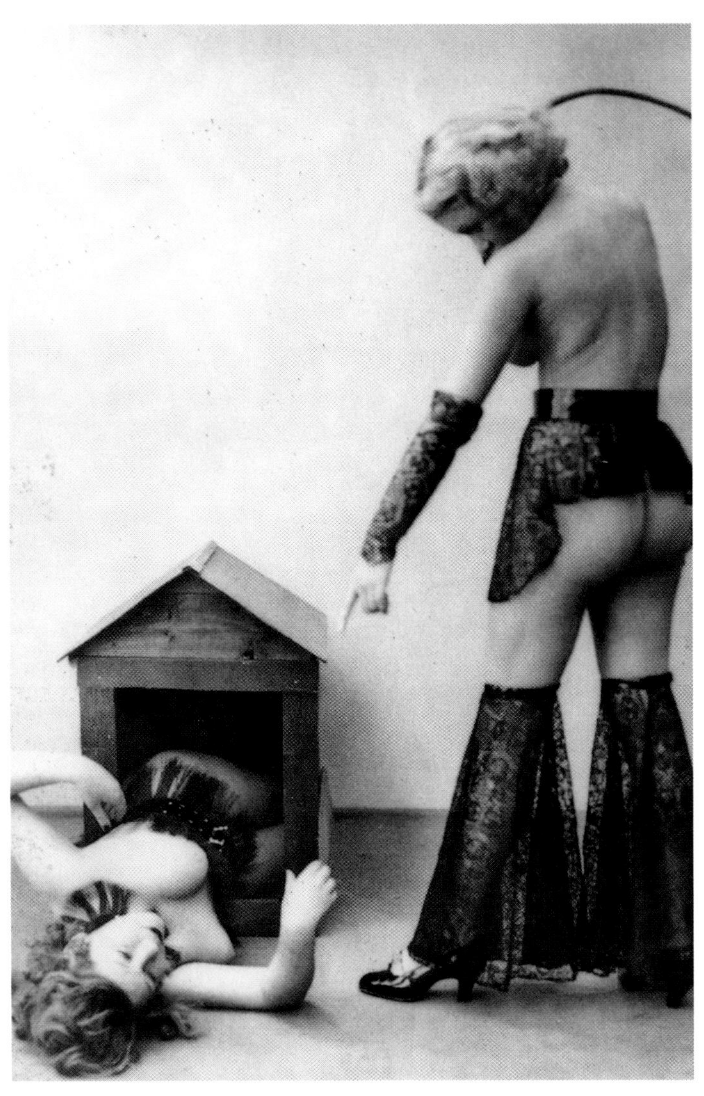

129

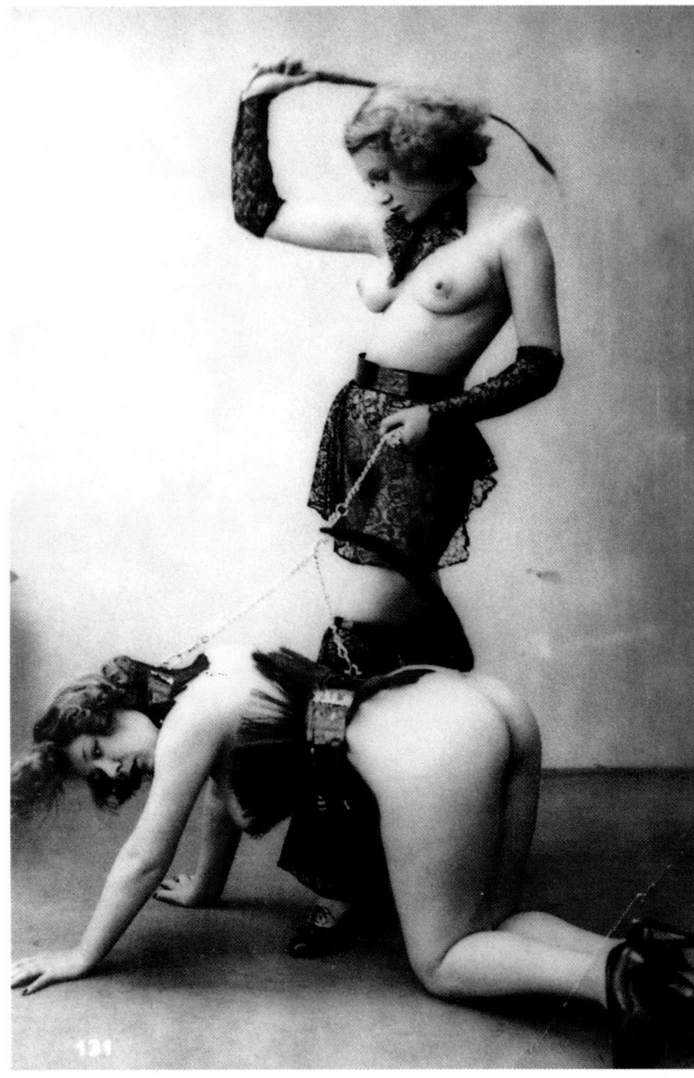

13•

REPR. 129–131:
Anonyme, vers 1930

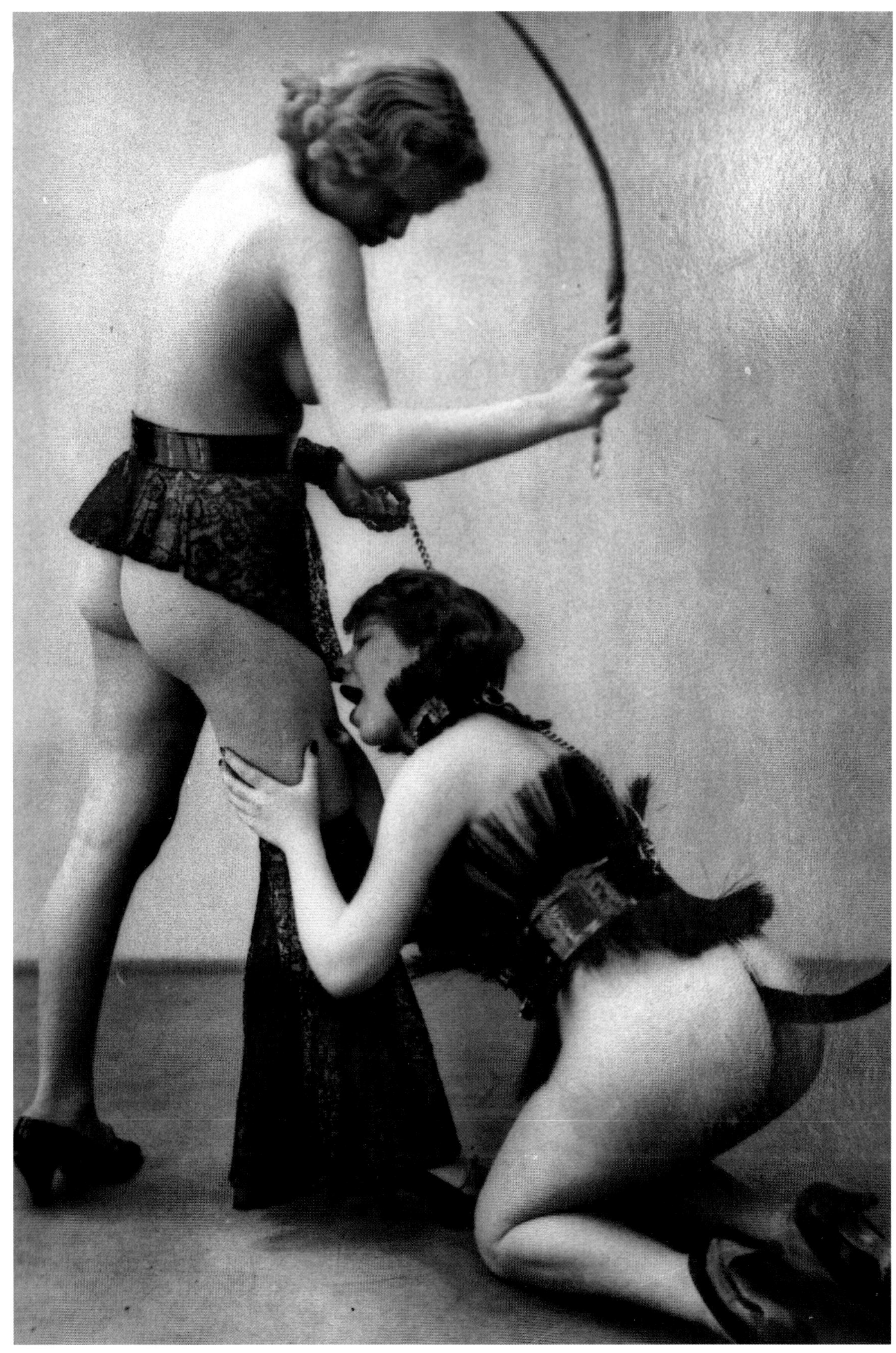

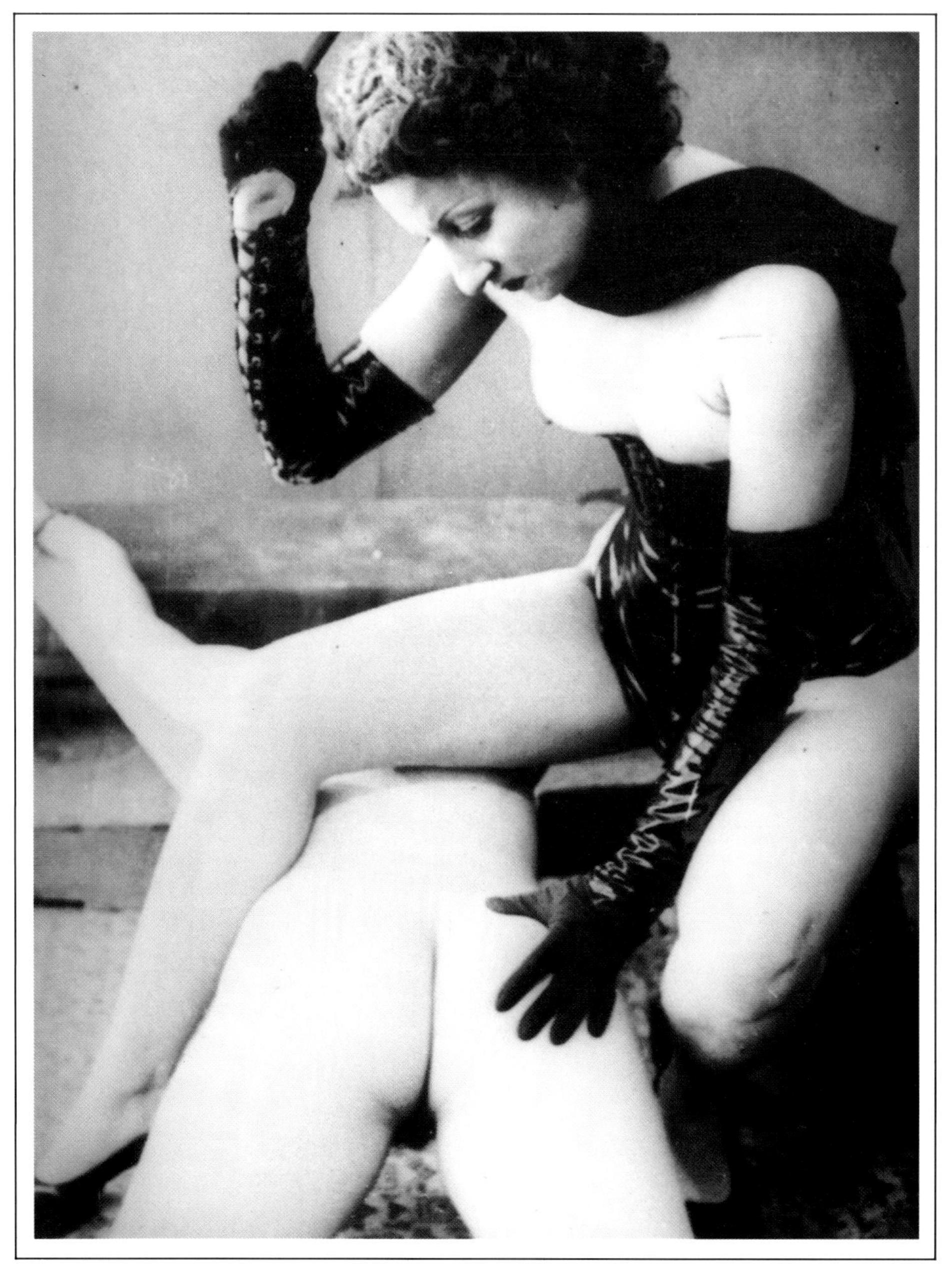

132

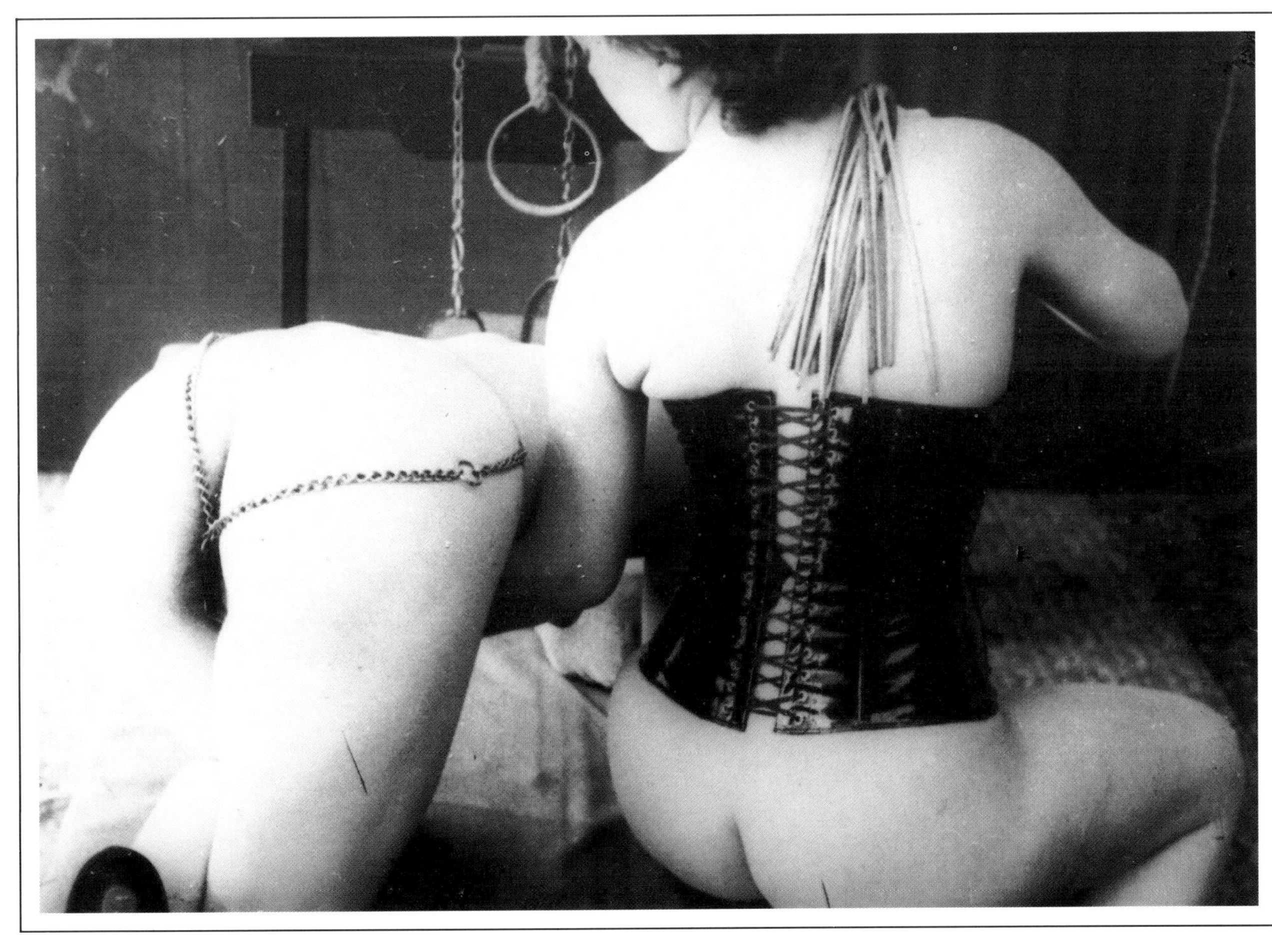

133

REPR. 132, 133:
Anonyme, 1930–1935

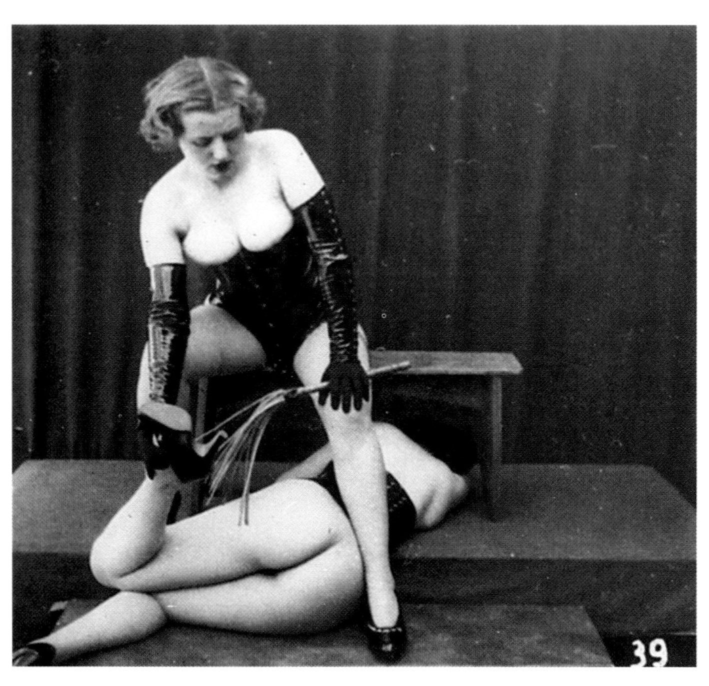

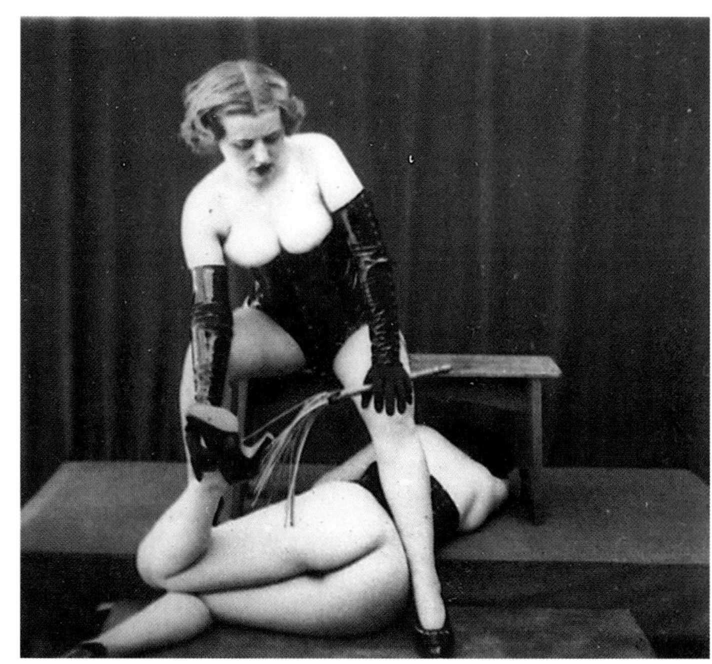

134

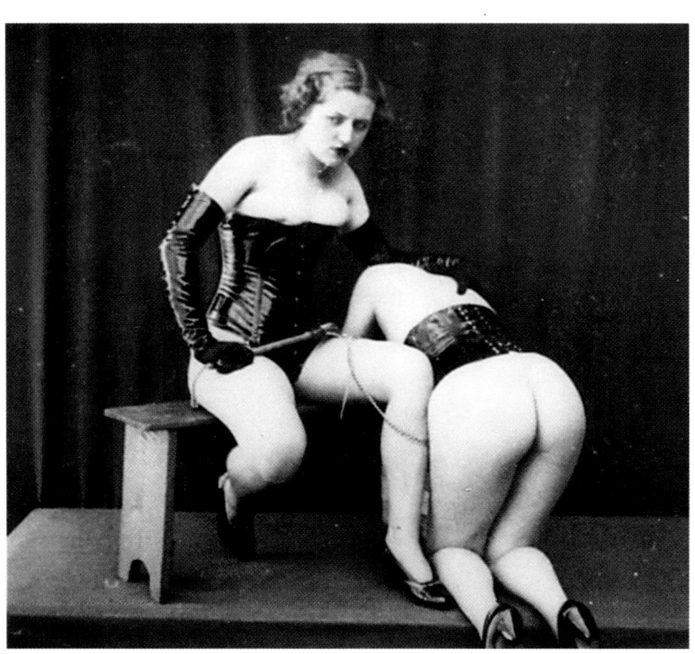

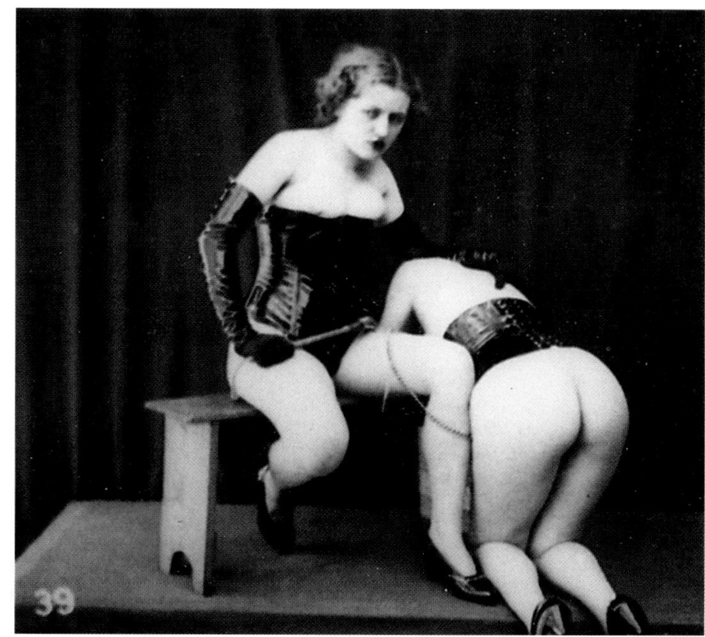

135

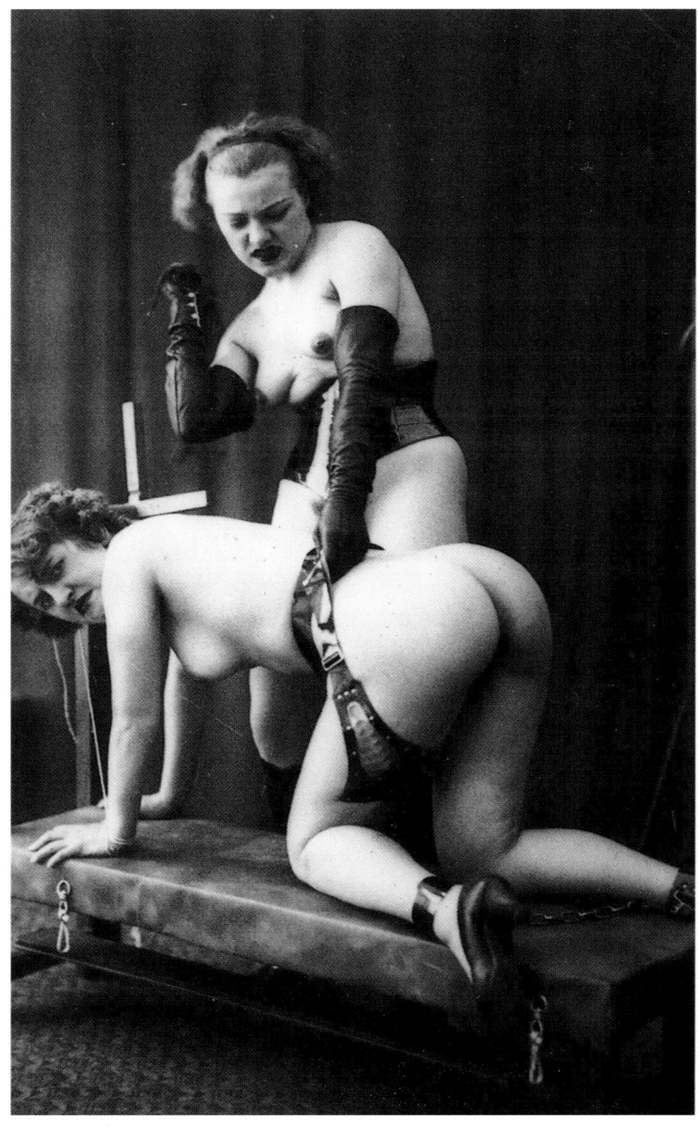

136

REPR. 134–136:
Anonyme, vers 1930

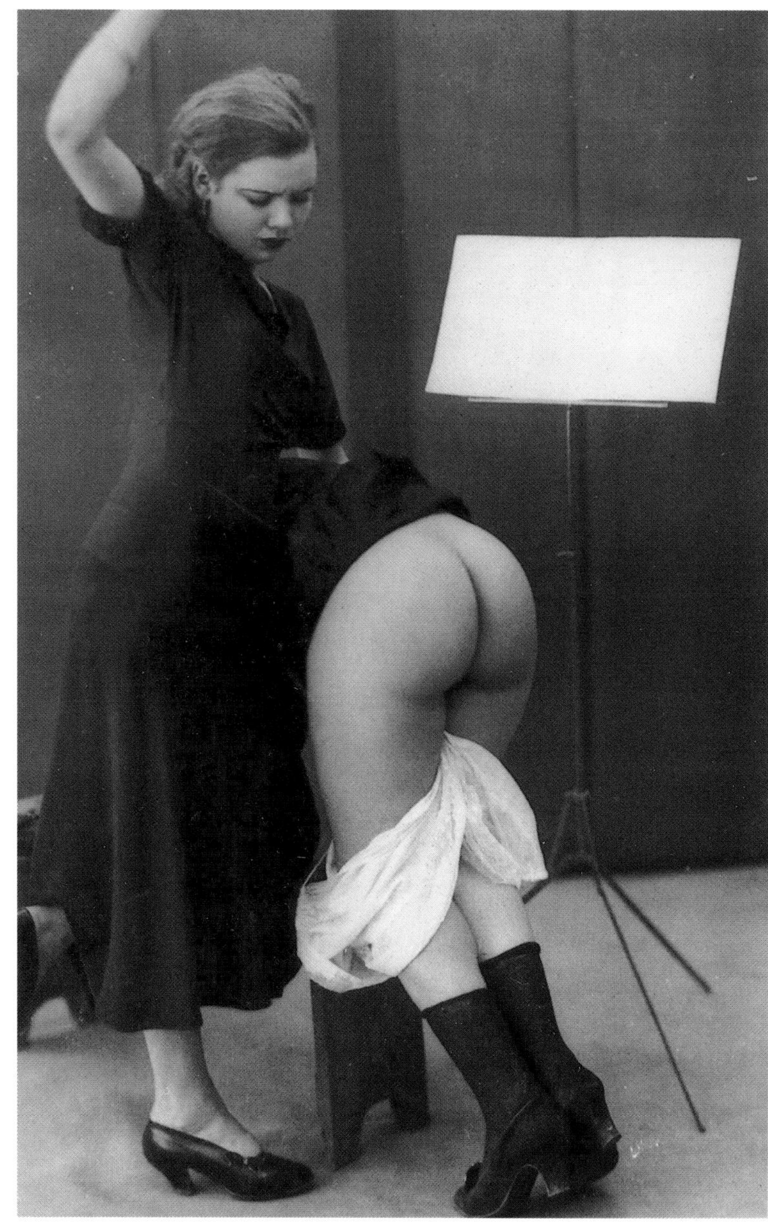

137

REPR. 137–149:
Anonyme, vers 1930

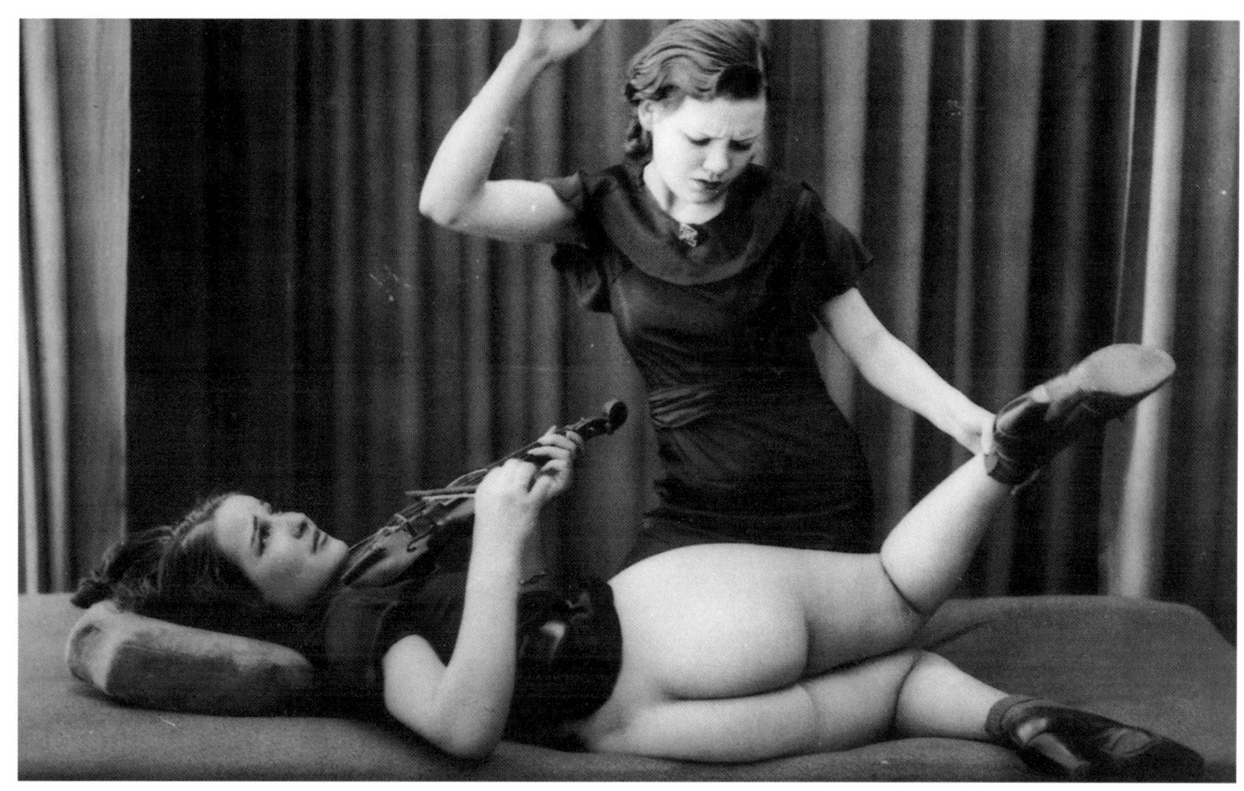

138

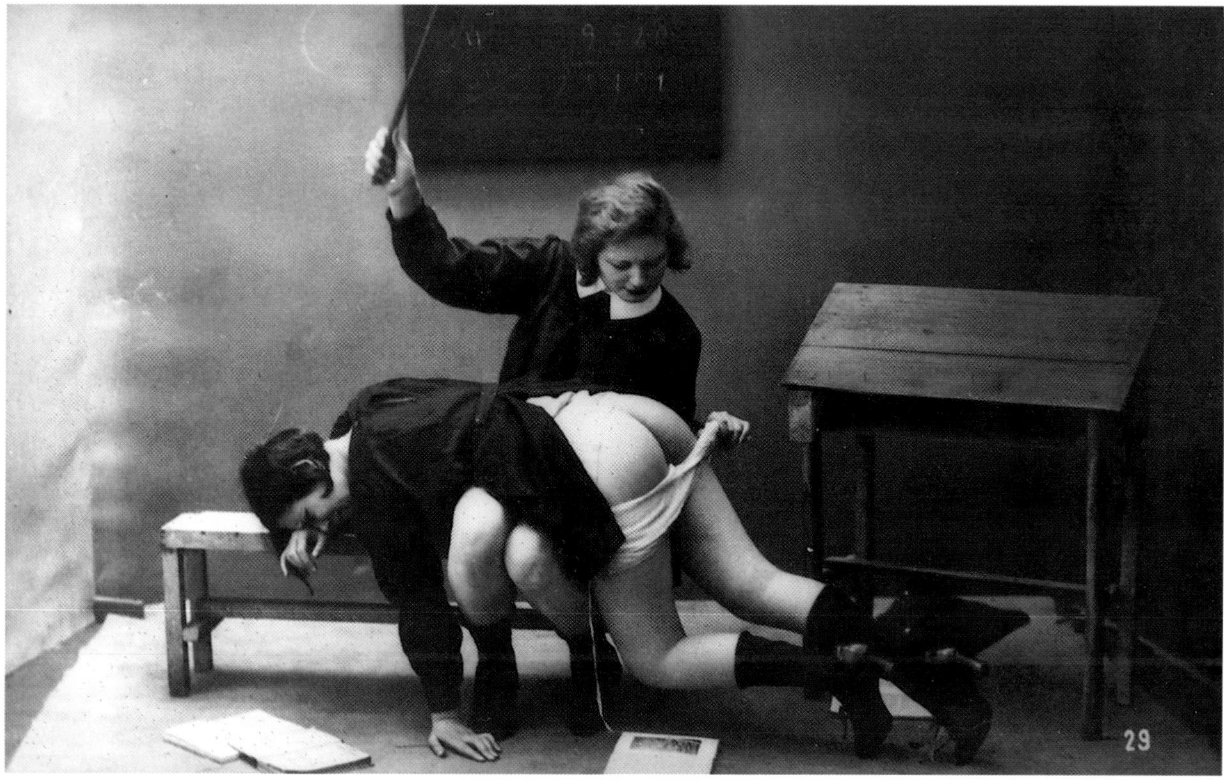

139

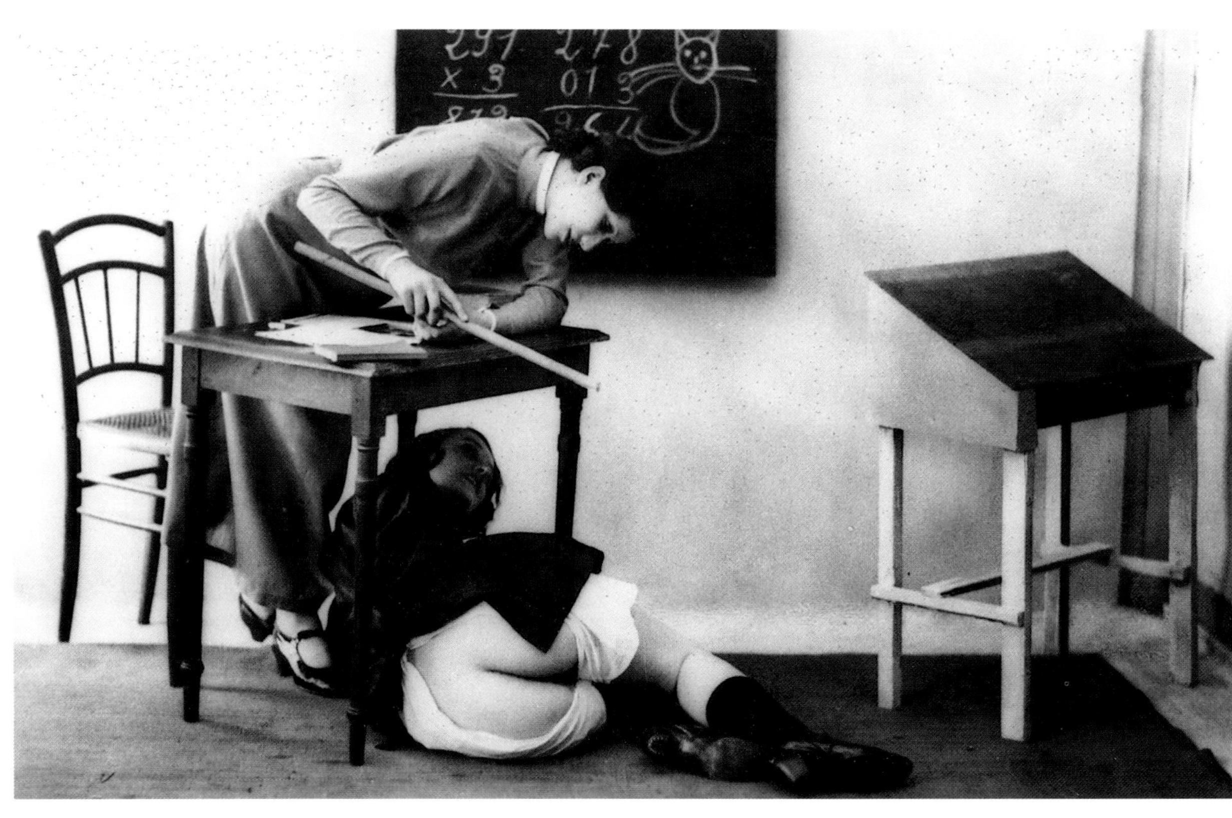

140

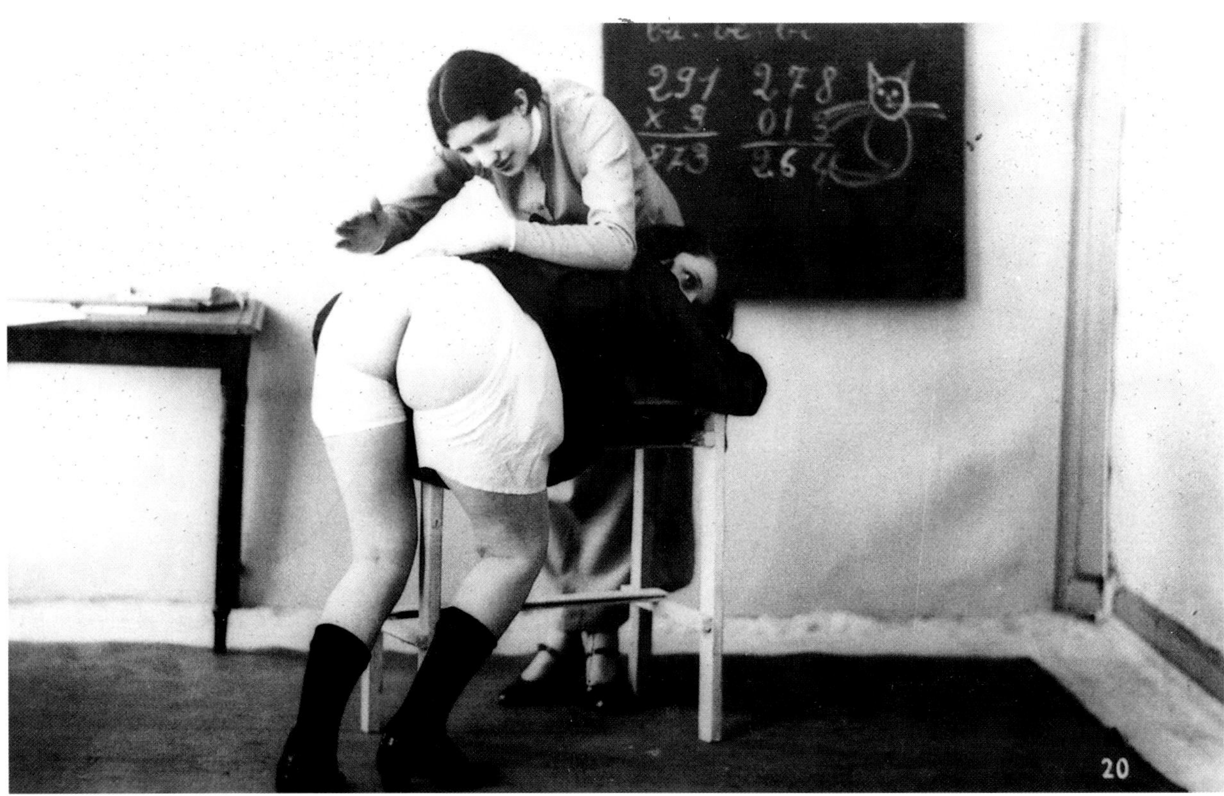

141

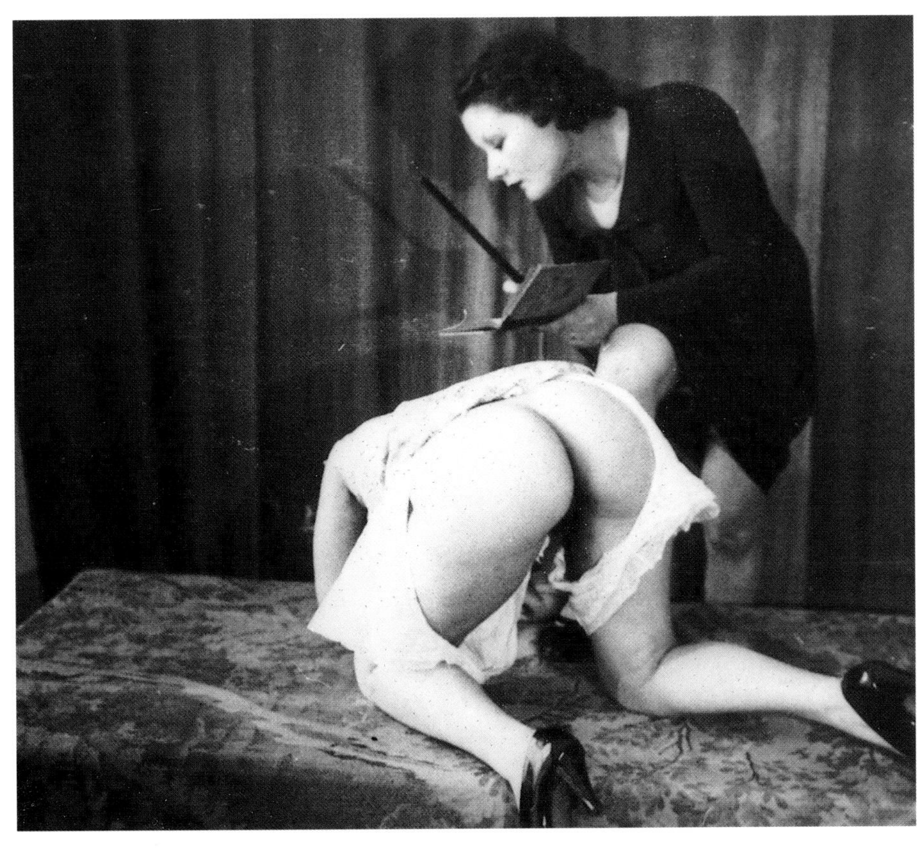

142

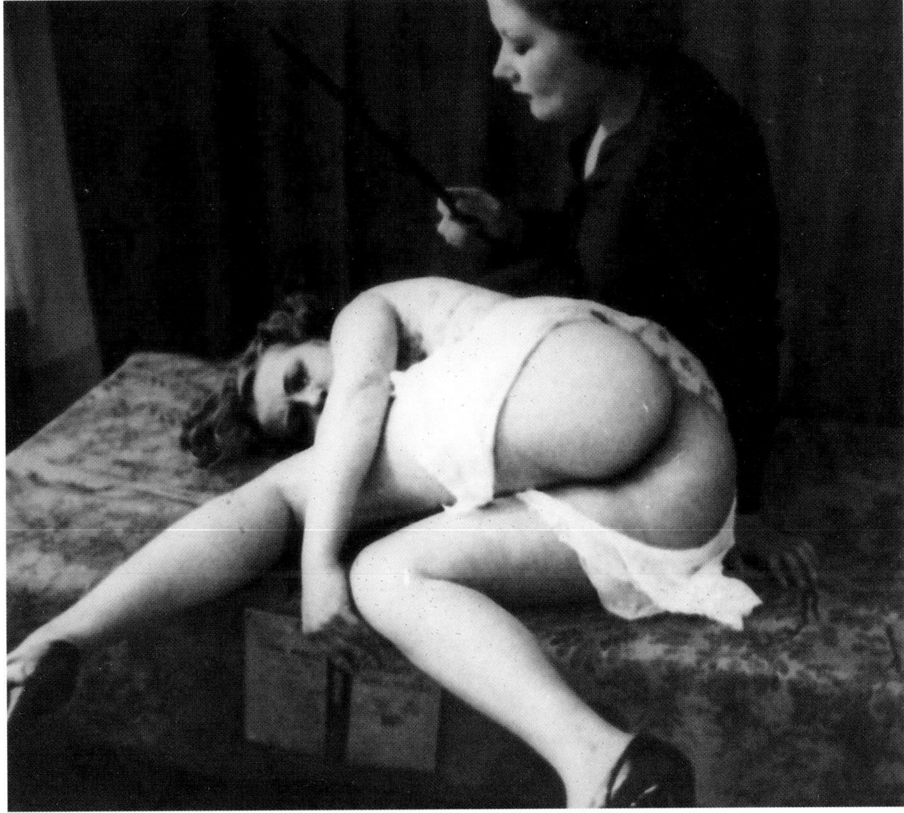

143

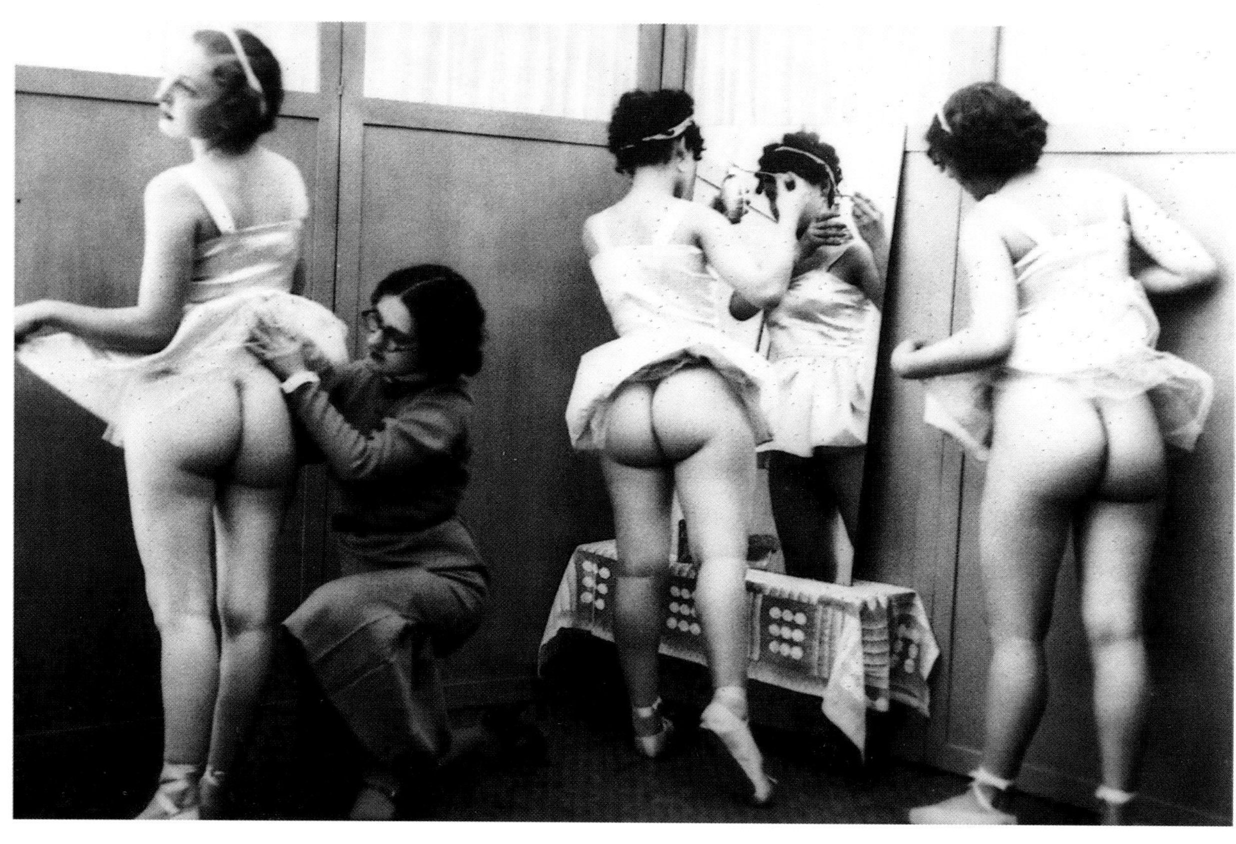

144

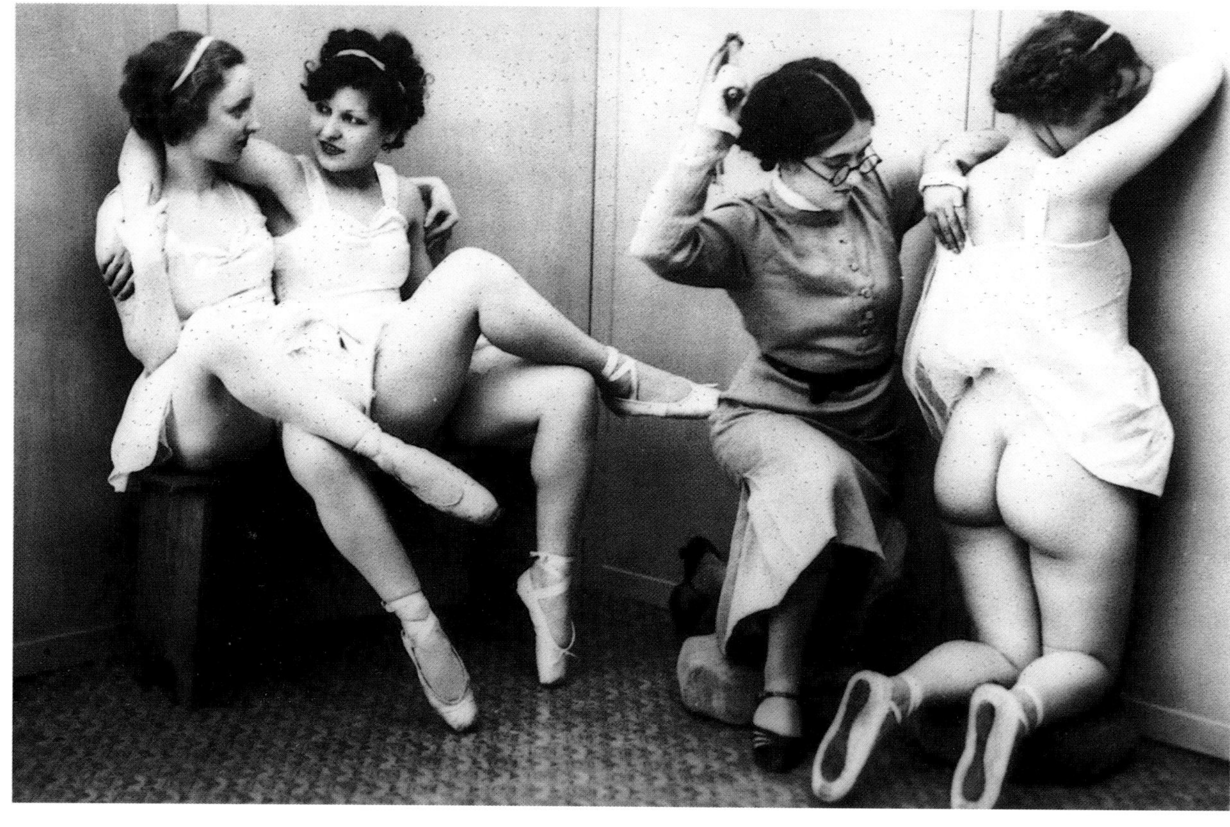

145

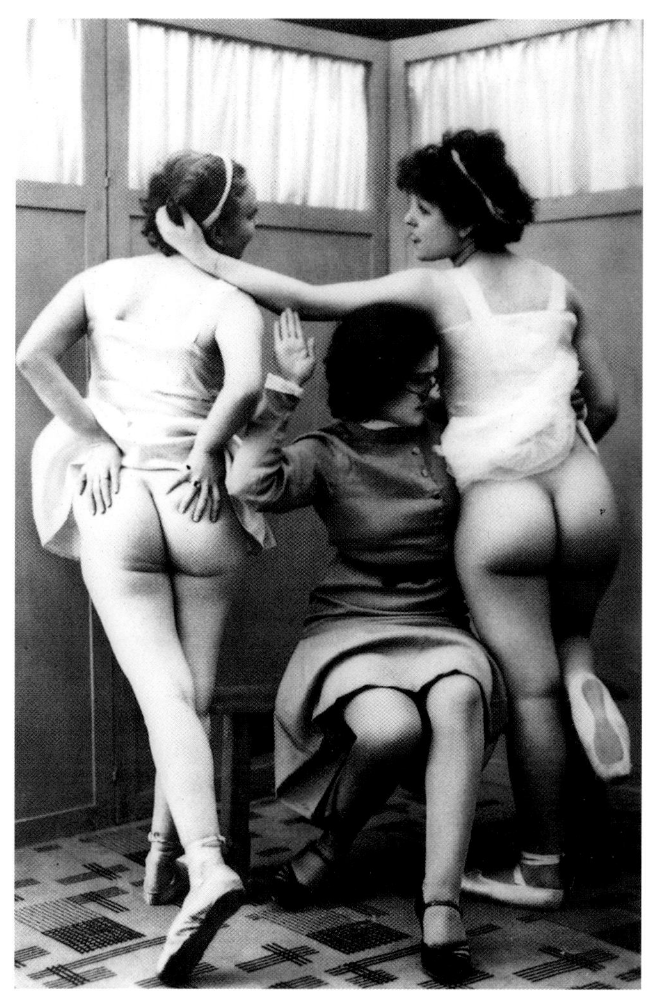

146

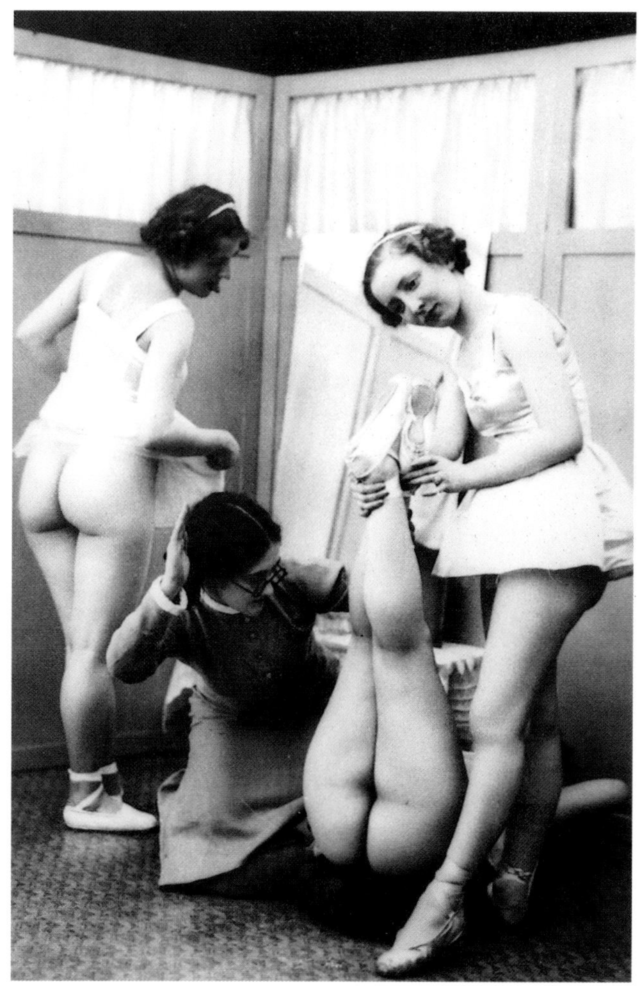

147

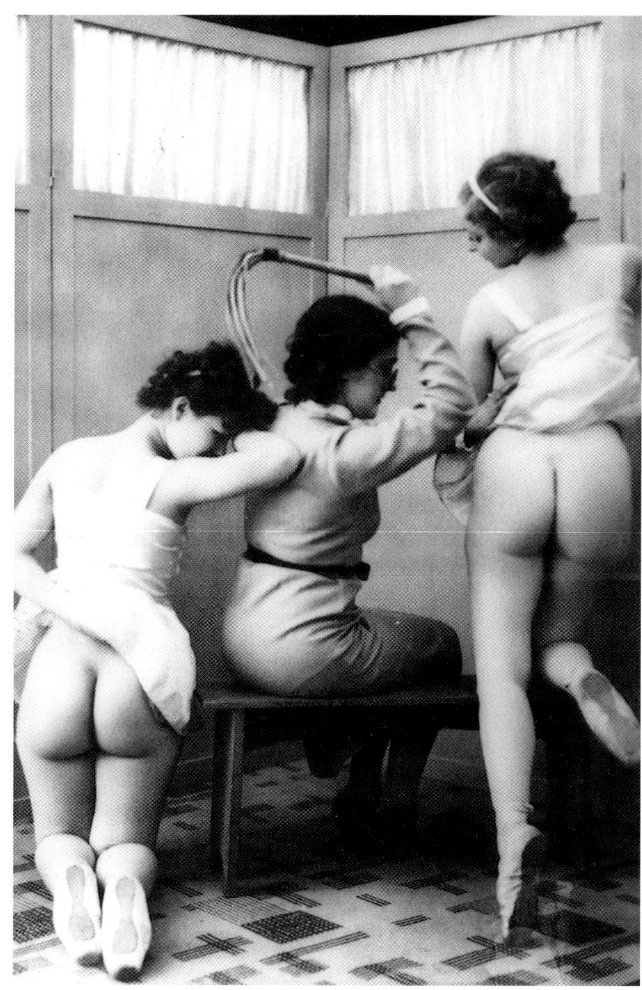

148

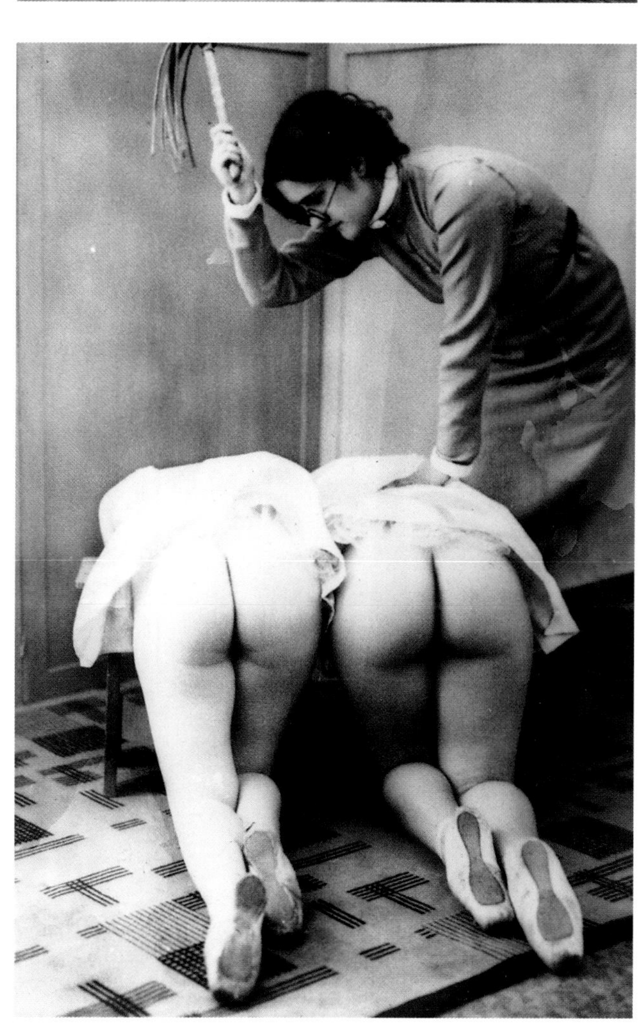

149

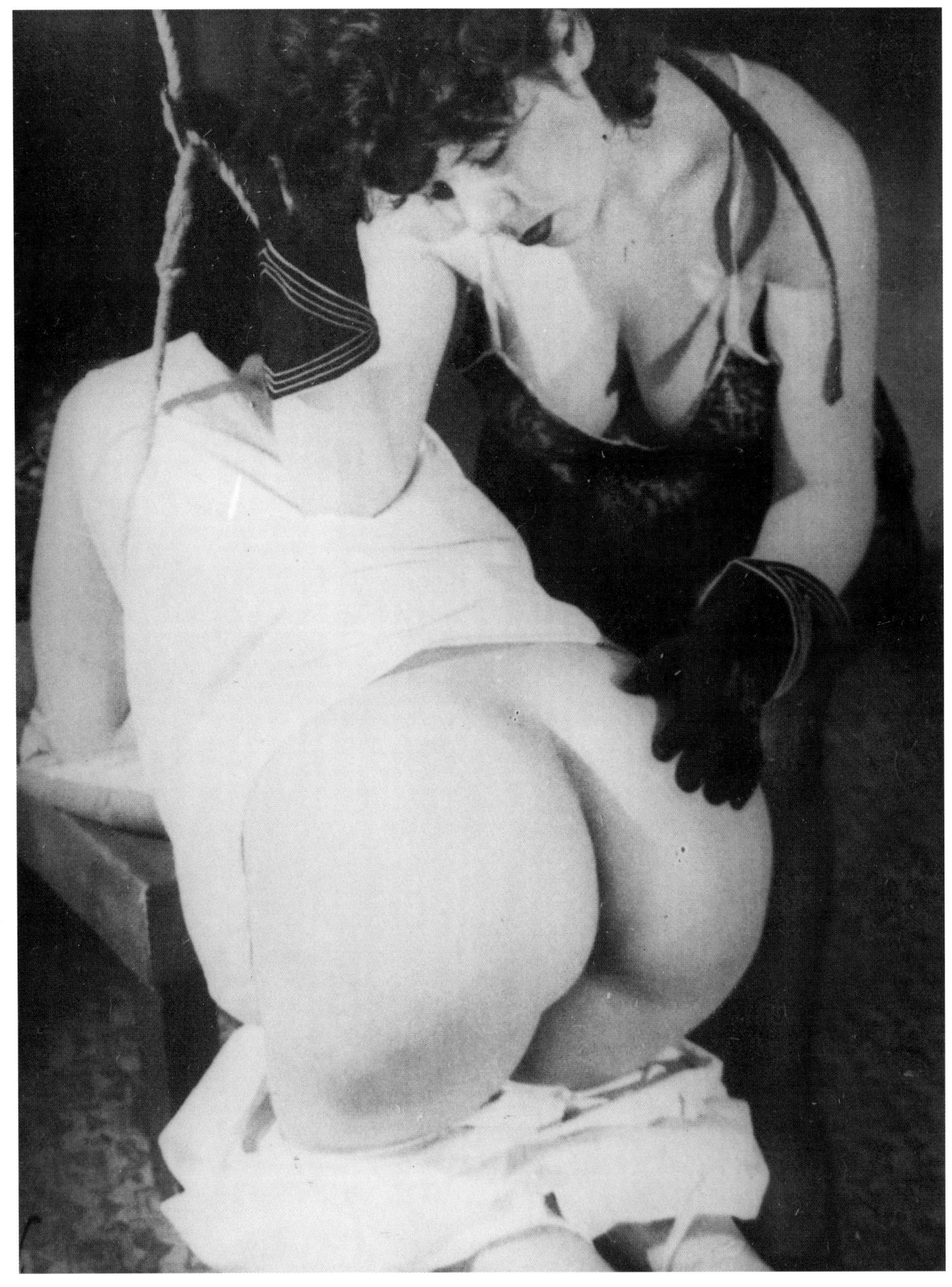

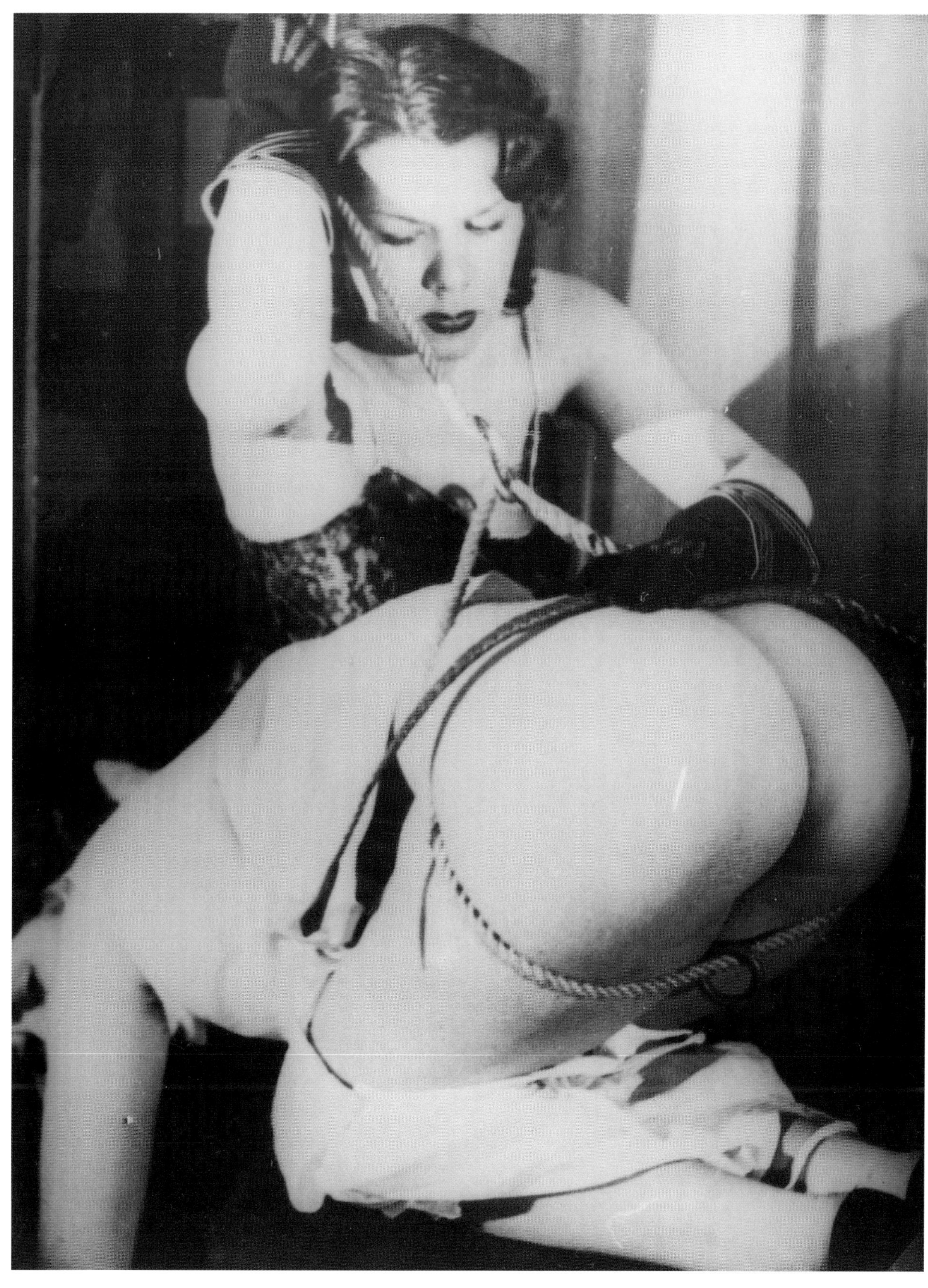

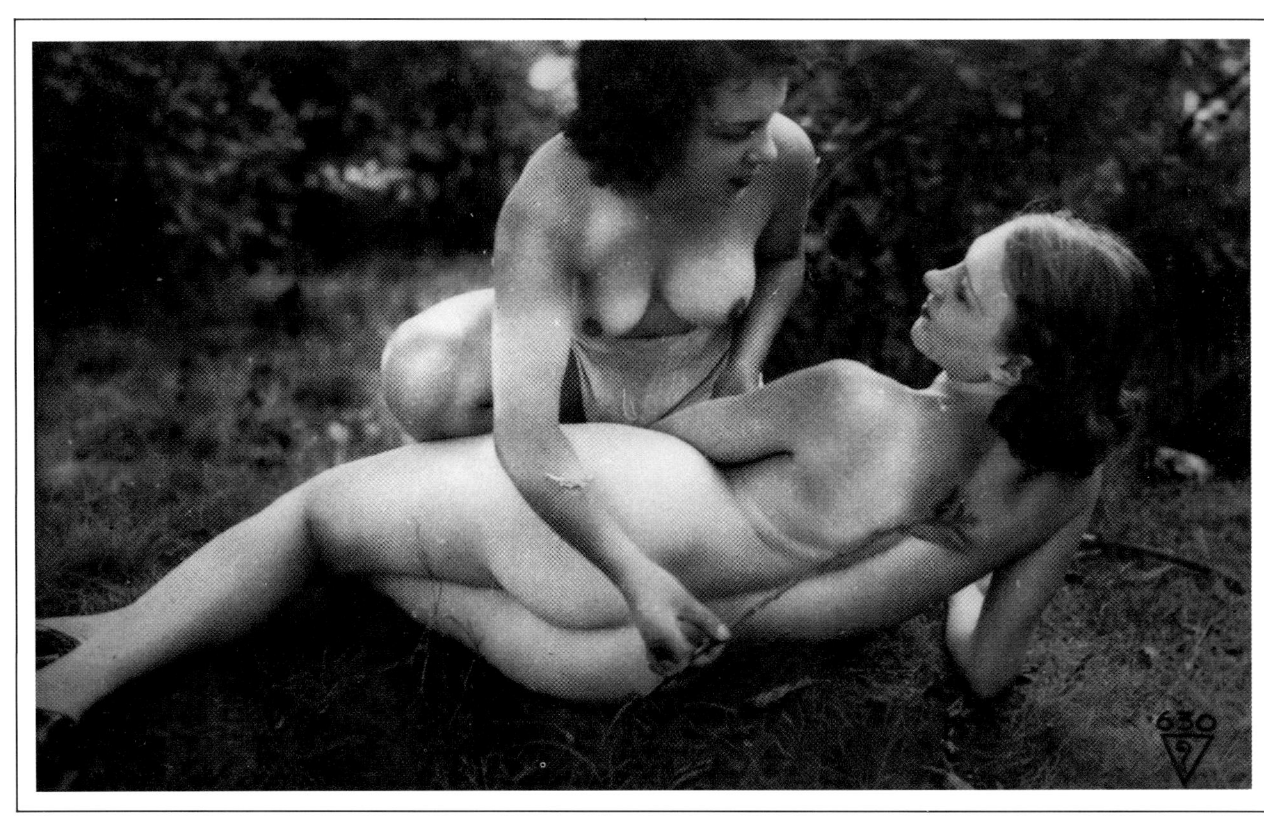

152

REPR. 150:
I. Klaw, 1947–1963

REPR. 151, 152:
I. Klaw, 1947–1963

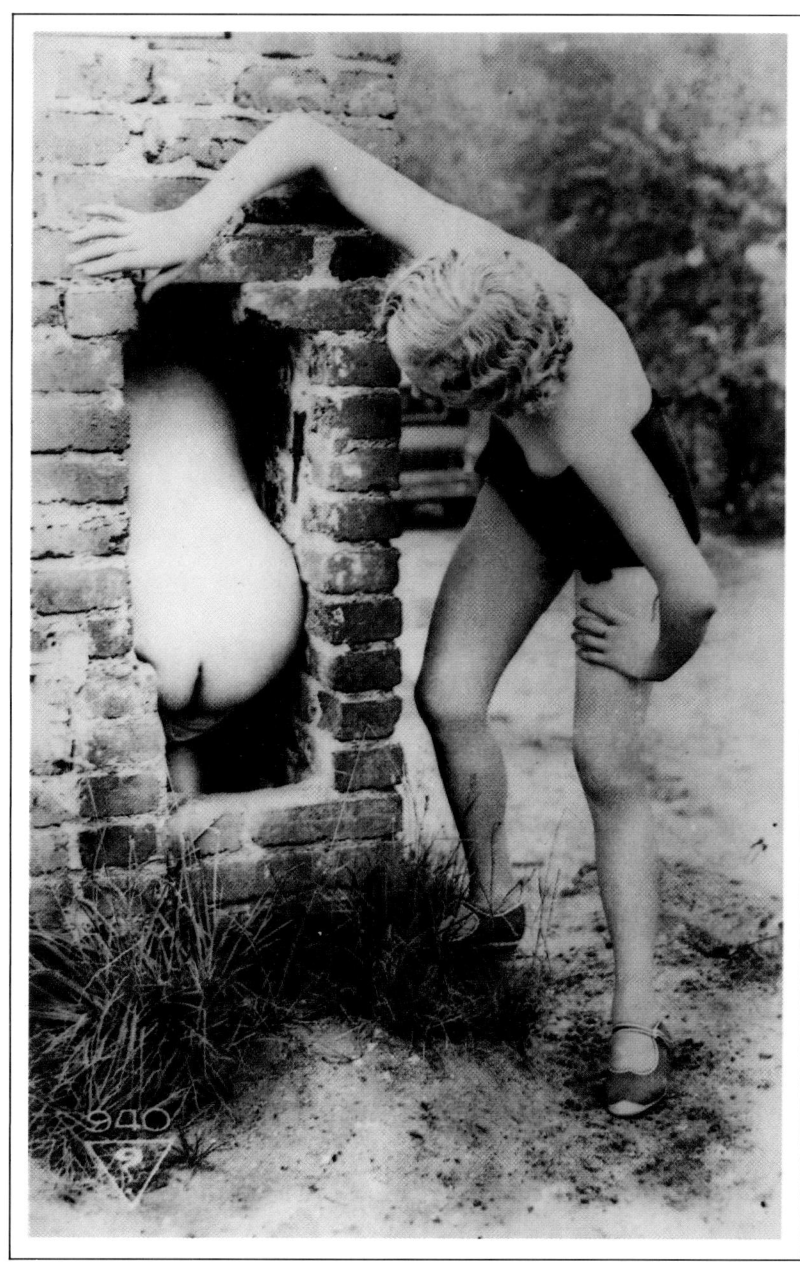

153

REPR. 153, 154:
Anonyme, 1930–1935

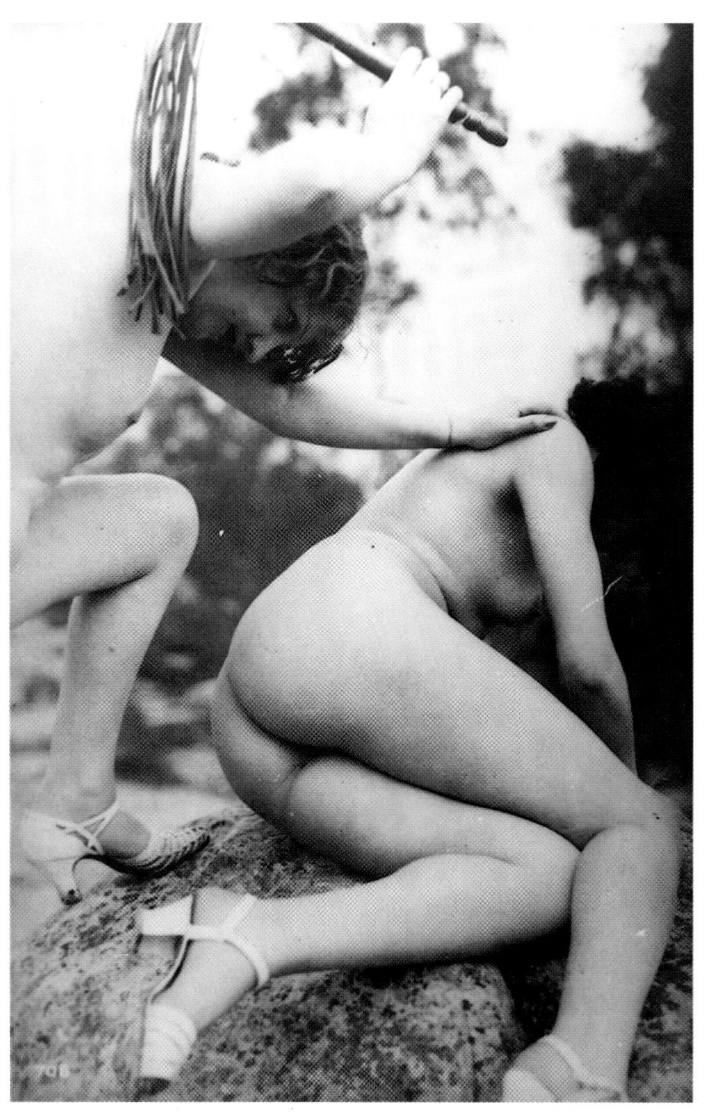

154

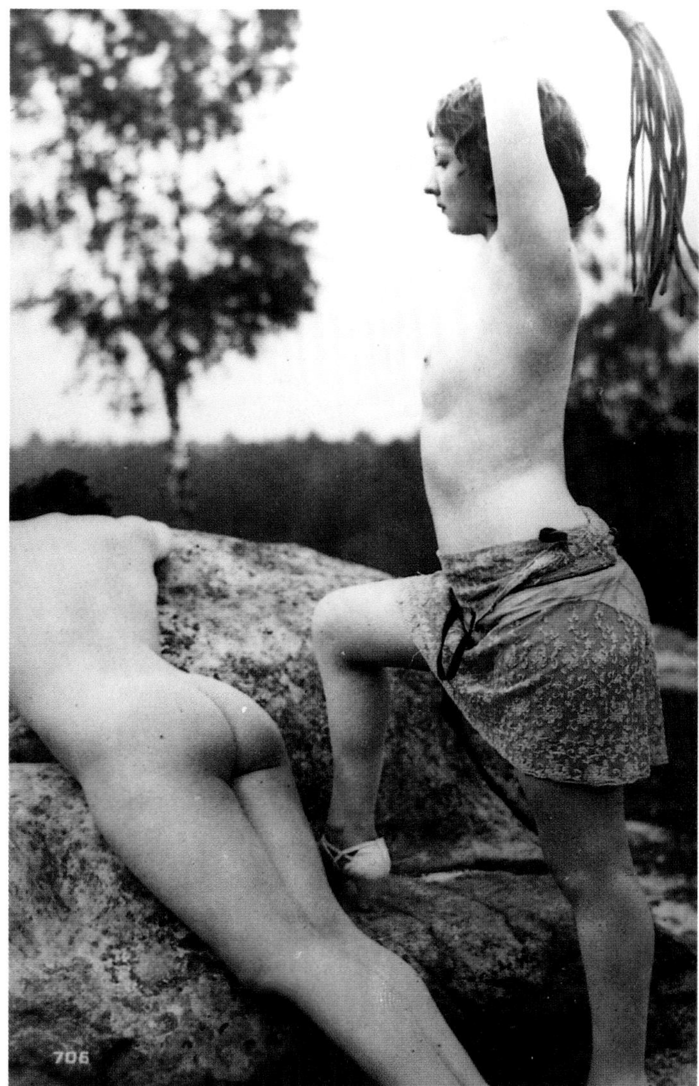

155

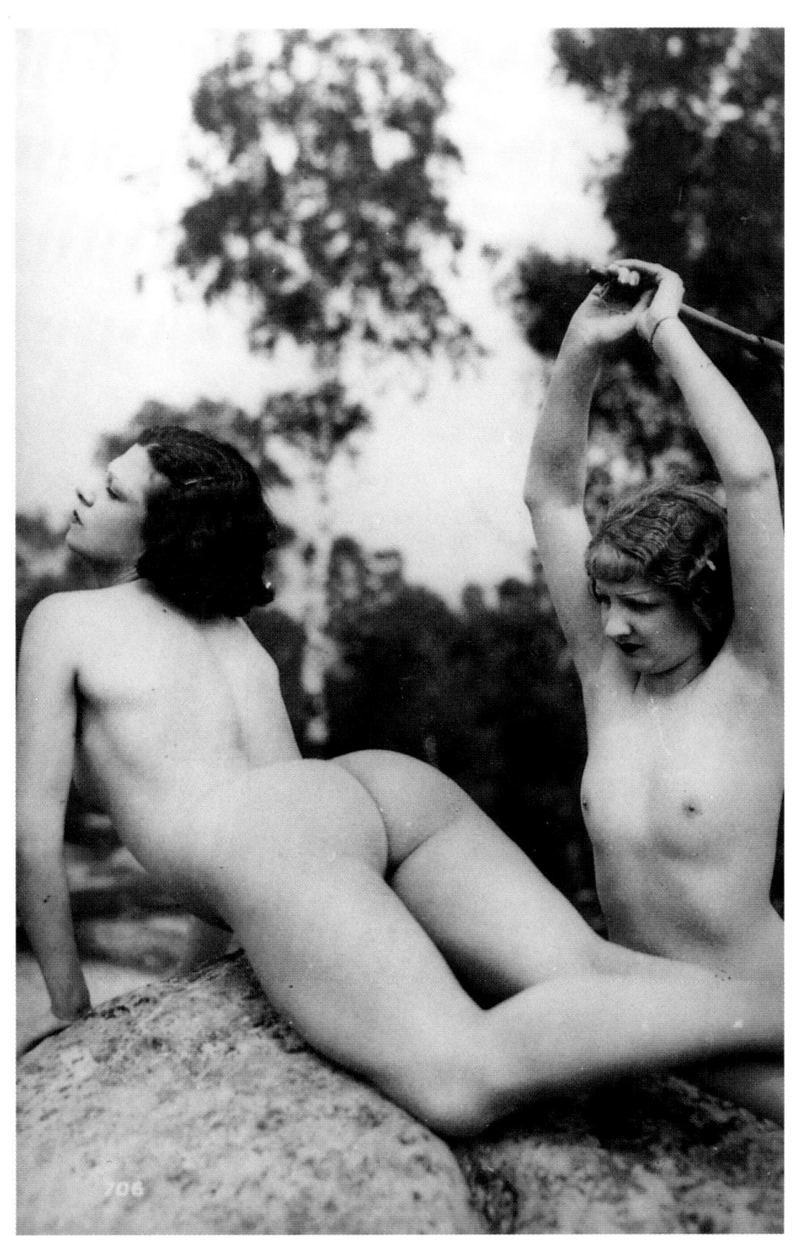

156

REPR. 155, 156:
I. Klaw, 1947–1963

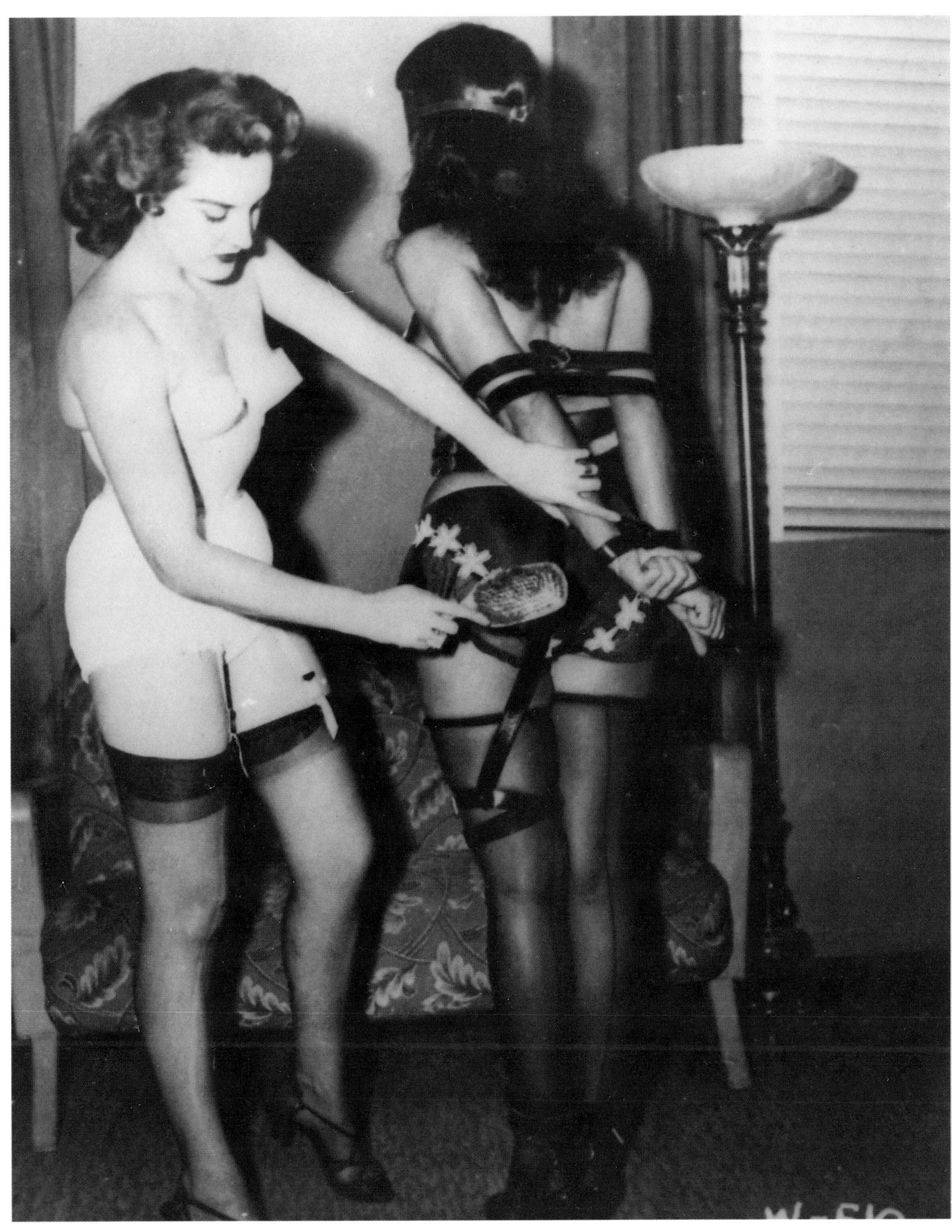

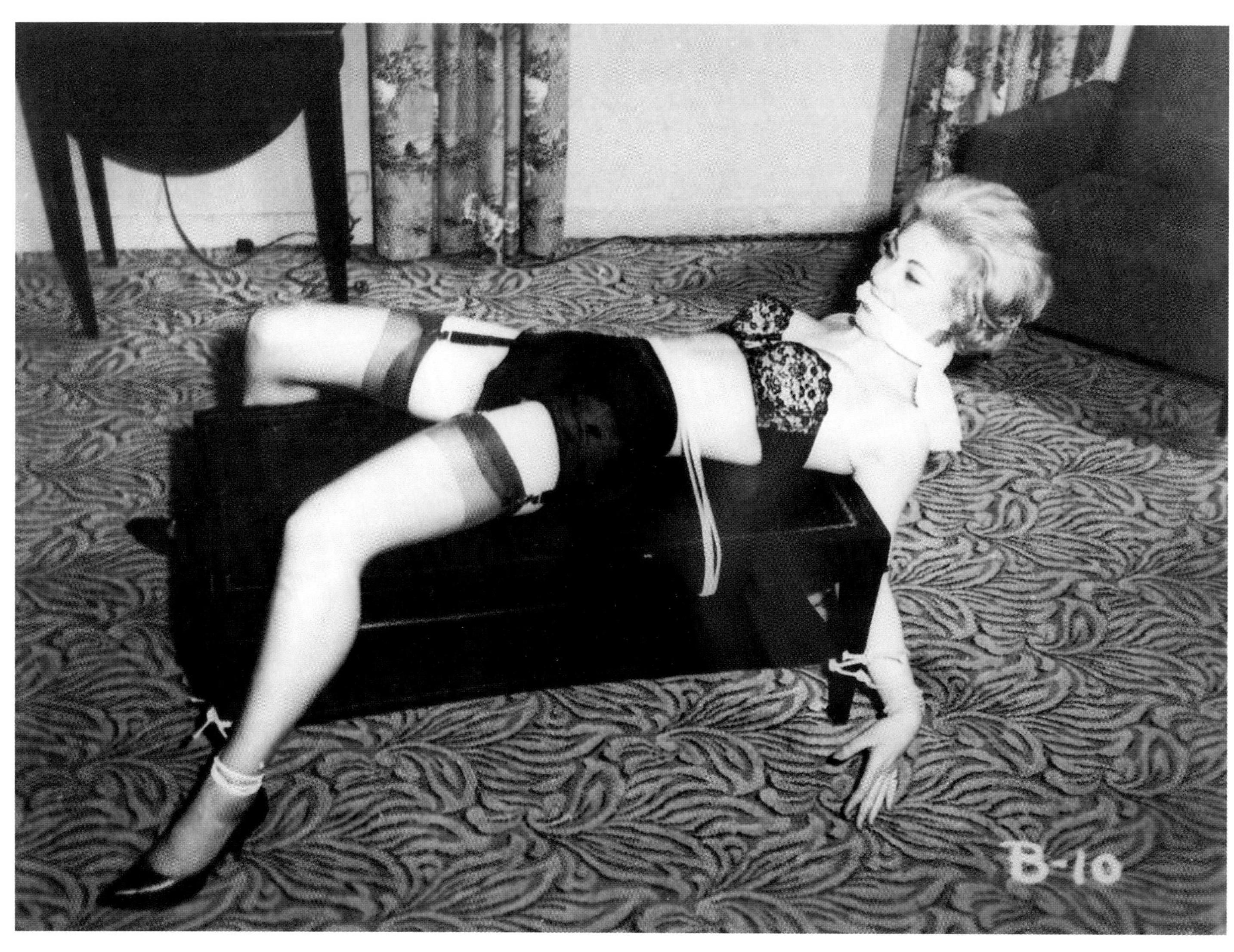

158

REPR. 157, 158:
Anonyme, 1930–1935

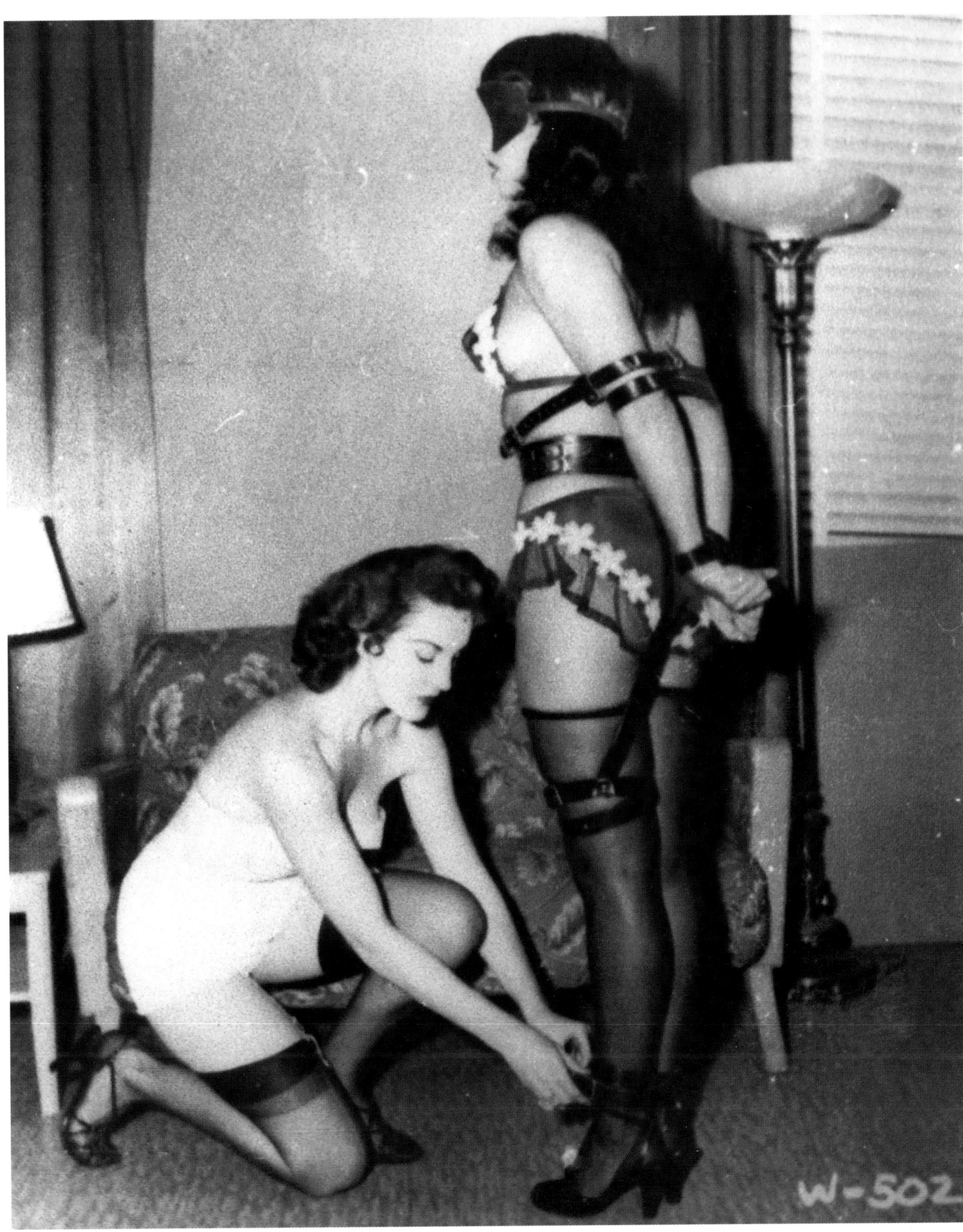
W-502

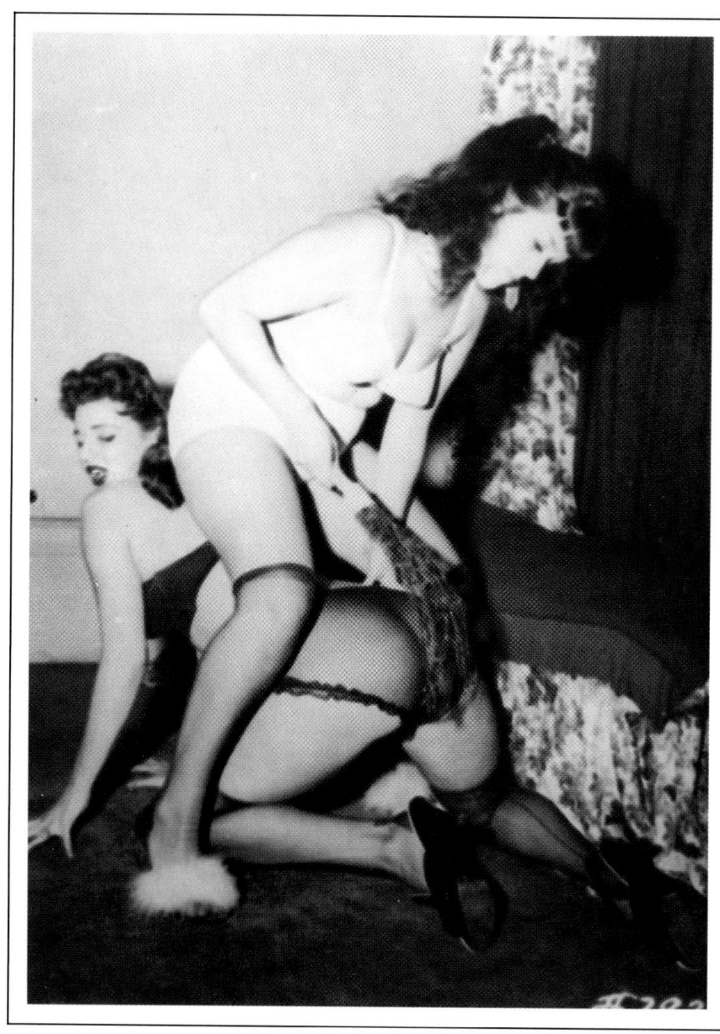

160

REPR. 159–161:
Anonyme, vers 1935

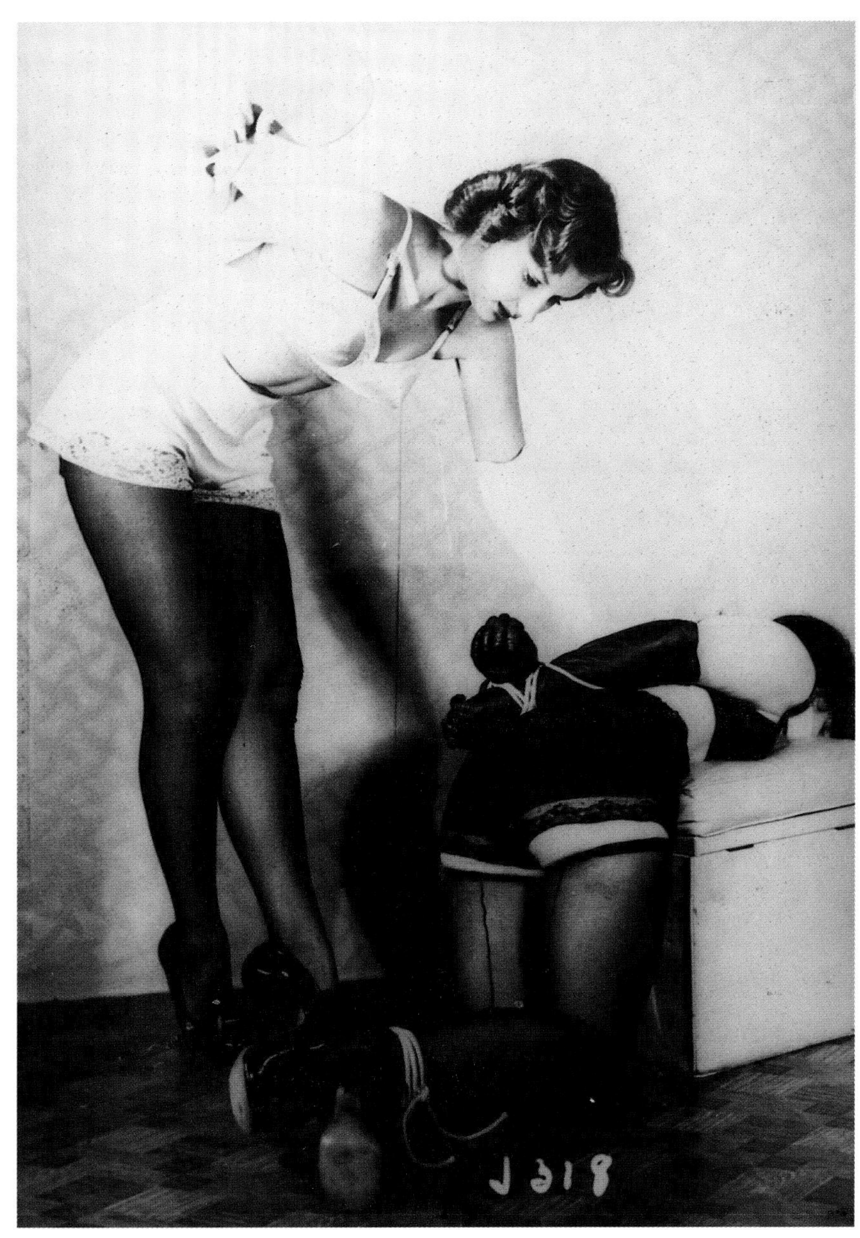

161

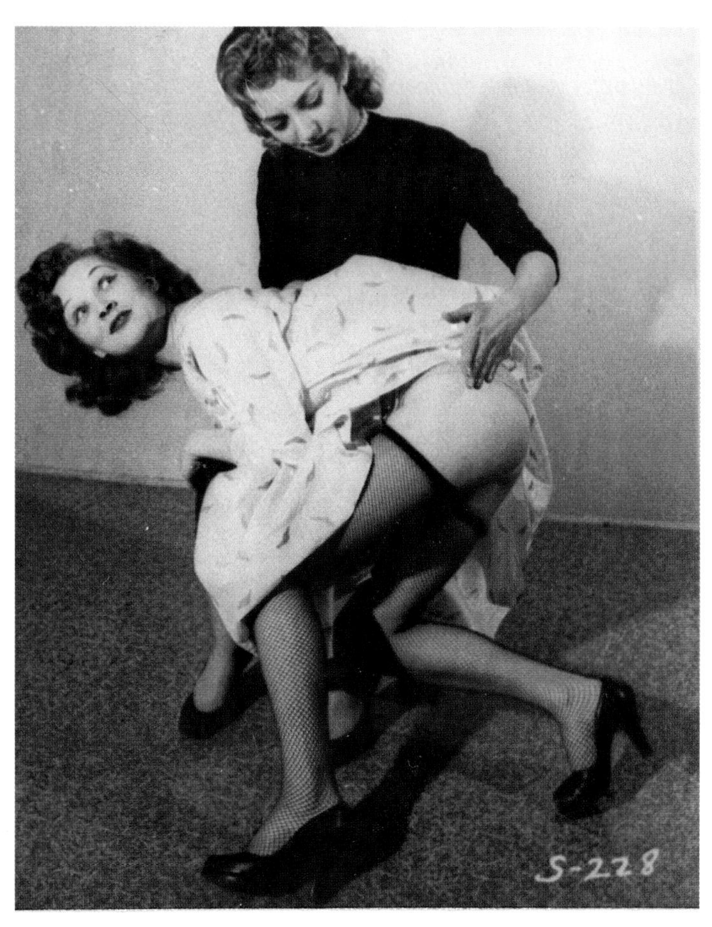

162

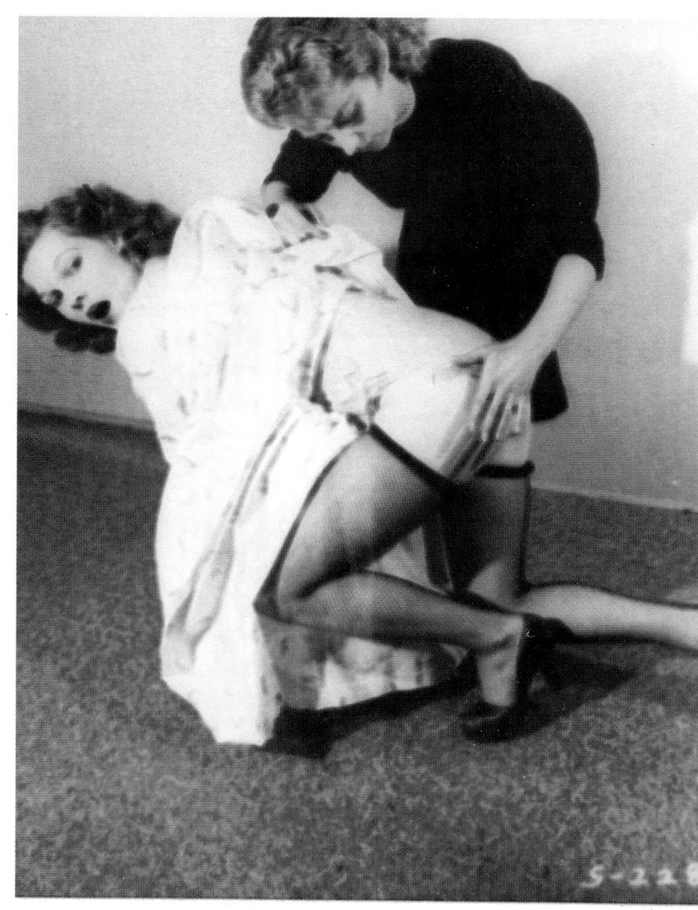

163

REPR. 162–165:
I. Klaw, 1947–1963

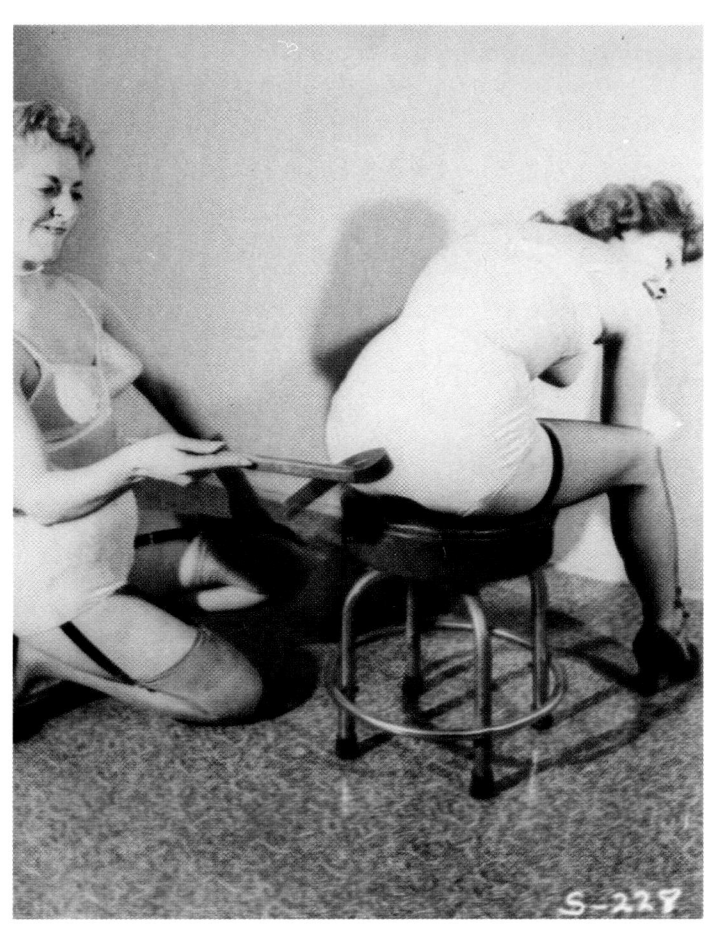

164

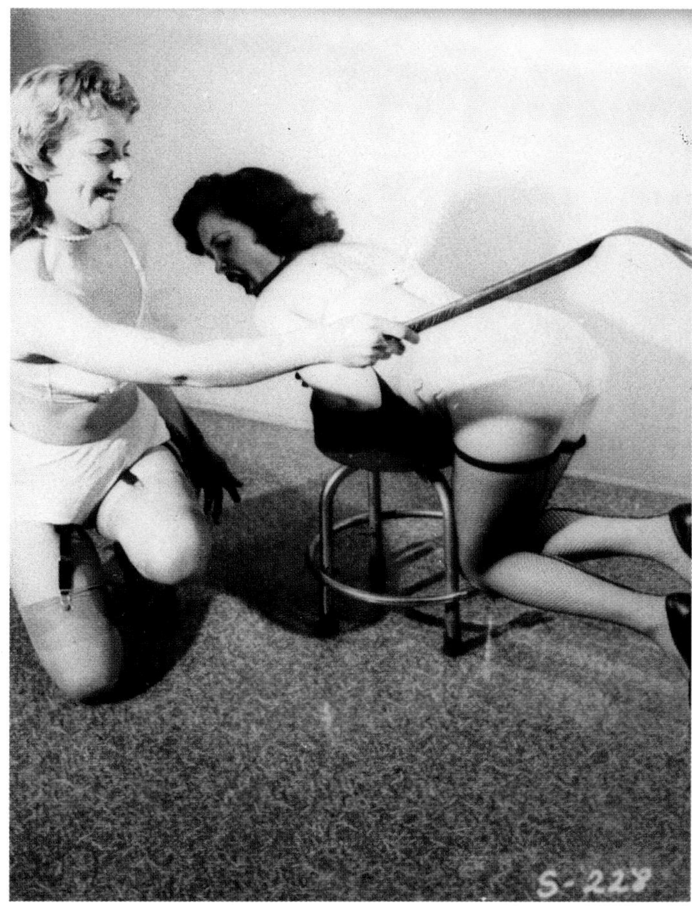

165

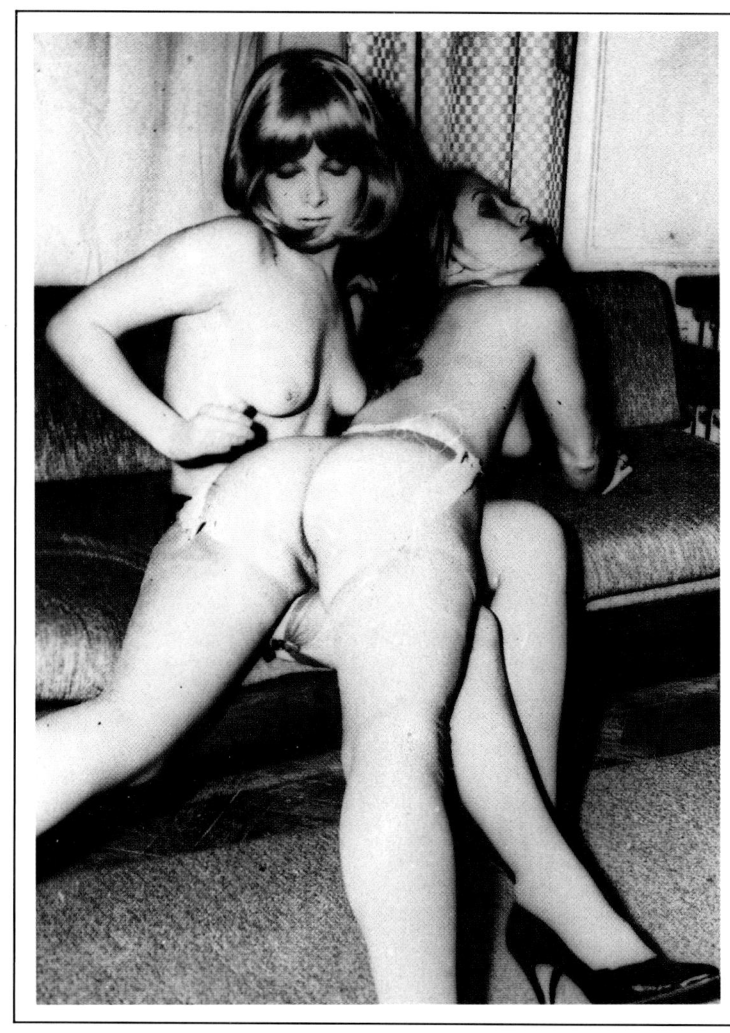
166

REPR. 166:
Anonyme, 1950–1960

REPR. 167:
I. Klaw, vers 1960

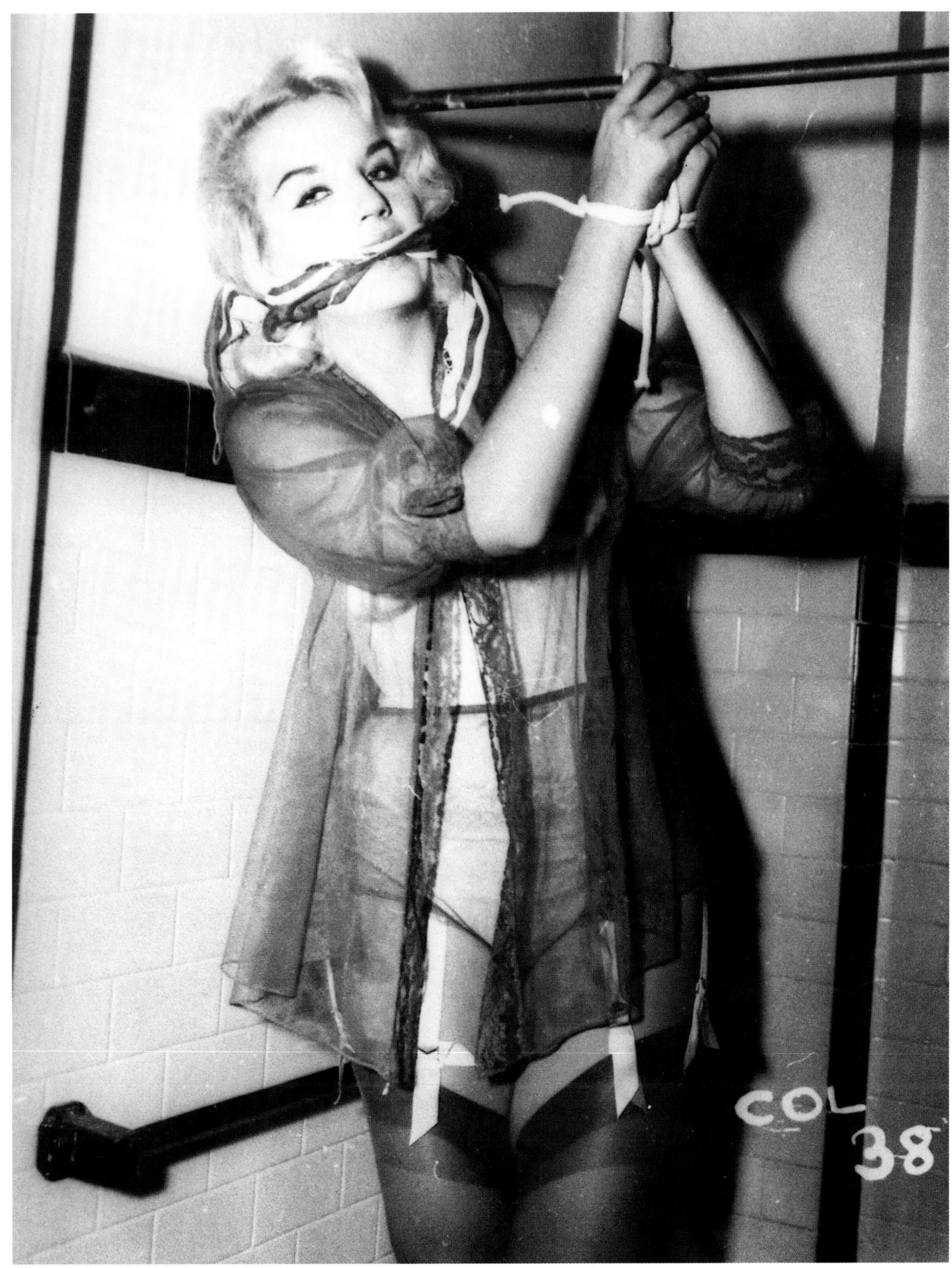
COL
38

REPR. 168:
Anonyme, vers 1930

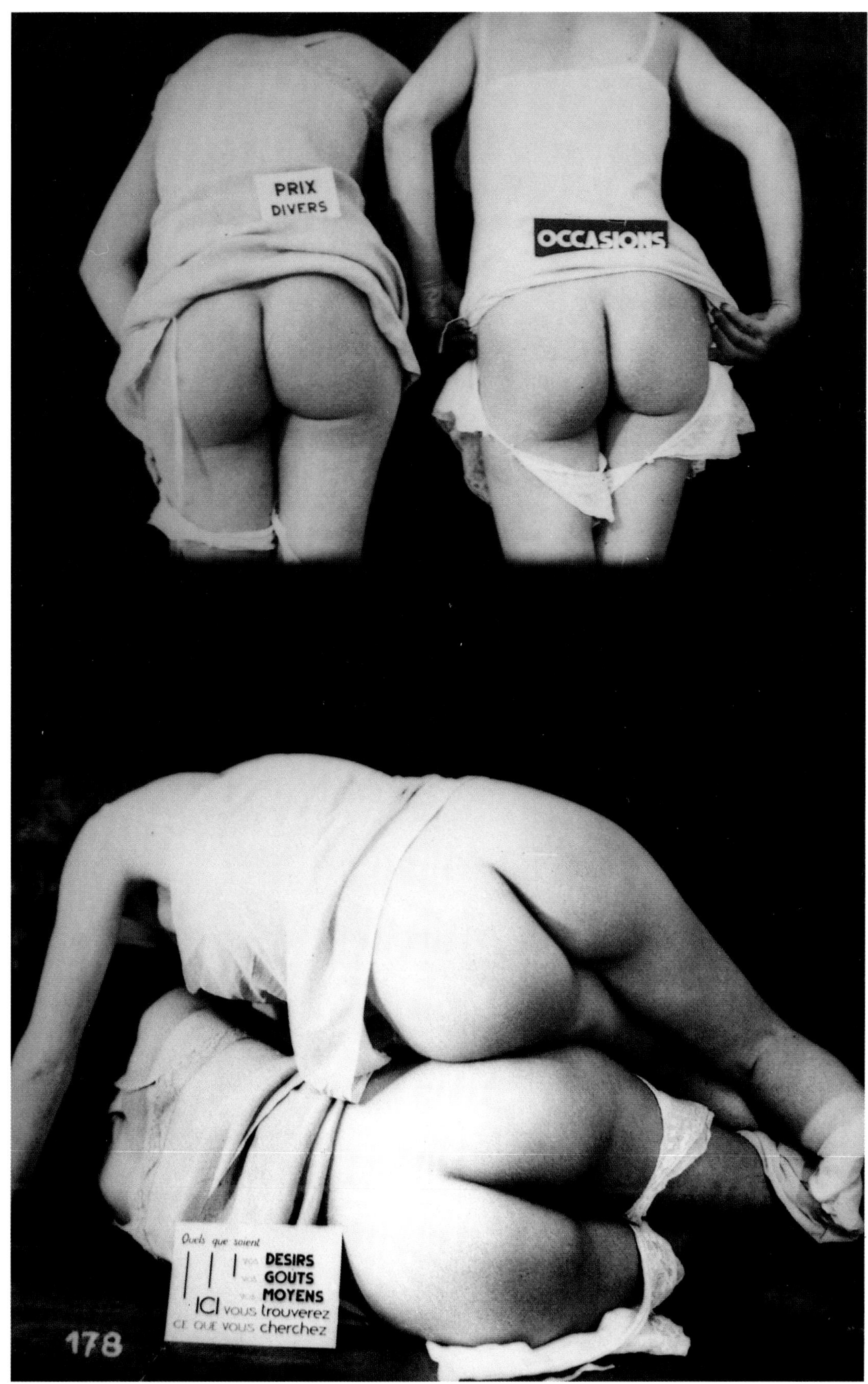
PRIX
DIVERS
OCCASIONS
Quels que soient
vos DESIRS
vos GOUTS
vos MOYENS
ICI vous trouverez
CE QUE vous cherchez
178

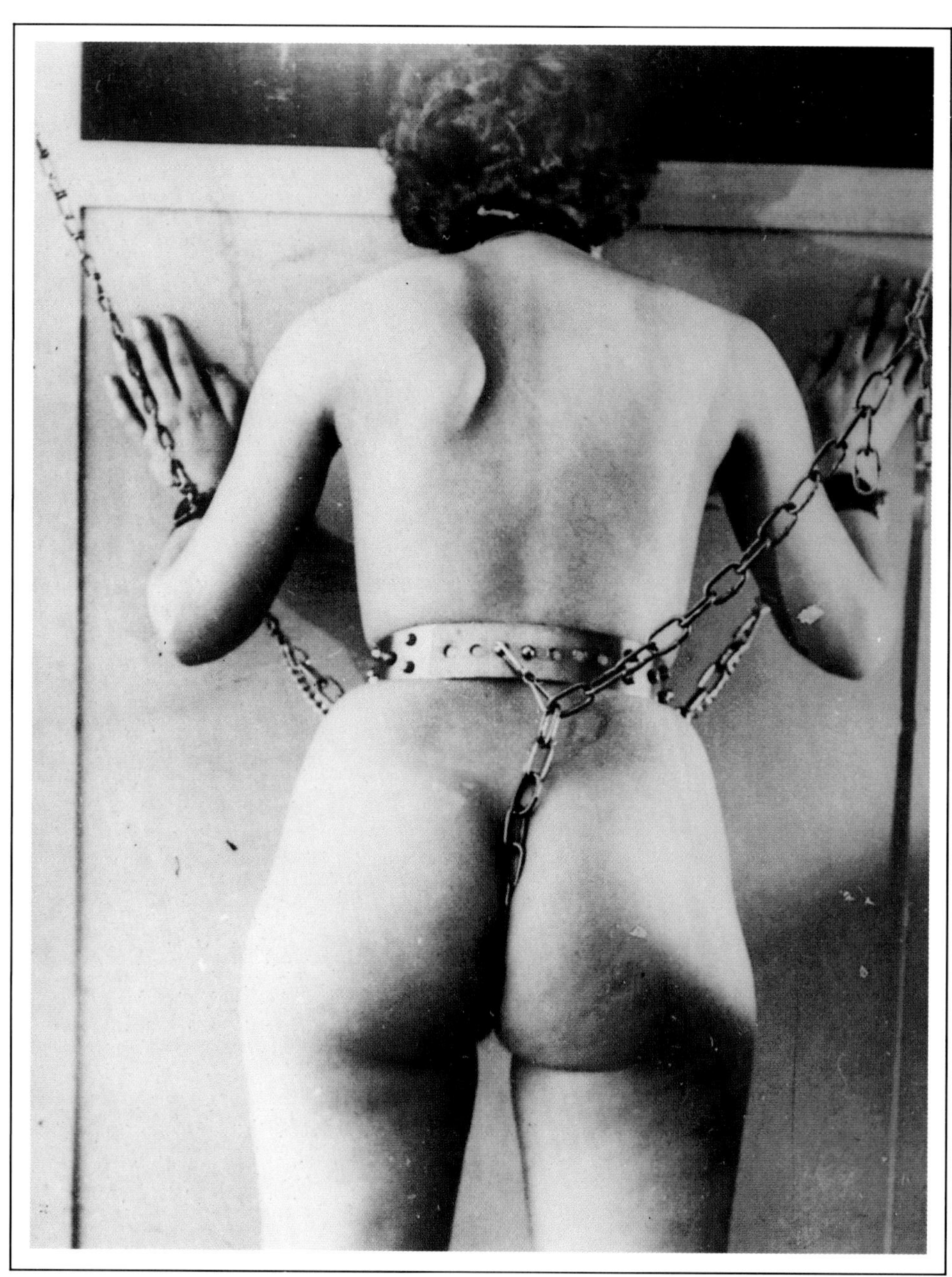

169

REPR. 169:
Anonyme, 1930–1935

REPR. 170:
Anonyme, vers 1900

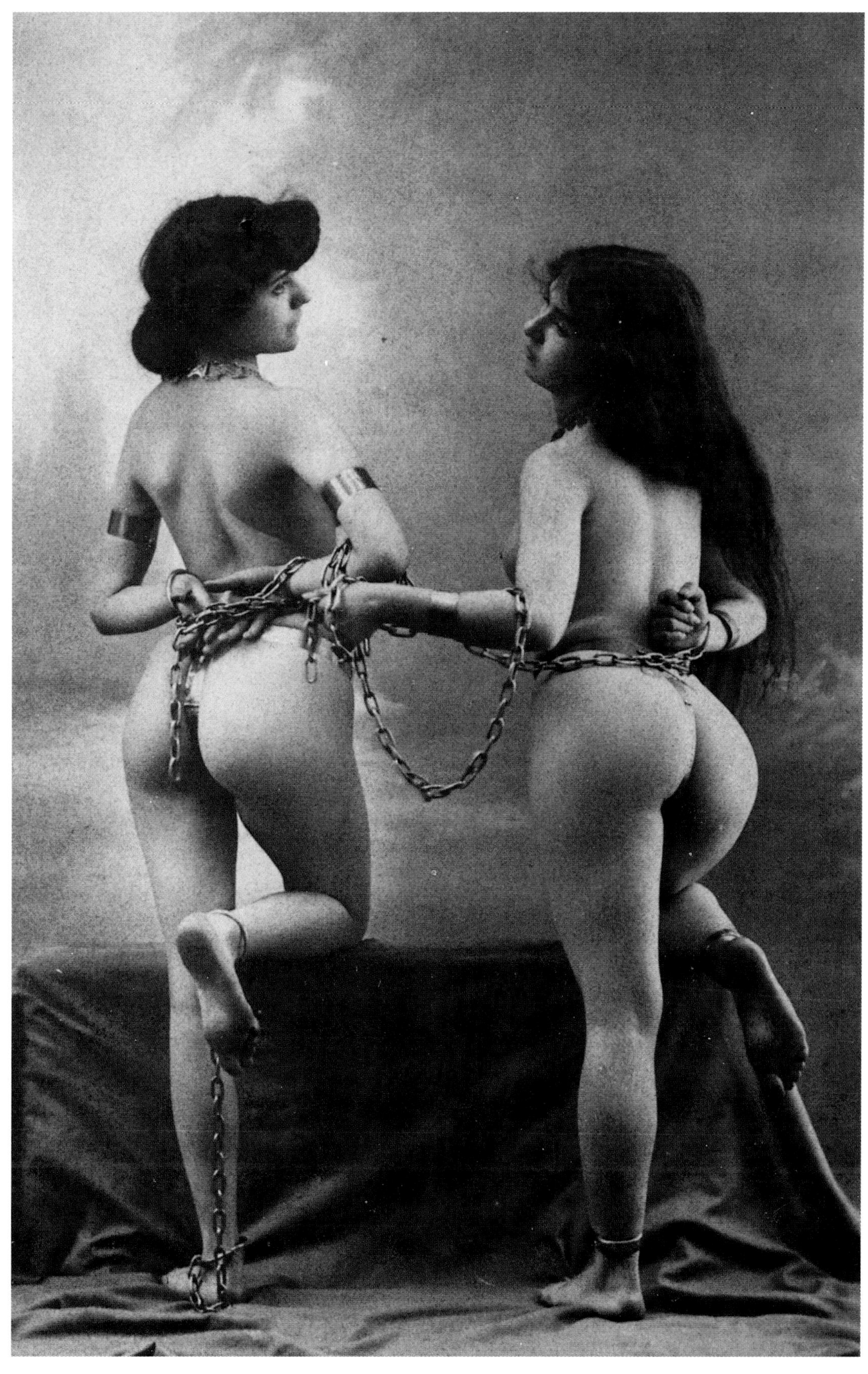

170

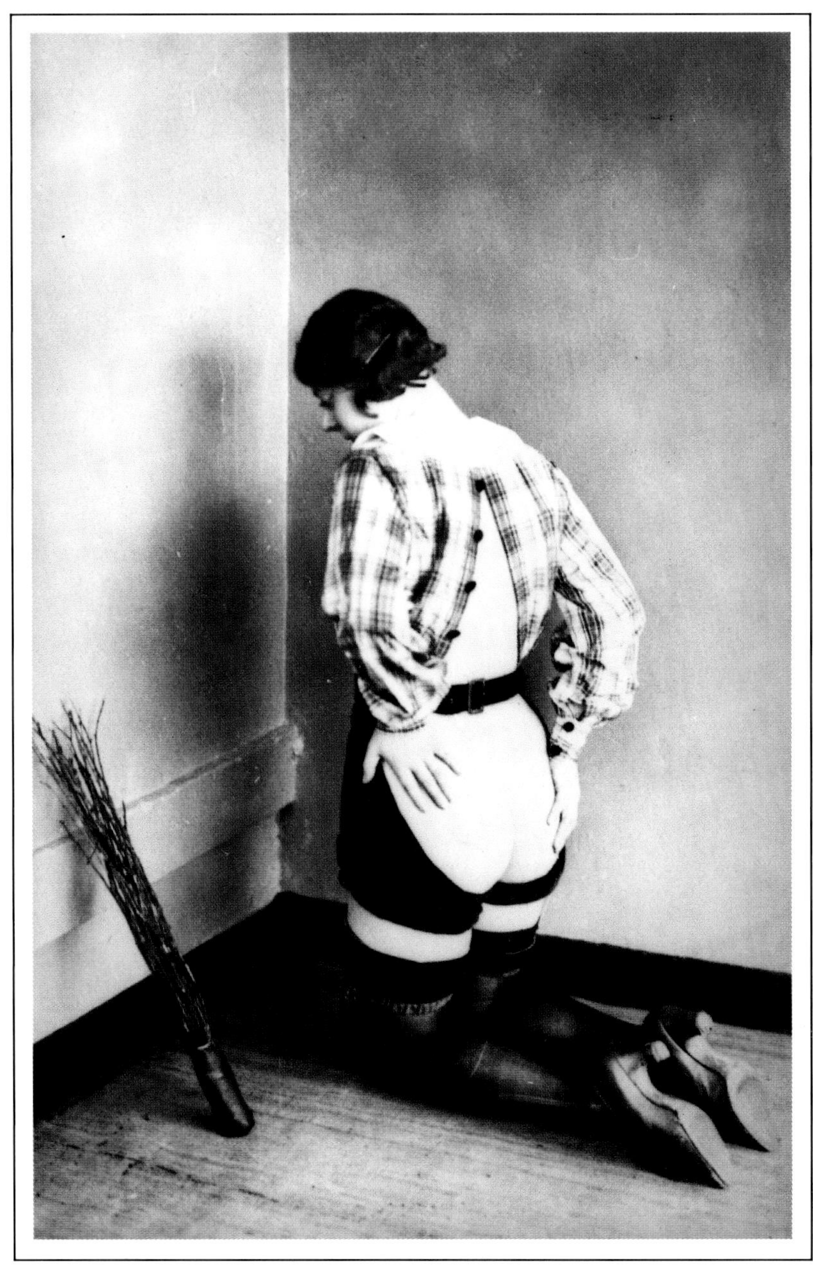

171

REPR. 171, 172:
Anonyme, 1925–1930

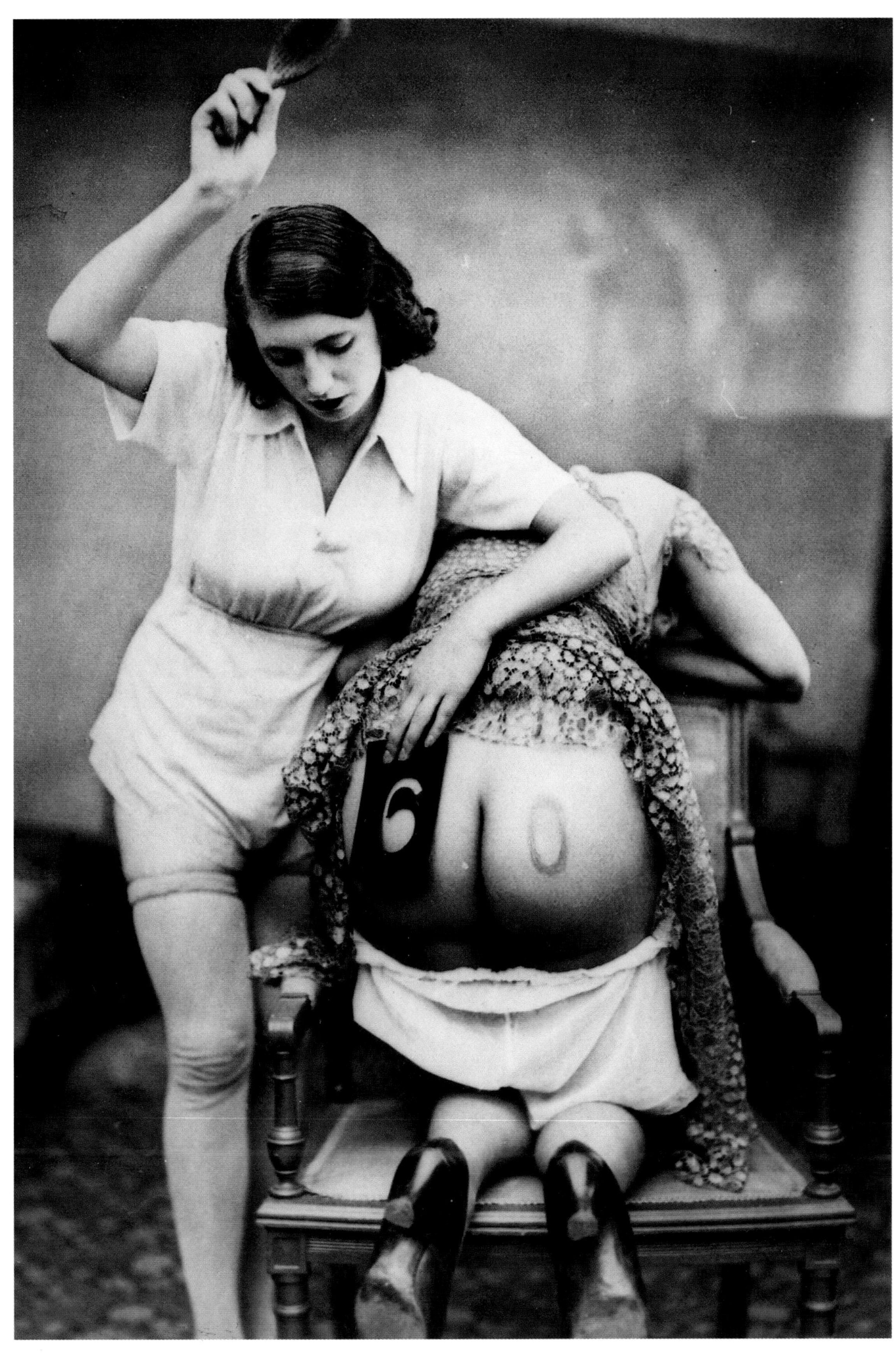

172

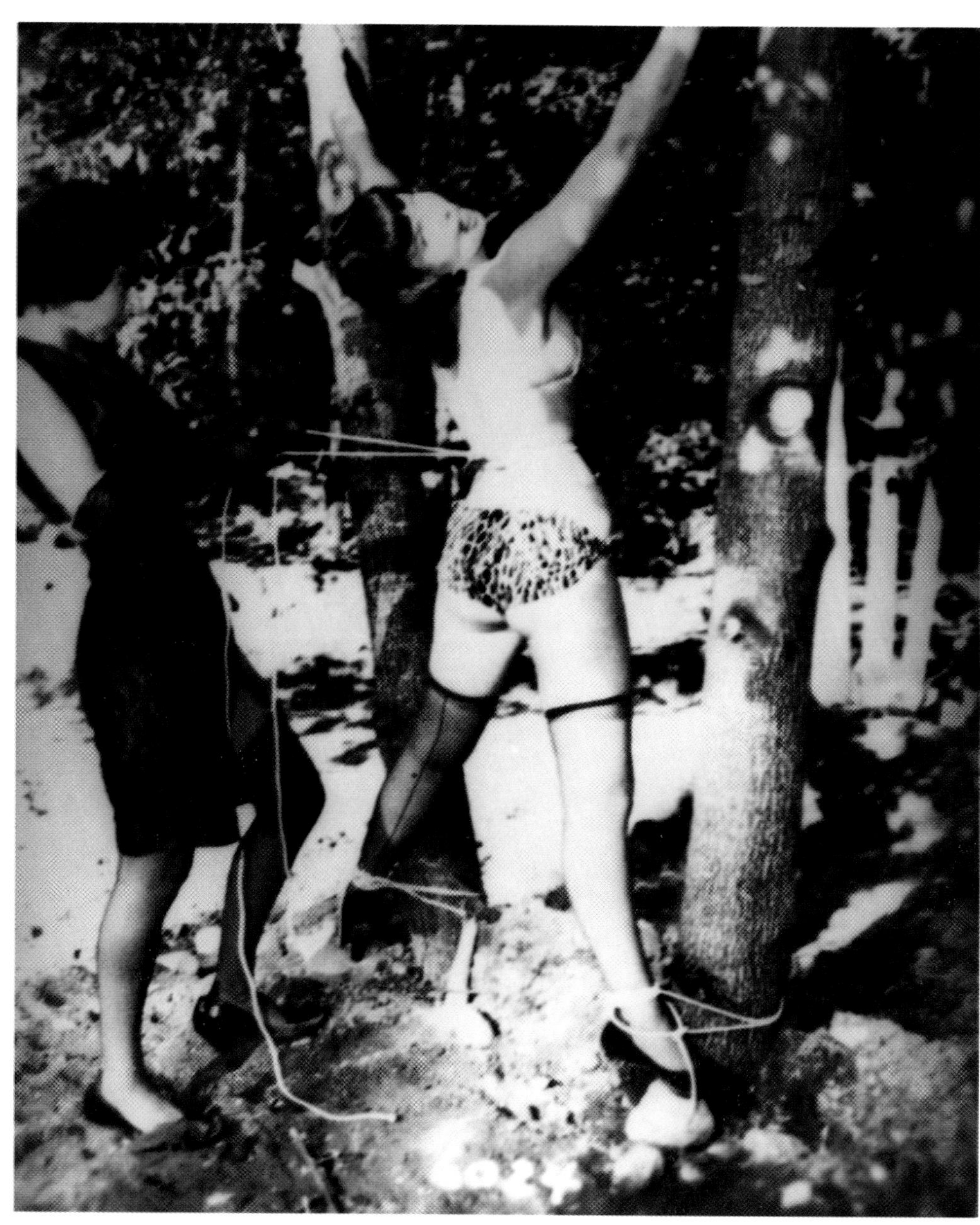

173

REPR. 173:
I. Klaw, 1947–1963

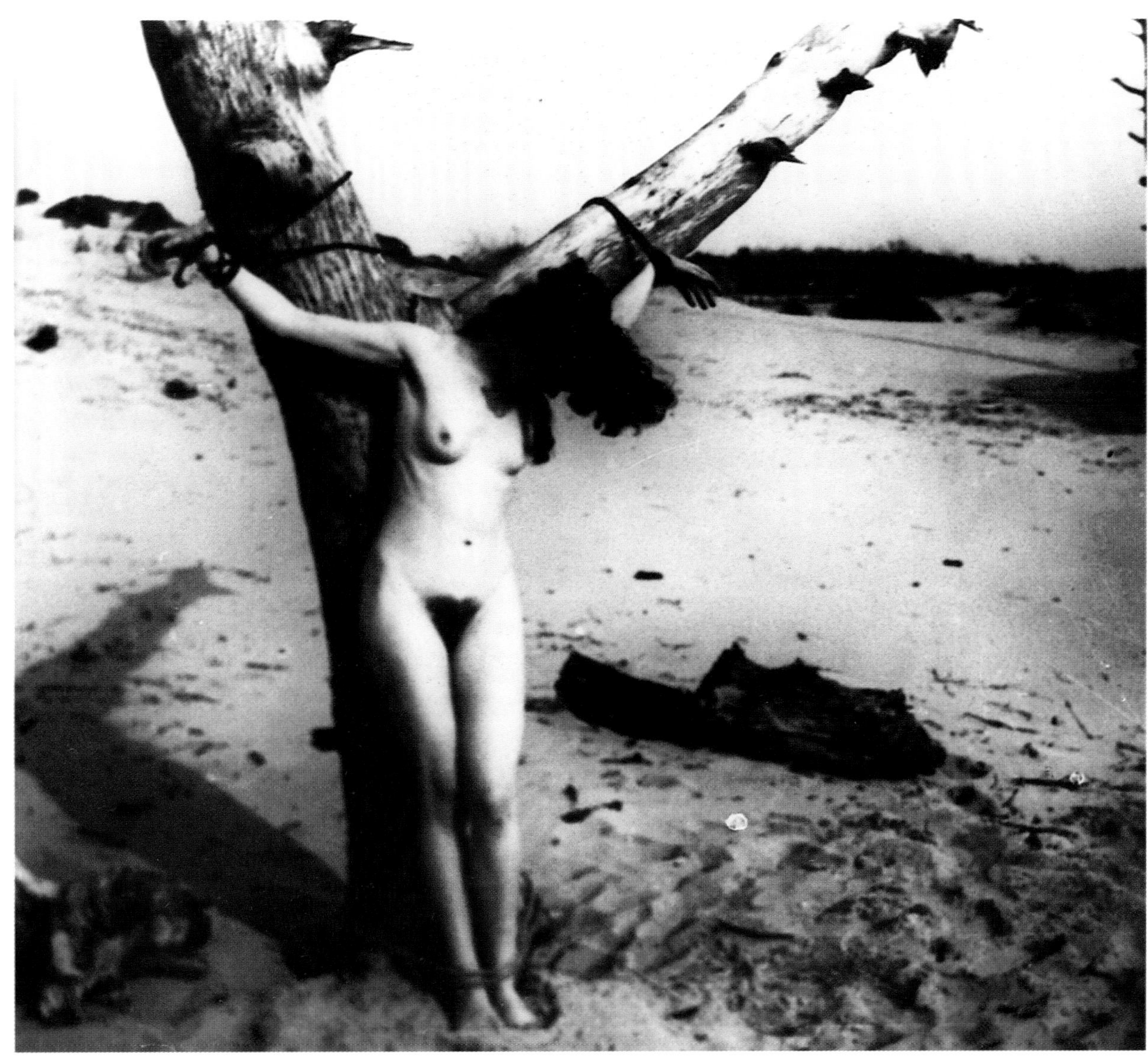

174

REPR. 174:
M. Meys, 1927

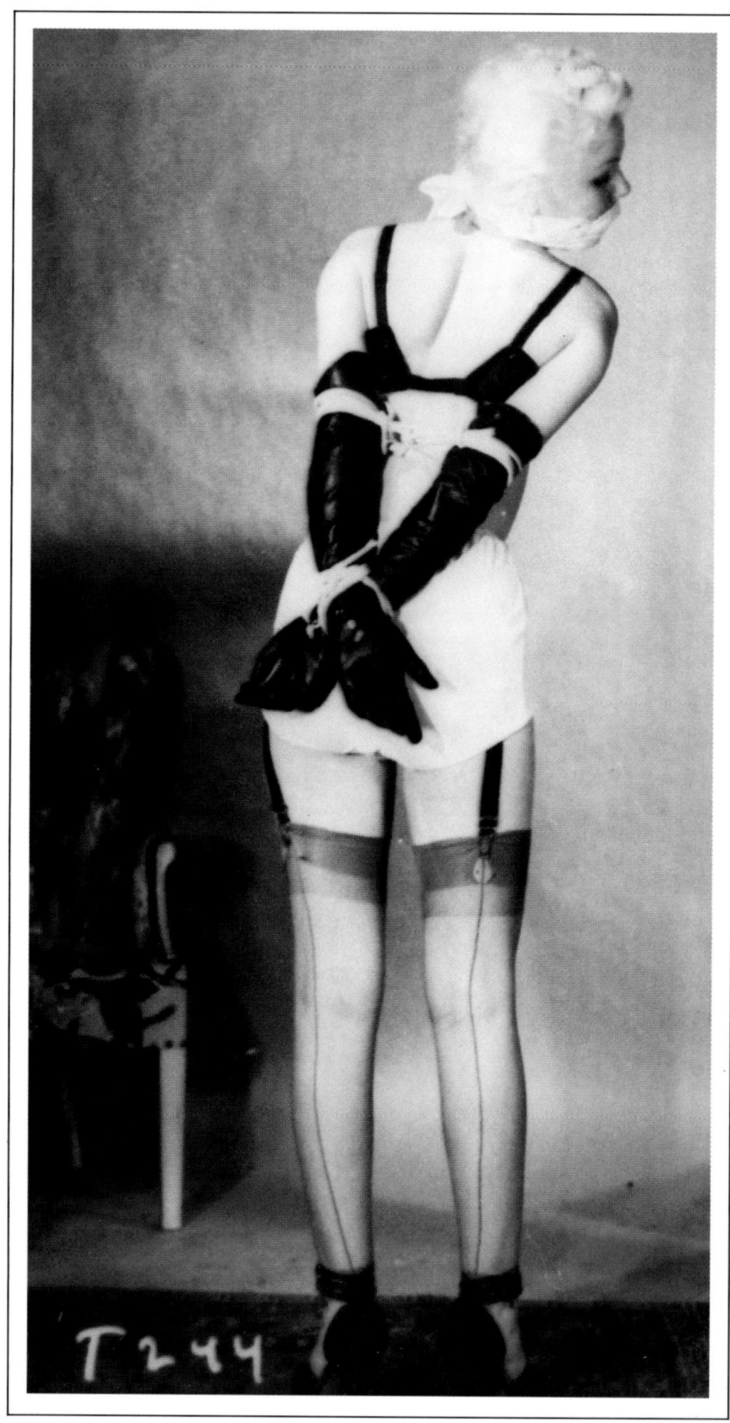

175

REPR. 175, 176:
I. Klaw, 1947–1963

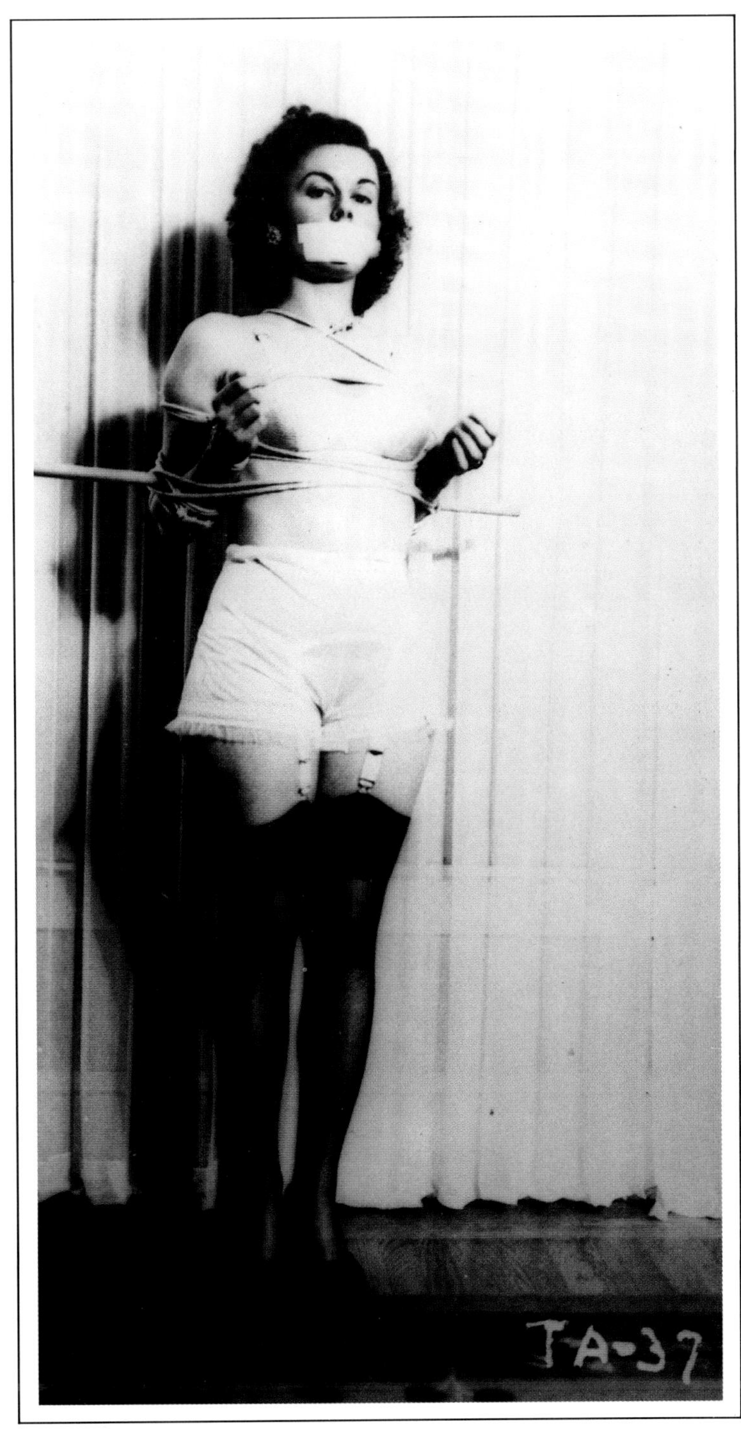

176

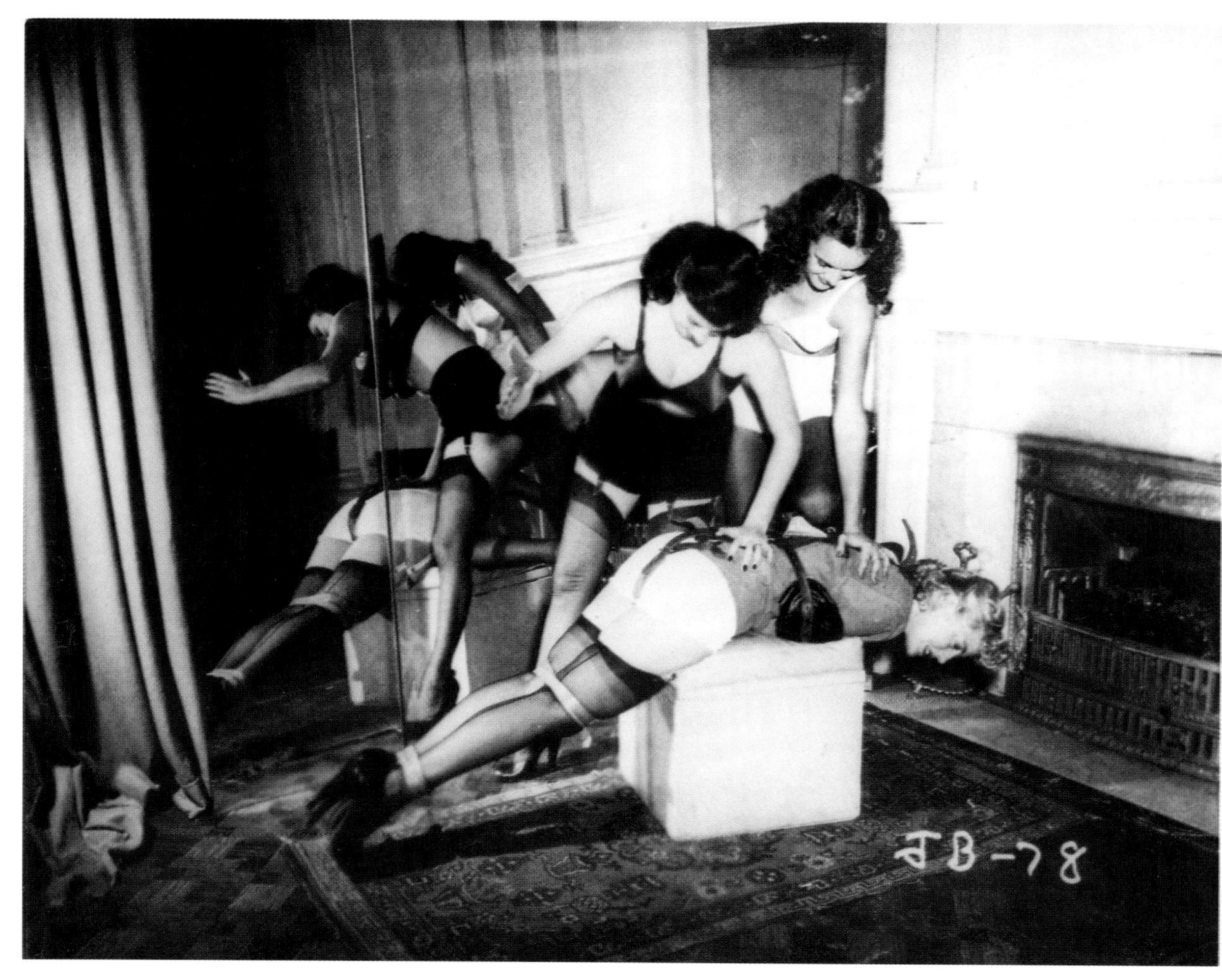

177

REPR. 177, 178
I. Klaw, 1947–1963

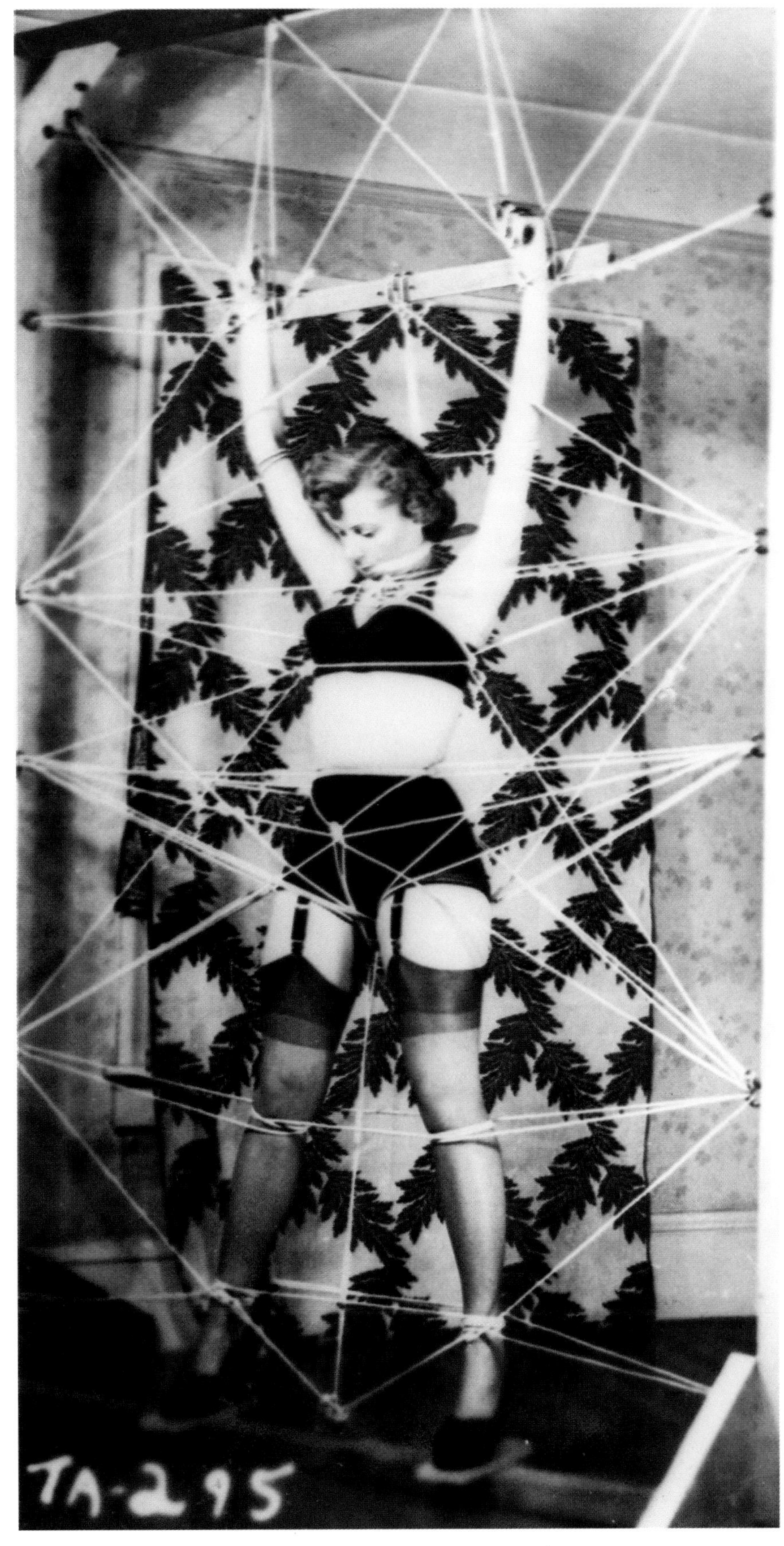
TA-295

RÉFÉRENCES PHOTOGRAPHIQUE

Le Second Empire

PAGE 23, REPR. 1:
Daguerréotype stéréoscopique d'Auguste Belloc (1850–1852). Partie de gauche. Non colorié. Coll. Serge Nazarieff, Genève.

PAGE 24, REPR. 2:
Papier albuminé anonyme (1865–1870). 18 cm x 12,5 cm. Non colorié. Coll. Serge Nazarieff, Genève.

PAGE 25, REPR. 3:
Papier salé, lustré à l'encaustique de François Jacques Moulin (1853). 21,5 cm x 17 cm. Non colorié. Coll. Serge Nazarieff, Genève.

PAGE 26, REPR. 4:
Papier albuminé anonyme (1865–1870). 19,5 cm x 12 cm. Non colorié. Coll. Gérard de Reinach-Cessac, Genève.

PAGE 27, REPR. 5:
Papier albuminé anonyme (1865–1870). 18 cm x 12,5 cm. Non colorié. Coll. Serge Nazarieff, Genève.

PAGES 28–30, REPR. 6–11:
Tirages au gélatino-bromure de la même série que No 8, réalisés vers 1880, à partir d'un négatif au collodion humide (vers 1870). Du même photographe resté anonyme. 16 cm x 22,5 cm. Non coloriés. Les six images se trouvent dans la coll. Gérard de Reinach-Cessac, Genève.

PAGE 31, REPR. 12:
Tirage au gélatino-bromure, réalisé vers 1880 à partir d'un négatif au collodion humide (vers 1870). Anonyme. 16 cm x 22,5 cm. Non colorié. Coll. Serge Nazarieff, Genève.

La Belle Époque

PAGE 33, REPR. 13:
Photo de S. Recknagel tirée sur papier albuminé (vers 1900). 14 cm x 10 cm. Coll. Gérard de Reinach-Cessac, Genève.

PAGE 34, REPR. 14:
Photo anonyme tirée au gélatino-bromure (vers 1900). 8 cm x 12,5 cm. Coll. Alexandre Dupouy, Paris.

PAGE 35, REPR. 15:
Photo d'E. Agélou, tirée au charbon (1903–1907). 18 cm x 12 cm. Coll. Alexandre Dupouy, Paris.

PAGE 36, REPR. 16:
Photo anonyme tirée au charbon (1903–1907). 15,5 cm x 11 cm. Coll. Serge Nazarieff, Genève.

PAGE 37, REPR. 17:
Photo anonyme tirée au charbon (1903–1907). 16 cm x 10,5 cm. Coll. Serge Nazarieff, Genève.

PAGE 38, REPR. 18:
38- Photo d'E. Agélou tirée à la sépia (1905–1910). 16,8 cm x 11,4 cm. Coll. Serge Nazarieff, Genève.

PAGE 39, REPR. 19:
Photo d'E. Agélou, tirée au sel de platine (1903–1907). 17 cm x 12 cm. Coll. Serge Nazarieff, Genève.

PAGES 40, 41, REPR. 20–22:
Trois autres photos anonymes, tirées au charbon (1903–1907). 15,5 cm x 11 cm. Toutes trois dans la collection Alexandre Dupouy, Paris.

PAGE 42, REPR. 23:
Photo anonyme tirée au charbon (1903–1907). 10,5 cm x 15 cm. Coll. Alexandre Dupouy, Paris.

PAGE 42, REPR. 24:
Photo anonyme tirée au charbon en carte postale (1903–1907). 9 cm x 13,5 cm. Coll. Alexandre Dupouy, Paris.

Cartes de visite de maisons spécialisées

PAGE 43, REPR. 25:
Photo-carte de maison close spécialisée, avec au dos le nom de la fille qui se fait fesser: Clémentine. Tirage au gélatino-bromure viré à la sépia. Anonyme (vers 1900). De la même série que les précédentes. 10 cm x 8 cm. Coll. Serge Nazarieff, Genève.

PAGES 44, 45, REPR. 26–31:
Photos-cartes de maisons closes spécialisées. Tirages au gélatino-bromure, viré à la sépia. Anonyme (vers 1900). 8 cm x 10 cm. Ces images se trouvent dans la coll. Gérard de Reinach-Cessac, Genève.

PAGE 46, REPR. 32–34:
Tirages au gélatino-bromure viré à la sépia. Anonyme (vers 1900). 8 cm x 10 cm. Coll. Alexandre Dupouy, Paris.

PAGE 47, REPR. 35–37:
Tirages au gélatino-bromure viré à la sépia. Anonyme (vers 1900). 8 cm x 10 cm. Coll. Gérard de Reinach-Cessac, Genève.

PAGE 48, REPR. 38:
Photo anonyme (vers 1900), retirée vers 1920 au nitrate d'argent. 7,8 cm x 11 cm. Coll. Gérard de Reinach-Cessac, Genève.

PAGE 49, REPR. 39:
Carte postale anonyme tirée au gélatino-bromure (vers 1910). 9 cm x 13,5 cm. Coll. Alexandre Dupouy.

PAGE 50, REPR. 40:
Vue stéréoscopique anonyme tirée au gélatino-bromure (vers 1900). 7,8 cm x 15,5 cm. Coll. Gérard de Reinach-Cessac, Genève.

PAGE 51, REPR. 41:
Photo d'E Agélou tirée au charbon (vers 1900). 12 cm x 17 cm. Coll. Alexandre Dupouy, Paris.

PAGE 52, REPR. 42:
Photo anonyme (vers 1900), retirée vers 1920 au nitrate d'argent. 7,8 cm x 11 cm. Coll. Gérard de Reinach-Cessac, Genève.

PAGE 53, REPR. 43:
Photo anonyme tirée au gélatino-bromure virée à al sépia (vers 1900) 11 cm x 16 cm. Coll. Alexandre Dupouy, Paris.

PAGE 54, REPR. 44:
Photo anonyme (vers 1900), retirée vers 1920 au nitrate d'argent. 12 cm x 18 cm. Coll. Gérard de Reinach-Cessac, Genève.

PAGE 55, REPR. 45:
Photo anonyme (vers 1900), retirée vers 1920 au nitrate d'argent. 12 cm x 18 cm. Coll. Gérard de Reinach-Cessac, Genève.

Les Années Folles

PAGE 57, REPR. 46:
Photo anonyme tirée au gélatino-bromure, viré à la sépia (1920–1925). 10 cm x 15 cm. Coll. Gérard de Reinach-Cessac, Genève.

PAGE 58, REPR. 47:
Vue stéréoscopique anonyme sur verre (vers 1905). 5,4 cm x 12,5 cm. Coll. Gérard de Reinach-Cessac, Genève.

PAGE 59, REPR. 48:
Agrandissement d'une carte postale anonyme (vers 1930). 9 cm x 13,5 cm. Coll. Gérard de Reinach-Cessac, Genève.

PAGES 60, 61, REPR. 49, 50:
Cartes postales anonymes (vers 1930). 9 cm x 13,5 cm. Coll. Gérard de Reinach-Cessac, Genève.

PAGE 62, REPR. 51:
Photo de Monsieur X tirée au charbon (entre 1924 & 1928). 19 cm x 25 cm. Coll. Alexandre Dupouy, Paris.

Les bienfaits d'un clystère

PAGE 63, REPR. 52, 53:
Photos de Grundworth tirées au nitrate d'argent sur papier au charbon (1925–1930) 9 cm x 14 cm. Coll. Alexandre Dupouy, Paris.

PAGES 64–65, REPR. 54–57:
Cartes postales anonymes tirées au nitrate d'argent (vers 1930). 8,7 cm x 13,5 cm. Coll. Alexandre Dupouy, Paris.

PAGE 66, REPR. 58:
Vue stéréoscopique anonyme: 2 (vers 1930). 5,5 cm x 12,2 cm. Coll. Alexandre Dupouy, Paris.

PAGE 67, REPR. 59, 60:
Cartes postales anonymes (vers 1930). 9 cm x 13,5 cm. Coll. Gérard de Reinach-Cessac, Genève.

PAGES 68–69, REPR. 61–66:
Cartes postales anonymes d'une série de 12 (vers 1930). 9 cm x 3,5 cm. 61 & 62: Coll. Serge Nazarieff, Genève. 63–66: Coll. Gérard de Reinach-Cessac, Genève.

PAGES 70–71, REPR. 67, 68:
Cartes postales anonymes d'une série de 12 (vers 1930). 9 cm x 13,5 cm. Coll. Gérard de Reinach-Cessac, Genève.

PAGE 72, REPR. 69:
Vue stéréoscopique anonyme sur verre (vers 1935). 5,3 cm x 12,5 cm. Coll. Gérard de Reinach-Cessac, Genève.

PAGE 72, REPR. 70:
Vue stéréoscopique anonyme (1930–1935). 5,5 cm x 12,2 Cm. Coll. Serge Nazarieff, Genève.

PAGE 73, REPR. 71, 72:
Vue stéréoscopique anonymes (vers 1930). 5,5 cm x 12,2 cm. Coll. Serge Nazarieff, Genève.

PAGE 74, REPR. 73, 74:
Cartes postales anonymes d'une série de 8 (vers 1930). 9 cm x 13,5 cm. Coll. Gérard de Reinach-Cessac, Genève.

PAGE 75, REPR. 75, 76:
Cartes postales anonymes (1930–1935). 9 cm x 13,5 cm. Coll. Alexandre Dupouy, Paris.

PAGES 76–77, REPR. 77–79:
Série de 3 vues stéréoscopiques anonymes: les élèves ont pris les goûts de leur maîtresse (vers 1930). 5,5 cm x 12 cm. Coll. Alexandre Dupouy, Paris.

PAGE 77, REPR. 80:
Vue stéréoscopique anonyme (vers 1930). 5,5 cm x 12,2 cm. Coll. Alexandre Dupouy, Paris.

PAGES 78–79, REPR. 81–84:
Vues stéréoscopiques anonymes sur papier (1930–1935). 5,5 cm x 12,5 cm. 81: Coll. Gérard de Reinach-Cessac, Genève. 82 à 84: Coll. Alexandre Dupouy, Paris.

PAGES 80–81, REPR. 85–88:
Cartes postales anonymes d'une série de 12 (vers 1930). 9 cm x 13,8 cm. Coll. Gérard de Reinach-Cessac, Genève.

PAGE 82, REPR. 89, 90:
Vues stéréoscopiques anonymes (vers 1930) 5,5 cm x 12,2 cm. Coll. Serge Nazarieff.

PAGE 83, REPR. 91:
Vue stéréoscopique anonyme (vers 1935). 5,7 cm x 12,5 cm. Coll. Serge Nazarieff, Genève.

PAGE 83, REPR. 92:
Vue stéréoscopique anonyme (vers 1935). 5,7 cm x 12,5 cm. Coll. Alexandre Dupouy, Paris.

PAGE 84, REPR. 93–95:
Cartes postales anonymes en série de 8 (vers 1930). 9 cm x 13,5 cm. Coll. Gérard de Reinach-Cessac, Genève.

PAGE 85, REPR. 96:
Agrandissement d'une carte postale anonyme de la même série que les 3 précédentes (vers 1930). 9 cm x 13,5 cm. Coll. Gérard de Reinach-Cessac, Genève.

PAGES 86–87, REPR. 97, 98:
Cartes postales anonymes d'une série de 8, (vers 1930). 9 cm x 13,8 cm. Coll. Gérard de Reinach-Cessac, Genève.

PAGE 88, REPR. 99:
Agrandissement d'une carte postale anonyme (vers 1930). 9 cm x 13,5 cm. Coll. Alexandre Dupouy, Paris.

PAGE 89, REPR. 100, 101:
Vues stéréoscopiques d'Yva Richard sur nitro-cellulose (vers 1935). 5,2 cm x 12 cm. Claude Givaudan, Genève.

PAGE 90, REPR. 102:
Carte postale anonyme (1935–1938). 8,7 cm x 13,88 cm. Coll. Gérard de Reinach-Cessac, Genève.

PAGE 91, REPR. 103:
Carte postale anonyme (1930–1935). 9 cm x 13,8 cm. Coll. Gérard de Reinach-Cessac, Genève.

PAGE 92, REPR. 104:
Carte postale anonyme d' une série de 8 (vers 1930). 9 cm x 13,5 cm. Coll. Alexandre Dupouy, Paris.

PAGE 92, REPR. 105:
Carte postale anonyme d'une série de 12 (vers 1930). 9 cm x 13,5 cm. Coll. Gérard de Reinach-Cessac, Genève.

PAGE 93, REPR. 106:
91- Agrandissement d'une photo en tirage original anonyme (1930–1935). 8 cm x 12 cm. Coll. Serge Nazarieff, Genève.

PAGE 94, REPR. 107:
Agrandissement d'une carte postale anonyme (vers 1930). 9 cm x 13,8 cm. Coll. Alexandre Dupouy, Paris.

PAGE 95, REPR. 108:
Carte postale anonyme (vers 1930). 9 cm x 13,5 cm. Coll. Gérard de Reinach-Cessac, Genève.

PAGE 96, REPR. 109:
Agrandissement d'une photo anonyme en tirage original (1930–1935). 8 cm x 12 cm. Coll. Serge Nazarieff, Genève.

PAGE 97, REPR. 110:
Agrandissement d'une photo anonyme en tirage original (1930–1935). 8 cm x 12 cm. Coll. Serge Nazarieff, Genève.

PAGE 98, REPR. 111:
Agrandissement d'une carte postale anonyme (vers 1930). 8,7 cm x 13,5 cm. Coll. Alexandre Dupouy, Paris.

PAGE 99, REPR. 112:
Agrandissement d'une carte postale anonyme, éditée par Ostra (vers 1930). 8,7 cm x 13,5 cm. Coll. Gérard de Reinach-Cessac, Genève.

PAGE 100, REPR. 113, 114:
Cartes postales anonymes, éditées par Ostra (vers 1930). 8,7 cm x 13,5 cm. Coll. Alexandre Dupouy, Paris.

PAGE 101, REPR. 115, 116:
Cartes postales anonymes, éditées par Ostra (vers 1930). 8,7 cm x 13,5 cm. Coll. Gérard de Reinach-Cessac, Genève.

PAGES 102–103, REPR. 117, 118:
Cartes postales anonymes faisant partie d'une série de 8 cartes (vers 1930). 9 cm x 13,8 cm. Coll. Gérard de Reinach-Cessac, Genève.

PAGE 104, REPR. 119, 120:
Photos anonymes tirées à la sépia (vers 1920). 9 cm x 5 cm. Coll. Gérard de Reinach-Cessac, Genève.

PAGE 105, REPR. 121:
Vue stéréoscopique anonyme de Grundworth, tirée au nitrate d'argent sur papier au charbon (1925–1930). 7,5 cm x 16 cm. Coll. Gérard de Reinach-Cessac, Genève.

PAGE 106, REPR. 122:
Vue stéréoscopique anonyme d'amateur (1930– 1935). 5,6 cm x 12,5 cm. Coll. Serge Nazarieff, Genève.

PAGE 107, REPR. 123, 124:
Cartes postales anonymes d'une série de 8 (vers 1930). 8,7 cm x 13,5 cm. Coll. Alexandre Dupouy, Paris.

PAGE 108, REPR. 125:
Carte postale anonyme (vers 1930). 9 cm x 13,5 cm. Coll. Alexandre Dupouy, Paris.

PAGE 109, REPR. 126:
Agrandissement d'une photo anonyme en tirage original (1930–1935). 8 cm x 12 cm. Coll. Serge Nazarieff, Genève.

PAGES 110–111, REPR. 127, 128:
Cartes postales anonymes (1930–1935). 8,7 cm x 13,5 cm. Coll. Alexandre Dupouy, Paris.

PAGE 112, REPR. 129, 130:
Cartes postales anonymes d'une série de 12 (vers 1930). 9 cm x 13,5 cm. Coll. Gérard de Reinach-Cessac, Genève.

PAGE 113, REPR. 131:
Agrandissement d'une carte postale anonyme de la même que les 2 précédentes (vers 1930). 9 cm x 13,5 cm. Coll. Gérard de Reinach-Cessac, Genève.

PAGE 114, REPR. 132:
Agrandissement d'une photo anonyme en tirage original (1930–1935) 8 cm x 12 cm. Coll. Serge Nazarieff, Genève.

PAGE 115, REPR. 133:
Agrandissement d'une photo anonyme en tirage original (1930–1935). 8 cm x 12 cm. Coll. Serge Nazarieff, Genève.

PAGE 116, REPR. 134, 135:
Vues stéréoscopiques anonymes d'une série (vers 1930). 5,5 cm x 12,2 cm. Coll. Serge Nazarieff, Genève.

PAGE 117, REPR. 136:
Carte postale anonyme (vers 1930). 9 cm x 13,5 cm. Coll. Gérard de Reinach-Cessac, Genève.

Les leçons particulières

PAGE REPR. 137:
La leçon de musique. Carte postale anonyme (vers 1930). 8,7 cm x 13,5 cm. Coll. Alexandre Dupouy, Paris.

PAGE 119, REPR. 138:
La leçon de musique. Carte postale anonyme de la même série que la précédente (vers 1930). 8,7 cm x 13,5 cm. Coll. Gérard de Reinach-Cessac, Genève.

PAGE 119, REPR. 139:
Fin de leçon. Carte postale anonyme (vers 1930). 8,7 cm x 13,5 cm. Coll. Alexandre Dupouy, Paris.

PAGE 120, REPR. 140, 141:
Cartes postales anonymes du même photographe que la précédente. Coll. Gérard de Reinach-Cessac, Genève.

PAGE 121, REPR. 142:
Moitié agrandie d'une vue stéréoscopique anonyme (vers 1930). 5,5 cm x 12,4 cm. Coll. Alexandre Dupouy, Paris.

PAGE 121, REPR. 143:
Moitié agrandie d'une vue stéréoscopique anonyme de la même série que la précédente (vers 1930). 5,5 cm x 12,4 cm. Coll. Serge Nazarieff, Genève.

PAGES 122–123, REPR. 144–149:
Sévérité à l'école de danse. Série de 6 cartes postales anonymes (1930–1935). 9 cm x 13,5 cm. Coll. Gérard de Reinach-Cessac, Genève.

PAGE 124, REPR. 150:
Agrandissement d'une photo anonyme en tirage original (1930–1935). 8 cm x 15 cm. Coll. Serge Nazarieff, Genève.

PAGE 125, REPR. 151:
Agrandissement d'une photo anonyme en tirage original (1930–1935). 8 cm x 12 cm. Coll. Serge Nazarieff, Genève.

PAGE 126, REPR. 152:
Agrandissement d'une carte postale anonyme (1930–1935). 9 cm x 13,5 cm. Coll. Gérard de Reinach-Cessac, Genève.

PAGE 127, REPR. 153:
Carte postale anonyme (vers 1935). 8,7 cm x 13,8 cm. Coll. Alexandre Dupouy, Paris.

PAGES 128–129, REPR. 154–156:
Photos de Gieseke, tirées en cartes postales (vers 1935). 9 cm x 13,5 cm. Coll. Alexandre Dupouy, Paris.

L'Après-guerre

PAGE 131, REPR. 157:
Photo d'Irving Klaw (1947–1963) faisant partie d'une série illustrant les étapes du «bondage» et allant jusqu'à la punition 12 cm x 14 cm. Coll. Alexandre Dupouy, Paris.

PAGE 132, REPR. 158:
Photo d'Irving Klaw (1947–1963). 10 cm x 14 cm. Coll. Alexandre Dupouy, Paris.

PAGE 133, REPR. 159:
Photo d'Irving Klaw (1947– 1963) faisant partie d'une série illustrant les étapes du «bondage» et allant jusqu'à la punition 12 cm x 14 cm. Coll. Alexandre Dupouy, Paris.

PAGE 134, REPR. 160:
Photo américaine anonyme d'un émule d'Irving Klaw (après 1950). 11 cm x 14 cm. Coll. Alexandre Dupouy, Paris.

PAGE 135, REPR. 161:
Photo d'Irving Klaw (1947–1963). 12 cm x 14 cm. Coll. Alexandre Dupouy, Paris.

PAGES 136–137, REPR. 162–165:
Photos d'Irving Klaw (1947–1963). 8 cm x 10 cm. Coll. Alexandre Dupouy, Paris.

PAGE 138, REPR. 166:
Photo française d'un amateur (1950–1960). 9 cm x 12 cm. Coll. Alexandre Dupouy, Paris.

PAGE 139, REPR. 167:
Photo d'Irving Klaw (vers 1966). 10 cm x 14 cm. Coll. Alexandre Dupouy, Paris.

Portraits de victimes

PAGE 141, REPR. 168:
Agrandissement d'une carte postale anonyme (vers 1930). 9 cm x 13,8 cm. Coll. Alexandre Dupouy, Paris.

PAGE 142, REPR. 169:
Photo anonyme en tirage original (1930–1935). 8 cm x 12 cm. Coll. Gérard de Reinach-Cessac, Genève.

PAGE 143, REPR. 170:
Photo anonyme tirée au charbon (vers 1900). 9 cm x 14 cm. Coll. Roland Gohlke, Paris.

PAGE 144, REPR. 171:
Agrandissement d'une carte postale anonyme (vers 1925). 9 cm x 13,5 cm. Coll. Gérard de Reinach-Cessac, Genève.

PAGE 145, REPR. 172:
Agrandissement d'une carte postale anonyme (vers 1930). 9 cm x 13,5 cm. Coll. Alexandre Dupouy, Paris.

PAGE 146, REPR. 173:
Photo d'Irving Klaw (1947–1963), avec son modèle favori, Betty Page, ici attachée entre deux arbres. 12 cm x 16 cm. Coll. Alexandre Dupouy, Paris.

PAGE 147, REPR. 174:
Agrandissement de la partie gauche d'une vue stéréoscopique sur verre de Marcel Meys (1927). 5,4 c, x 12,5 cm. Coll. Gérard de Reinach-Cessac, Genève.

PAGES 148–149, REPR. 175–176:
Photo d'Irving Klaw (1947–1963). Coll. Alexandre Dupouy, Paris.

PAGE 150, REPR. 177:
Photo d'Irving Klaw (1947–1963). 10 cm x 14 cm. Coll. Alexandre Dupouy, Paris.

PAGE 151, REPR. 178:
Photo d'Irving Klaw (1947–1963). Coll. Alexandre Dupouy, Paris.

VERZEICHNIS DER ABBILDUNGEN

SEITE 66, ABB. 58:
Anonyme stereoskopische Aufnahme (um 1930). 5,5 cm x 12,2 cm. Sammlung Alexandre Dupouy, Paris.

SEITE 67, ABB. 59, 60:
Anonyme Postkarten (um 1930). 9 cm x 13,5 cm. Sammlung Gérard de Reinach-Cessac, Genf.

SEITEN 68–69, ABB. 61–66:
Anonyme Postkarten aus einer Serie von 12 Karten (um 1930). 9 cm x 13,5 cm. 61 und 62: Sammlung Serge Nazarieff, Genf. 63 bis 66: Sammlung Gérard de Reinach-Cessac, Genf.

SEITEN 70–71, ABB. 67, 68:
Anonyme Postkarten aus einer Serie von 12 Karten (um 1930). 9 cm x 13,5 cm. Sammlung Gérard de Reinach-Cessac, Genf.

SEITE 72, ABB. 69:
Anonyme stereoskopische Aufnahme auf Glas (um 1935). 5,3 cm x 12,5 cm. Sammlung Gérard de Reinach-Cessac, Genf.

SEITE 72, ABB. 70:
Anonyme stereoskopische Aufnahme (1930–1935). 5,5 cm x 12,2 cm. Sammlung Serge Nazarieff, Genf.

SEITE 73, ABB. 71, 72:
Anonyme stereoskopische Aufnahmen (um 1930). 5,5 cm x 12,2 cm. Sammlung Serge Nazarieff, Genf.

SEITE 74, ABB. 73, 74:
Anonyme Postkarten aus einer Serie von 8 Karten (um 1930). 9 cm x 13,5 cm. Sammlung Gérard de Reinach-Cessac, Genf.

SEITE 75, ABB. 75, 76:
Anonyme Postkarten (1930–1935). 9 cm x 13,5 cm. Sammlung Alexandre Dupouy, Paris.

SEITEN 76–77, ABB. 77–79:
Serie von 13 anonymen stereoskopischen Aufnahmen: Die Schülerinnen haben den Geschmack ihrer Lehrerin angenommen (um 1930). 5,5 cm x 12 cm. Sammlung Alexandre Dupouy, Paris.

SEITE 77, ABB. 80:
Anonyme stereoskopische Aufnahme (um 1930). 5,5 cm x 12,2 cm. Sammlung Alexandre Dupouy, Paris.

SEITEN 78–79, ABB. 81–84:
Anonyme stereoskopische Aufnahmen auf Papier (1930–1935). 5,5 cm x 12,5 cm. 81: Sammlung Gérard de Reinach-Cessac, Genf. 82 bis 84: Sammlung Alexandre Dupouy, Paris.

SEITEN 80–81, ABB. 85–88:
Anonyme Postkarten aus einer Serie von 12 Karten (um 1930). 9 cm x 13,8 cm. Sammlung Gérard de Reinach-Cessac, Genf.

SEITE 82, ABB. 89, 90:
Anonyme stereoskopische Aufnahmen (um 1930). 5,5 cm x 12,2 cm. Sammlung Serge Nazarieff, Genf.

SEITE 83, ABB. 91:
Anonyme stereoskopische Aufnahme (um 1935). 5,7 cm x 12,5 cm. Sammlung Serge Nazarieff, Genf.

SEITE 83, ABB. 92:
Anonyme stereoskopische Aufnahme (um 1935). 5,7 cm x 12,5 cm. Sammlung Alexandre Dupouy, Paris.

SEITE 84, ABB. 93–95:
Anonyme Postkarten, in einer Serie von 8 Karten (um 1930). 9 cm x 13,5 cm. Sammlung Gérard de Reinach-Cessac, Genf.

SEITE 85, ABB. 96:
Vergrößerung einer anonymen Postkarte aus der gleichen Serie wie die 3 vorherigen (um 1930). 9 cm x 13,5 cm. Sammlung Gérard de Reinach-Cessac, Genf.

SEITEN 86–87, ABB. 97, 98:
Anonyme Postkarten aus einer Serie von 8 Karten (um 1930). 9 cm x 13,8 cm. Sammlung Gérard de Reinach-Cessac, Genf.

SEITE 88, ABB. 99:
Vergrößerung einer anonymen Postkarte (um 1930). 9 cm x 13,8 cm. Sammlung Alexandre Dupouy, Paris.

SEITE 89, ABB. 100, 101:
Stereoskopische Aufnahmen von Yva Richard auf Nitrozellulose (um 1935). 5,2 cm x 12 cm. Sammlung Claude Givaudan, Genf.

SEITE 90, ABB. 102:
Anonyme Postkarte (1935–1938). 8,7 cm x 13,8 cm. Sammlung Gérard de Reinach-Cessac, Genf.

SEITE 91, ABB. 103:
Anonyme Postkarte (1930–1935). 9 cm x 13,8 cm. Sammlung Gérard de Reinach-Cessac, Genf.

SEITE 92, ABB. 104:
Anonyme Postkarte aus einer Serie von 8 Karten (um 1930). 9 cm x 13,5 cm. Sammlung Alexandre Dupouy, Paris.

SEITE 92, ABB. 105:
Anonyme Postkarte aus einer Serie von 12 Karten (um 1930). 9 cm x 13,5 cm. Sammlung Gérard de Reinach-Cessac, Genf.

SEITE 93, ABB. 106:
Vergrößerung eines anonymen Photos im Originalabzug (1930–1935). 8 cm x 12 cm. Sammlung Serge Nazarieff, Genf.

SEITE 94, ABB. 107:
Vergrößerung einer anonymen Postkarte (um 1930). 9 cm x 13,8 cm. Sammlung Alexandre Dupouy, Paris.

SEITE 95, ABB. 108:
Anonyme Postkarte (um 1930). 9 cm x 13,5 cm. Sammlung Gérard de Reinach-Cessac, Genf.

SEITE 96, ABB. 109:
Vergrößerung eines anonymen Photos im Originalabzug (1930–1935). 8 cm x 12 cm. Sammlung Serge Nazarieff, Genf.

SEITE 97, ABB. 110:
Vergrößerung eines anonymen Photos im Originalabzug (1930–1935). 8 cm x 12 cm. Sammlung Serge Nazarieff, Genf.

SEITE 98, ABB. 111:
Vergrößerung einer anonymen Postkarte (um 1930). 8,7 cm x 13,5 cm. Sammlung Alexandre Dupouy, Paris.

SEITE 99, ABB. 112:
Vergrößerung einer anonymen Postkarte, verlegt von Ostra (um 1930). 8,7 cm x 13,5 cm. Sammlung Gérard de Reinach-Cessac, Genf.

SEITE 100, ABB. 113, 114:
Anonyme Postkarten, verlegt von Ostra (um 1930). 8,7 cm x 13,5 cm. Sammlung Alexandre Dupouy, Paris.

SEITE 101, ABB. 115, 116:
Anonyme Postkarten, verlegt von Ostra (um 1930). 8,7 cm x 13,5 cm. Sammlung Gérard de Reinach-Cessac, Genf.

SEITEN 102–103, ABB. 117, 118:
Anonyme Postkarten, Teil aus einer Serie von 8 Karten (um 1930). 9 cm x 13,8 cm. Sammlung Gérard de Reinach-Cessac, Genf.

SEITE 104, ABB. 119, 120:
Anonyme Photos, Sepiatuscheabzüge (um 1920). 9 cm x 5 cm. Sammlung Gérard de Reinach-Cessac, Genf.

SEITE 105, ABB. 121:
Stereoskopische Aufnahme von Grundworth, Silbernitratabzug auf Kohlepapier (1925–1930). 7,5 cm x 16 cm. Sammlung Gérard de Reinach-Cessac, Genf.

SEITE 106, ABB. 122:
Anonyme stereoskopische Aufnahme eines Amateurs (1930–1935). 5,6 cm x 12,5 cm. Sammlung Serge Nazarieff, Genf.

SEITE 107, ABB. 123, 124:
Anonyme Postkarten aus einer Serie von 8 Karten (um 1930). 8,7 cm x 13,5 cm. Sammlung Alexandre Dupouy, Paris.

SEITE 108, ABB. 125:
Anonyme Postkarte (um 1930). 9 cm x 13,5 cm. Sammlung Alexandre Dupouy, Paris.

SEITE 109, ABB. 126:
Vergrößerung eines anonymen Photos im Originalabzug (1930–1935). 8 cm x 12 cm. Sammlung Serge Nazarieff, Genf.

SEITEN 110–111, ABB. 127, 128:
Anonyme Postkarten (1930–1935). 8,7 cm

x 13,5 cm. Sammlung Alexandre Dupouy, Paris.

SEITE 112, ABB. 129, 130:
Anonyme Postkarten aus einer Serie von 12 Karten (um 1930). 9 cm x 13,5 cm. Sammlung Gérard de Reinach-Cessac, Genf.

SEITE 113, ABB. 131:
Vergrößerung einer anonymen Postkarte, aus der gleichen Serie wie die beiden vorherigen (um 1930). 9 cm x 13,5 cm. Sammlung Gérard de Reinach-Cessac, Genf.

SEITE 114, ABB. 132:
Vergrößerung eines anonymen Photos im Originalabzug (1930–1935). 8 cm x 12 cm. Sammlung Serge Nazarieff, Genf.

SEITE 115, ABB. 133:
Vergrößerung eines anonymen Photos im Originalabzug (1930–1935). 8 cm x 12 cm. Sammlung Serge Nazarieff, Genf.

SEITE 116, ABB. 134, 135:
Anonyme stereoskopische Aufnahmen einer Serie (um 1930). 5,5 cm x 12,2 cm. Sammlung Serge Nazarieff, Genf.

SEITE 117, ABB. 136:
Anonyme Postkarte (um 1930). 9 cm x 13,5 cm. Sammlung Gérard de Reinach-Cessac, Genf.

Les leçons particulières

SEITE 118, ABB. 137:
Die Musikstunde. Anonyme Postkarte (um 1930). 8,7 cm x 13,5 cm. Sammlung Alexandre Dupouy, Paris.

SEITE 119, ABB. 138:
Die Musikstunde. Anonyme Postkarte aus der gleichen Serie wie die vorherigen (um 1930). 8,7 cm x 13,5 cm. Sammlung Gérard de Reinach-Cessac, Genf.

SEITE 119, ABB. 139:
Ende der Stunde. Anonyme Postkarte (um 1930). 8,7 cm x 13,5 cm. Sammlung Alexandre Dupouy, Paris.

SEITE 120, ABB. 140, 141:
Anonyme Postkarten vom gleichen Photographen wie die vorherige. Sammlung Gérard de Reinach-Cessac, Genf.

SEITE 121, ABB. 142:
Vergrößerter Ausschnitt einer anonymen stereoskopischen Aufnahme (um 1930). 5,5 cm x 12,4 cm. Sammlung Alexandre Dupouy, Paris.

SEITE 121, ABB. 143:
Vergrößerter Ausschnitt einer anonymen stereoskopischen Aufnahme aus der gleichen Serie wie die vorherige (um 1930). 5,5 cm x 12,4 cm. Sammlung Serge Nazarieff, Genf.

SEITEN 122–123, ABB. 144–149:
Strenge in der Tanzschule. Serie von 6 anonymen Postkarten (1930–1935). 9 cm x 13,5 cm. Sammlung Gérard de Reinach-Cessac, Genf.

SEITE 124, ABB. 150:
Vergrößerung eines anonymen Photos im Originalabzug (1930–1935). 8 cm x 15 cm. Sammlung Serge Nazarieff, Genf.

SEITE 125, ABB. 151:
Vergrößerung eines anonymen Photos im Originalabzug (1930–1935). 8 cm x 12 cm. Sammlung Serge Nazarieff, Genf.

SEITE 126, ABB. 152:
Vergrößerung einer anonymen Postkarte (1930–1935). 9 cm x 13,5 cm. Sammlung Gérard de Reinach-Cessac, Genf.

SEITE 127, ABB. 153:
Anonyme Postkarte (um 1935). 8,7 cm x 13,8 cm. Sammlung Alexandre Dupouy, Paris.

SEITEN 128–129, ABB. 154–156:
Photos von Gieseke, abgezogen als Postkarten (um 1935). 9 cm x 13,5 cm. Sammlung Alexandre Dupouy, Paris.

L'Après-guerre

SEITE 131, ABB. 157:
Photo von Irving Klaw (1947–1963), Teil einer Serie mit Darstellung der Stufen des „Bondage" bis hin zur Bestrafung. 12 cm x 14 cm. Sammlung Alexandre Dupouy, Paris.

SEITE 132, ABB. 158:
Photo von Irving Klaw (1947–1963). 10 cm x 14 cm. Sammlung Alexandre Dupouy, Paris.

SEITE 133, ABB. 159:
Photo von Irving Klaw (1947–1963), Teil einer Serie mit Darstellung der Stufen des „Bondage" bis hin zur Bestrafung. 12 cm x 14 cm. Sammlung Alexandre Dupouy, Paris.

SEITE 134, ABB. 160:
Anonymes amerikanisches Photo eines Schülers von Irving Klaw (nach 1950). 11 cm x 14 cm. Sammlung Alexandre Dupouy, Paris.

SEITE 135, ABB. 161:
Photo von Irving Klaw (1947–1963). 12 cm x 14 cm. Sammlung Alexandre Dupouy, Paris.

SEITEN 136–137, ABB. 162–165:
Photos von Irving Klaw (1947–1963). 8 cm x 10 cm. Sammlung Alexandre Dupouy, Paris.

SEITE 138, ABB. 166:
Französisches Photo eines Amateurs (1950–1960). 9 cm x 12 cm. Sammlung Alexandre Dupouy, Paris.

SEITE 139, ABB. 167:
Photo von Irving Klaw (um 1960). 10 cm x 14 cm. Sammlung Alexandre Dupouy, Paris.

SEITE 141, ABB. 168:
Vergrößerung einer anonymen Postkarte (um 1930). 9 cm x 13,8 cm. Sammlung Alexandre Dupouy, Paris.

SEITE 142, ABB. 169:
Anonymes Photo im Originalabzug (1930–1935). 8 cm x 12 cm. Sammlung Gérard de Reinach-Cessac, Genf.

SEITE 143, ABB. 170:
Anonymes Photo, Kohleabzug (um 1900). 9 cm x 14 cm. Sammlung Roland Gohlke, Paris.

Portraits de victimes

SEITE 144, ABB. 171:
Vergrößerung einer anonymen Postkarte (um 1925). 9 cm x 13,5 cm. Sammlung Gérard de Reinach-Cessac, Genf.

SEITE 145, ABB. 172:
Vergrößerung einer anonymen Postkarte (um 1930). 9 cm x 13,5 cm. Sammlung Alexandre Dupouy, Paris.

SEITE 146, ABB. 173:
Photo von Irving Klaw (1947–1963), mit seinem Lieblingsmodell, Betty Page, gefesselt zwischen zwei Bäumen. 12 cm x 16 cm. Sammlung Alexandre Dupouy, Paris.

SEITE 147, ABB. 174:
Vergrößerung des linken Teils einer stereoskopischen Aufnahme auf Glas von Marcel Meys (1927). 5,4 cm x 12,5 cm. Sammlung Gérard de Reinach-Cessac, Genf.

SEITEN 148–149, ABB. 175, 176:
Photos von Irving Klaw (1947–1963). Sammlung Alexandre Dupouy, Paris.

SEITE 150, ABB. 177:
Photo von Irving Klaw (1947–1963). 10 cm x 14 cm. Sammlung Alexandre Dupouy, Paris.

SEITE 151, ABB. 178:
Photo von Irving Klaw (1947–1963). Sammlung Alexandre Dupouy, Paris.

LIST OF PLATES

Le Second Empire

PAGE 23, ILL. 1:
Stereoscopic daguerreotype by Auguste Belloc (1850–1852). Left part. Not coloured. Serge Nazarieff Collection, Geneva.

PAGE 24, ILL. 2:
Anonymous albuminized paper (1865–1870). 18 cm x 12.5 cm. Not coloured. Serge Nazarieff Collection, Geneva.

PAGE 25, ILL. 3:
Polished salt paper with turpentine paints by François Jacques Moulin (1853). 21.5 cm x 17 cm. Not coloured. Serge Nazarieff Collection, Geneva.

PAGE 26, ILL. 4:
Anonymous albuminized paper (1865–1870). 19.5 cm x 12 cm. Not coloured. Gérard de Reinach-Cessac Collection, Geneva.

PAGE 27, ILL. 5:
Anonymous albuminized paper (1865–1870). 18 cm x 12.5 cm. Not coloured. Serge Nazarieff Collection, Geneva.

PAGES 28–30, ILL. 6–11:
Bromide emulsion prints, made around 1880 from a wet collodion negative (around 1870). Anonymous. 16 cm x 22.5 cm. Not coloured. The six pictures are in the Gérard de Reinach-Cessac Collection, Geneva.

PAGE 31, ILL. 12:
Bromide emulsion print, made around 1880 from a wet collodion negative (around 1870). Anonymous. 16 cm x 22.5 cm. Not coloured. Serge Nazarieff Collection, Geneva.

La Belle Époque

PAGE 33, ILL. 13:
Photograph by S. Recknagel, albuminized paper print (around 1900). 14 cm x 10 cm. Gérard de Reinach-Cessac Collection, Geneva.

PAGE 34, ILL. 14:
Anonymous photograph. Bromium emulsion print (around 1900). 8 cm x 12.5 cm. Alexandre Dupouy Collection, Paris.

PAGE 35, ILL. 15:
Photograph by E. Agélou, charcoal print (1903–1907). 18 cm x 12 cm. Alexandre Dupouy Collection, Paris.

PAGE 36, ILL. 16:
Anonymous photograph, charcoal print (1903–1907). 15.5 cm x 11 cm. Serge Nazarieff Collection, Geneva.

PAGE 37, ILL. 17:
Anonymous photograph, charcoal print (1903–1907). 16 cm x 10.5 cm. Serge Nazarieff Collection, Geneva.

PAGE 38, ILL. 18:
Photograph by E. Agélou, sepia print (1905–1910). 16.8 cm x 11.4 cm. Serge Nazarieff Collection, Geneva.

PAGE 39, ILL. 19:
Photograph by E. Agélou, platinum salt print (1903–1907). 17 cm x 12 cm. Serge Nazarieff Collection, Geneva.

PAGES 40, 41, ILL. 20–22:
Three further anonymous photographs. Charcoal prints (1903–1907). 15.5 cm x 11 cm. Alexandre Dupouy Collection, Paris.

PAGE 42, ILL. 23:
Anonymous photograph, charcoal print (1903–1907). 10.5 cm x 15 cm. Alexandre Dupouy Collection, Paris.

PAGE 42, ILL. 24:
Anonymous photograph, charcoal print as postcard (1903–1907). 9 cm x 13.5 cm. Alexandre Dupouy Collection, Paris.

Cartes de visite de maisons spécialisées

PAGE 43, ILL. 25:
Photocard: a girl being spanked in a brothel. On the reverse the name of the girl: Clémentine. Bromium emulsion print, coloured with sepia. Anonymous (around 1900). From the same series as the preceding ones. 10 cm x 8 cm. Serge Nazarieff Collection, Geneva.

PAGES 44, 45, ILL. 26–31:
Photocards of other spanking scenes. Bromide emulsion prints, coloured with sepia. Anonymous (around 1900). 8 cm x 10 cm. These pictures are in the Gérard de Reinach-Cessac Collection, Geneva.

PAGE 46, ILL. 32–34:
Bromium emulsion prints, coloured with sepia. Anonymous (around 1900). 8 cm x 10 cm. Alexandre Dupouy Collection, Paris.

PAGE 47, ILL. 35–37:
Bromium emulsion prints, coloured with sepia. Anonymous (around 1900). 8 cm x 10 cm. Gérard de Reinach-Cessac Collection, Geneva.

PAGE 48, ILL. 38:
Anonymous photograph (around 1900), silver nitrate reprint around 1920. 7.8 cm x 11 cm. Gérard de Reinach-Cessac Collection, Geneva.

PAGE 49, ILL. 39:
Anonymous postcard, bromium emulsion print (around 1910). 9 cm x 13.5 cm. Alexandre Dupouy Collection, Paris.

PAGE 50, ILL. 40:
Anonymous stereoscopic view, bromium emulsion print (around 1900). 7.8 cm x 15.5 cm. Gérard de Reinach-Cessac Collection, Geneva.

PAGE 51, ILL. 41:
Photograph by E. Agélou, charcoal print (around 1900). 12 cm x 17 cm. Alexandre Dupouy Collection, Paris.

PAGE 52, ILL. 42:
Anonymous photograph (around 1900), silver nitrate reprint around 1920. 7.8 cm x 11 cm. Gérard de Reinach-Cessac Collection, Geneva.

PAGE 53, ILL. 43:
Anonymous photograph, bromium emulsion print, coloured with sepia (around 1900). 11 cm x 16 cm. Alexandre Dupouy Collection, Paris.

PAGE 54, ILL. 44:
Anonymous photograph (around 1900), silver nitrate reprint around 1920. 12 cm x 18 cm. Gérard de Reinach-Cessac Collection, Geneva.

PAGE 55, ILL. 45:
Anonymous photograph (around 1900), silver nitrate reprint around 1920. 12 cm x 18 cm. Gérard de Reinach-Cessac Collection, Geneva.

Les Années Folles

PAGE 57, ILL. 46:
Anonymous photograph, bromium emulsion print, coloured with sepia (1920–1925). 10 cm x 15 cm. Gérard de Reinach-Cessac Collection, Geneva.

PAGE 58, ILL. 47:
Anonymous stereoscopic view on glass (around 1905). 5.4 cm x 12.5 cm. Gérard de Reinach-Cessac Collection, Geneva.

PAGE 59, ILL. 48:
Enlargement of an anonymous postcard (around 1930). 9 cm x 13.5 cm. Gérard de Reinach-Cessac Collection, Geneva.

PAGES 60, 61, ILL. 49, 50:
Anonymous postcards (around 1930). 9 cm x 13.5 cm. Gérard de Reinach-Cessac Collection, Geneva.

PAGE 62, ILL. 51:
Photograph by Mister X, charcoal print (between 1924 and 1928). 19 cm x 25 cm. Alexandre Dupouy Collection, Paris.

Les bienfaits d'un clystère

PAGE 63, ILL. 52, 53:
Photographs by Grundworth, silver nitrate prints on paper (1925–1930). 9 cm x 14 cm. Alexandre Dupouy Collection, Paris.

PAGES 64–65, ILL. 54–57:
Anonymous postcards, silver nitrate prints (around 1930). 8.7 cm x 13.5 cm. Alexandre Dupouy Collection, Paris.

PAGE 66, ILL. 58:
Anonymous stereoscopic view (around 1930). 5.5 cm x 12.5 cm. Alexandre Dupouy Collection, Paris.

PAGE 67, ILL. 59, 60:
Anonymous postcards (around 1930). 9 cm x 13.5 cm. Gérard de Reinach-Cessac Collection, Geneva.

PAGES 68–69, ILL. 61–66:
Anonymous postcards from a series of 12 cards (around 1930). 9 cm x 13.5 cm. 61 and 62: Serge Nazarieff Collection, Geneva. 63 to 66: Gérard de Reinach-Cessac Collection, Geneva.

PAGES 70–71, ILL. 67, 68:
Anonymous postcards from a series of 12 cards (around 1930). 9 cm x 13.5 cm. Gérard de Reinach-Cessac Collection, Geneva.

PAGE 72, ILL. 69:
Anonymous stereoscopic view on glass (around 1935). 5.3 cm x 12.5 cm. Gérard de Reinach-Cessac Collection, Geneva.

PAGE 72, ILL. 70:
Anonymous stereoscopic view (1930–1935). 5.5 cm x 12.2 cm. Serge Nazarieff Collection, Geneva.

PAGE 73, ILL. 71, 72:
Anonymous stereoscopic view (around 1930). 5.5 cm x 12.2 cm. Serge Nazarieff Collection, Geneva.

PAGE 74, ILL. 73, 74:
Anonymous postcards from a series of 8 cards (around 1930). 9 cm x 13.5 cm. Gérard de Reinach-Cessac Collection, Geneva.

PAGE 75, ILL. 75, 76:
Anonymous postcards (1930–1935). 9 cm x 13.5 cm. Alexandre Dupouy Collection, Paris.

PAGES 76–77, ILL. 77–79:
Series of 3 anonymous stereoscopic views: the pupils have adopted the tastes of their teacher (around 1930). 5.5 cm x 12 cm. Alexandre Dupouy Collection, Paris.

PAGE 77, ILL. 80:
Anonymous stereoscopic view (around 1930). 5.5 cm x 12.2 cm. Alexandre Dupouy Collection, Paris.

PAGES 78–79, ILL. 81–84:
Anonymous stereoscopic views on paper (1930–1935). 5.5 cm x 12.5 cm. 81: Gérard de Reinach-Cessac Collection, Geneva. 82 to 84: Alexandre Dupouy Collection, Paris.

PAGES 80–81, ILL. 85–88:
Anonymous postcards from a series of 12 cards (around 1930). 9 cm x 13.8 cm. Gérard de Reinach-Cessac Collection, Geneva.

PAGE 82, ILL. 89, 90:
Anonymous stereoscopic views (around 1930). 5.5 cm x 12.2 cm. Serge Nazarieff Collection, Geneva.

PAGE 83, ILL. 91:
Anonymous stereoscopic view (around 1935). 5.7 cm x 12.5 cm. Serge Nazarieff Collection, Geneva.

PAGE 83, ILL. 92:
Anonymous stereoscopic view (around 1935). 5.7 cm x 12.5 cm. Alexandre Dupouy Collection, Paris.

PAGE 84, ILL. 93–95:
Anonymous postcards from a series of 8 cards (around 1930). 9 cm x 13.5 cm. Gérard de Reinach-Cessac Collection, Geneva.

PAGE 85, ILL. 96:
Enlargement of an anonymous postcard from the same series as the preceding three (around 1930). 9 cm x 13.5 cm. Gérard de Reinach-Cessac Collection, Geneva.

PAGES 86–87, ILL. 97, 98:
Anonymous postcards from a series of 8 cards (around 1930). 9 cm x 13.8 cm. Gérard de Reinach-Cessac Collection, Geneva.

PAGE 88, ILL. 99:
Enlargement of an anonymous postcard (around 1930). 9 cm x 13.8 cm. Alexandre Dupouy Collection, Paris.

PAGE 89, ILL. 100, 101:
Stereoscopic views by Yva Richard on nitrocellulose (around 1935). 5.2 cm x 12 cm. Claude Givaudan Collection, Geneva.

PAGE 90, ILL. 102:
Anonymous postcard (1935–1938). 8.7 cm x 13.8 cm. Gérard de Reinach-Cessac Collection, Geneva.

PAGE 91, ILL. 103:
Anonymous postcard (1930–1935). 9 cm x 13.8 cm. Gérard de Reinach-Cessac Collection, Geneva.

PAGE 92, ILL. 104:
Anonymous postcard from a series of 8 cards (around 1930). 9 cm x 13.5 cm. Alexandre Dupouy Collection, Paris.

PAGE 92, ILL. 105:
Anonymous postcard from a series of 12 cards (around 1930). 9 cm x 13.5 cm. Gérard de Reinach-Cessac Collection, Geneva.

PAGE 93, ILL. 106:
Enlargement of an anonymous photograph in original print (1930–1935). 8 cm x 12 cm. Serge Nazarieff Collection, Geneva.

PAGE 94, ILL. 107:
Enlargement of an anonymous postcard (around 1930). 9 cm x 13.8 cm. Alexandre Dupouy Collection, Paris.

PAGE 95, ILL. 108:
Anonymous postcard (around 1930). 9 cm x 13.5 cm. Gérard de Reinach-Cessac Collection, Geneva.

PAGE 96, ILL. 109:
Enlargement of an anonymous photograph in original print (1930–1935). 8 cm x 12 cm. Serge Nazarieff Collection, Geneva.

PAGE 97, ILL. 110:
Enlargement of an anonymous photograph in original print (1930–1935). 8 cm x 12 cm. Serge Nazarieff Collection, Geneva.

PAGE 98, ILL. 111:
Enlargement of an anonymous postcard (around 1930). 8.7 cm x 13.5 cm. Alexandre Dupouy Collection, Paris.

PAGE 99, ILL. 112:
Enlargement of an anonymous postcard, published by Ostra (around 1930). 8.7 cm x 13.5 cm. Gérard de Reinach-Cessac Collection, Geneva.

PAGE 100, ILL. 113, 114:
Anonymous postcards, published by Ostra (around 1930). 8.7 cm x 13.5 cm. Alexandre Dupouy Collection, Paris.

PAGE 101, ILL. 115, 116:
Anonymous postcards, published by Ostra (around 1930). 8.7 cm x 13.5 cm. Gérard de Reinach-Cessac Collection, Geneva.

PAGES 102–103, ILL. 117, 118:
Anonymous postcards from a series of 8 cards (around 1930). 9 cm x 13.8 cm. Gérard de Reinach-Cessac Collection, Geneva.

PAGE 104, ILL. 119, 120:
Anonymous photographs, sepia prints (around 1920). 9 cm x 5 cm. Gérard de Reinach-Cessac Collection, Geneva.

PAGE 105, ILL. 121:
Stereoscopic view by Grundworth, silver nitrate print on carbonized paper (1925–1930). 7.5 cm x 16 cm. Gérard de Reinach-Cessac Collection, Geneva.

PAGE 106, ILL. 122:
Anonymous stereoscopic view by an amateur (1930–1935). 5.6 cm x 12.5 cm. Serge Nazarieff Collection, Geneva.

PAGE 107, ILL. 123, 124:
Anonymous postcards from a series of 8 cards (around 1930). 8.7 cm x 13.5 cm. Alexandre Dupouy Collection, Paris.

PAGE 108, ILL. 125:
Anonymous postcard (around 1930). 9 cm x 13.5 cm. Alexandre Dupouy Collection, Paris.

PAGE 109, ILL. 126:
Enlargement of an anonymous photograph in original print (1930–1935). 8 cm x 12 cm. Serge Nazarieff Collection, Geneva.

PAGES 110–111, ILL. 127, 128:
Anonymous postcards (1930–1935). 8.7 cm x 13.5 cm. Alexandre Dupouy Collection, Paris.

PAGE 112, ILL. 129, 130:
Anonymous postcards from a series of 12 cards (around 1930). 9 cm x 13.5 cm. Gérard de Reinach-Cessac Collection, Geneva.

PAGE 113, ILL. 131:
Enlargement of an anonymous postcard from the same series as the preceding two (around 1930). 9 cm x 13.5 cm. Gérard de Reinach-Cessac Collection, Geneva.

PAGE 114, ILL. 132:
Enlargement of an anonymous photograph in original print (1930–1935). 8 cm x 12 cm. Serge Nazarieff Collection, Geneva.

PAGE 115, ILL. 133:
Enlargement of an anonymous photograph in original print (1930–1935). 8 cm x 12 cm. Serge Nazarieff Collection, Geneva.

PAGE 116, ILL. 134, 135:
Anonymous stereoscopic views from a series (around 1930). 5.5 cm x 12.2 cm. Serge Nazarieff Collection, Geneva.

PAGE 117, ILL. 136:
Anonymous postcard (around 1930). 9 cm x 13.5 cm. Gérard de Reinach-Cessac Collection, Geneva.

Les leçons particulières

PAGE 118, ILL. 137:
The Music Lesson. Anonymous postcard (around 1930). 8.7 cm x 13.5 cm. Alexandre Dupouy Collection, Paris.

PAGE 119, ILL. 138:
The Music Lesson. Anonymous postcard from the same series as the preceding one (around 1930). 8.7 cm x 13.5 cm. Gérard de Reinach-Cessac Collection, Geneva.

PAGE 119, ILL. 139:
End of the Lesson. Anonymous postcard (around 1930). 8.7 cm x 13.5 cm. Alexandre Dupouy Collection, Paris.

PAGE 120, ILL. 140, 141:
Anonymous postcards by the same photographer as the preceding one. Gérard de Reinach-Cessac Collection, Geneva.

PAGE 121, ILL. 142:
Enlarged detail of an anonymous stereoscopic view (around 1930). 5.5 cm x 12.4 cm. Alexandre Dupouy Collection, Paris.

PAGE 121, ILL. 143:
Enlarged detail of an anonymous stereoscopic view from the same series as the preceding one (around 1930). 5.5 cm x 12.4 cm. Serge Nazarieff Collection, Geneva.

PAGES 122–123, ILL. 144–149:
Discipline in the Dancing School. Series of 6 anonymous postcards (1930–1935). 9 cm x 13.5 cm. Gérard de Reinach-Cessac Collection, Geneva.

PAGE 124, ILL. 150:
Enlargement of an anonymous photograph in original prints (1930–1935). 8 cm x 15 cm. Serge Nazarieff Collection, Geneva.

PAGE 125, ILL. 151:
Enlargement of an anonymous photograph in original print (1930–1935). 8 cm x 12 cm. Serge Nazarieff Collection, Geneva.

PAGE 126, ILL. 152:
Enlargement of an anonymous postcard (1930–1935). 9 cm x 13.5 cm. Gérard de Reinach-Cessac Collection, Geneva.

PAGE 127, ILL. 153:
Anonymous postcard (around 1935). 8.7 cm x 13.8 cm. Alexandre Dupouy Collection, Paris.

PAGES 128–129, ILL. 154–156:
Photographs by Gieseke, printed as postcards (around 1935). 9 cm x 13.5 cm. Alexandre Dupouy Collection, Paris.

L'Après-guerre

PAGE 131, ILL. 157:
Photograph by Irving Klaw (1947–1963), from a series illustrating bondage and subsequent punishment. 12 cm x 14 cm. Alexandre Dupouy Collection, Paris.

PAGE 132, ILL. 158:
Photograph by Irving Klaw (1947–1963). 10 cm x 14 cm. Alexandre Dupouy Collection, Paris.

PAGE 133, ILL. 159:
Photograph by Irving Klaw (1947–1963), from a series illustrating bondage and subsequent punishment. 12 cm x 14 cm. Alexandre Dupouy Collection, Paris.

PAGE 134, ILL. 160:
Anonymous American photograph by a follower of Irving Klaw (after 1950). 11 cm x 14 cm. Alexandre Dupouy Collection, Paris.

PAGE 135, ILL. 161:
Photograph by Irving Klaw (1947–1963). 12 cm x 14 cm. Alexandre Dupouy Collection, Paris.

PAGES 136–137, ILL. 162–165:
Photograph by Irving Klaw (1947–1963). 8 cm x 10 cm. Alexandre Dupouy Collection, Paris.

PAGE 138, ILL. 166:
French photograph by an amateur (1950–1960). 9 cm x 12 cm. Alexandre Dupouy Collection, Paris.

PAGE 139, ILL. 167:
Photograph by Irving Klaw (around 1960). 10 cm x 14 cm. Alexandre Dupouy Collection, Paris.

Portraits de victimes

PAGE 141, ILL. 168:
Enlargement of an anonymous postcard (around 1930). 9 cm x 13.8 cm. Alexandre Dupouy Collection, Paris.

PAGE 142, ILL. 169:
Anonymous photograph in original print (1930–1935). 8 cm x 12 cm. Gérard de Reinach-Cessac Collection, Geneva.

PAGE 143, ILL. 170:
Anonymous photograph, charcoal print (around 1900). 9 cm x 14 cm. Roland Gohlke Collection, Paris.

PAGE 144, ILL. 171:
Enlargement of an anonymous postcard (around 1925). 9 cm x 13.5 cm. Gérard de Reinach-Cessac Collection, Geneva.

PAGE 145, ILL. 172:
Enlargement of an anonymous postcard (around 1930). 9 cm x 13.5 cm. Alexandre Dupouy Collection, Paris.

PAGE 146, ILL. 173:
Photograph by Irving Klaw (1947–1963), with his favourite model, Betty Page, seen tied up between two trees. 12 cm x 16 cm. Alexandre Dupouy Collection, Paris.

PAGE 147, ILL. 174:
Enlargement of the left part of a stereoscopic view on glass by Marcel Meys (1927). 5.4 cm x 12.5 cm. Gérard de Reinach-Cessac Collection, Geneva.

PAGES 148–149, ILL. 175, 176:
Photographs by Irving Klaw (1947–1963). Alexandre Dupouy Collection, Paris.

PAGE 150, ILL. 177:
Photograph by Irving Klaw (1947–1963). 10 cm x 14 cm. Alexandre Dupouy Collection, Paris.

PAGE 151, ILL. 178:
Photograph by Irving Klaw (1947–1963). Alexandre Dupouy Collection, Paris.